SAGENUMWOBENE
MAYA

SAGENUMWOBENE

MAYA

Reader's Digest

DEUTSCHLAND · SCHWEIZ · ÖSTERREICH

Sagenumwobene Maya

Titel der französischen Originalausgabe
Mayas, les cités de la forêt

Die Maya
Titel der Originalausgabe: Ancient Maya Civilization
von Norman Hammond
© 1982, Rutgers University Press, N.J.
Die Kurzfassung in diesem Band erscheint mit freundlicher Genehmigung
des Verlages.

Deutsche Ausgabe
Übersetzung: Ingrid Frieling
Redaktion: red.sign (Guido Huß, Frank J. Müller, Katrin Schmelzle,
Androniki Tsilipakou, Ellen Weitbrecht)

Reader's Digest
Redaktion: Dr. Birgit Gläser, Claudia Rück
Grafik: Peter Waitschies
Bildredaktion: Christina Horut
Prepress: Andreas Engländer
Produktion: Hans-Peter Ullmann

Ressort Buch
Redaktionsdirektorin: Suzanne Koranyi-Esser
Redaktionsleitung: Dr. Renate Mangold, Heinz Volz
Art Director: Rudi K. F. Schmidt

Operations
Leitung Produktion Buch: Norbert Baier

Satz und Reproduktion: Colour Systems Ltd., London
Druck und Binden: Printer Industria Gráfica S. A., Barcelona

© der französischen Originalausgabe:
2003 Sélection du Reader's Digest, S.A., Paris
© der deutschsprachigen Ausgabe:
2003 Reader's Digest – Deutschland, Schweiz, Österreich
Verlag Das Beste GmbH – Stuttgart, Zürich, Wien

Code-Nr. UK 0074/G/CBS

Printed in Spain

ISBN 3-89915-139-9

Inhalt

Vorwort

Die Zivilisation der Maya war eine überraschende Entdeckung. Als sich Hernán Cortés und seine Konquistadoren im frühen 16. Jh. der mittelamerikanischen Küste näherten, landeten sie zunächst im Land der Maya, auf der Insel Cozumel, in Tulúm, dann in Tabasco. Doch diese Gebiete interessierten sie nur am Rand, so fasziniert waren sie von den Gerüchten, die über das Aztekenreich im Umlauf waren. Nach der Unterwerfung des Aztekenreichs versuchten sie, das Gebiet der Maya zu erobern. Mehrere Jahrzehnte später und nach vielen Missgeschicken fassten sie dort mit mäßigem Erfolg Fuß.

Als Cortés auf dem Weg nach Honduras das Gebiet des Petén durchquerte, gelangte er, ohne sich dessen bewusst zu werden, in die Nähe verschiedener Maya-Orte. Doch erst Diego de Landa erwähnt alte Stätten wie Chichén Itzá. Die verlassenen, teilweise tief im Urwald verborgenen Städte blieben bis Ende des 18. Jh. unentdeckt. Im Zuge der Erforschung stieß man erst auf Tikal, dann auf Palenque. Ihren Höhepunkt erreichten die Entdeckungen mit John Lloyd Stephens und Frederick Catherwood, von deren Reise der Experte Norman Hammond hier erzählt. Von dieser Zeit an haben die Maya immer wieder das Interesse von Forschungsreisenden und Forschern geweckt. Im 19. Jh. verlängerte sich die Liste bekannter Stätten beträchtlich. Die Beherrschung der Schrift und die Geheimnisse, die die versunkenen Städte im Urwald umgeben, schlugen die Reisenden in ihren Bann: Man war vor allem Mayaforscher und erst in zweiter Linie Archäologe, Ethnologe oder Epigraphiker. Die Welt der Maya trat langsam aus dem Dunkel hervor. Von Belize bis Chiapas, vom Hochland Guatemalas bis zu den Grenzen Yucatáns folgte eine Entdeckung nach der anderen. Mit jedem Fund erweist sich diese Zivilisation als umfangreicher und älter, sie reicht vom 1. Jt. v. Chr. bis in unsere Zeit, denn den Maya ist es gelungen, sich als ethnische Gruppe zu behaupten. Das vorliegende Werk erzählt von der Geschichte des Volkes der Maya, schildert aber auch die Ungewissheiten der Forschung. Es führt zudem in eine beeindruckende Kunst ein, die sich in ihrer Ästhetik stark von der uns geläufigen unterscheidet.

Land der Maya

Der mesoamerikanische Raum ist ein komplexes Gebilde. Trotz der fehlenden geographischen und sprachlichen Einheit weist er eine kulturelle Geschlossenheit und gemeinsame Merkmale auf. Innerhalb dieses Raumes nehmen die Maya einen besonderen Platz ein, denn sie entwickelten ganz eigene kulturelle Züge und maßen beispielsweise der Schrift große Bedeutung bei.

DAS GEBIET DER MAYA HEUTE
Das von den Maya besiedelte Gebiet erstreckte sich fast über das gesamte östliche Mesoamerika und umfasste die heutigen mexikanischen Bundesstaaten Yucatán, Quintana Roo, Campeche, Chiapas und einen Teil von Tabasco sowie Belize, Guatemala, den westlichen Teil El Salvadors und das westliche Honduras.

DIE MAYA UND IHR UMFELD

MESOAMERIKA
Die Maya besiedelten zwar fast den gesamten Ostteil Mesoamerikas, doch sie teilten sich das Gebiet mit anderen Völkern, beispielsweise mit den Olmeken, Mixe-Zoque oder den Pipiles. Einige davon stammten aus dem westlichen Mesoamerika. Um 2500–2000 v. Chr. entstanden an verschiedenen Orten in Mexiko die ersten Dörfer. Im Lauf des 1. Jt. v. Chr. entwickelten sich hieraus bedeutende Zivilisationszentren: in Oaxaca (westliches Mexiko), an der Golfküste und natürlich im zentralen Tiefland. Cuicuilco, die erste Großstadt, wurde bald von der Stadt Teotihuacán abgelöst, die ihren Einfluss bis in das Land der Maya ausübte. Um 600 konnten durch den Sturz dieser Metropole etliche rivalisierende Städte emporkommen, darunter Xochicalco, Cacaxtla, El Tajín, vor allem aber Tula, die toltekische Hauptstadt, deren Macht weit über die Region hinausreichte. Bei den Tolteken kann man bereits von

einer echten Vereinigung des mesoamerikanischen Raums sprechen. Spuren dieser Entwicklung finden sich in Chichén Itzá auf der Halbinsel Yucatán und anderen Städten im Hochland von Guatemala. Mit dem beginnenden Wachstum der aztekischen Zivilisation knapp zwei Jahrhunderte vor der Eroberung durch die Spanier erlebten die Mayavölker eine politische Krise, die ihr teilweises Verschwinden zur Folge hatte. Bekannt ist auf jeden Fall, dass die Azteken mit den Maya aus Tabasco und den Hochländern Handel trieben und sich auf diese Weise mit verschiedenen Waren wie Kakao und Federn versorgten.

ZENTRALAMERIKA
Als Brücke zwischen Nord- und Südamerika spielte Zentralamerika in der vorspanischen Welt eine besondere Rolle. Im Norden grenzte es an das Mayaland und wurde von diesem beeinflusst. Die zentralamerikanischen Völker besiedelten immer neue Gebiete. Die Halbinsel Nicoya in Nicaragua und Costa Rica gerieten im Lauf der Jahrhunderte zunehmend unter mesoamerikanischen Einfluss. Umgekehrt wurden in Panama und dem Süden Nicaraguas starke Auswirkungen aus dem Gebiet der nördlichen Anden spürbar. Wahrscheinlich verbreitete sich auf diesem Umweg die in Südamerika entstandene Metallverarbeitung und gelangte so nach Mexiko. Obwohl Zentralamerika Eroberungs- und Kolonisationsland war, besaß es eine gewisse Eigenständigkeit. Seine charakteristische

Kunst mit einer komplexen bildlichen Darstellungsweise und einmaligen Bildhauerarbeiten zeigt, dass Zentralamerika ein Schmelztiegel war, der viele Einflüsse von außen aufnahm.

DER ANDENRAUM
Der Andenraum und Mesoamerika entwickelten sich unabhängig voneinander. Kontakte gab es vermutlich nur vorübergehend und vor allem durch Wanderungen der Völker. Die Menschen an der peruanischen Küste scheinen schon früh, um 5000 v. Chr., sesshaft geworden zu sein, und schon im 3. Jt. v. Chr. entstanden die ersten Städte. Die erste Hochkultur der Anden, die Chavín-Kultur, erlangte erst nach der Entwicklung der Mayazivilisation ihre Bedeutung. In der frühen Zwischenzeit von 200 v. Chr.–600 n. Chr. blühten großartige Küstenkulturen auf, die Moche-Kultur im Norden, die Paracas-Kultur sowie die Nazca-Kultur im Süden. 600–1000 wuchs die Macht der kulturellen Zentren Tiahuanaco und Huari in den Anden. Ob sie zur gleichen Zeit ihre Blüte erlebten, ist nicht bekannt. Ebenso wie in Mesoamerika, aber zu einem späteren Zeitpunkt (um 1000–1400), führte der Verfall dieser Reiche zum Aufstieg neuer Mächte mit einer oft kriegerischen Einstellung. Zu diesen gehörte das Reich der Chimú. In der Region von Cuzco begann nun die Blütezeit eines Bergvolks, der Inka, die innerhalb einiger Jahrhunderte von einer Randgruppe zu den Herren des einzigen wahren amerikanischen Reiches wurden.

FRÜHE ZIVILISATIONS-ZENTREN	UMSTRITTENE PERIODEN	DIE BLÜTEZEIT
1000–400 v. Chr. Mittleres Vorklassikum	150–292 Protoklassikum	615–822 Spätklassikum
400 v. Chr.–150 n. Chr. Spätes Vorklassikum	292–600 Frühklassikum	822–909 Frühes Endklassikum
Seiten 10–11	*Seiten 12–13*	*Seiten 14–15*

4000 v. Chr. **1000** v. Chr. **0** **150**

- 4000–3000 v. Chr. Maisanbau
- 2500 v. Chr. Auftreten der Keramik in Mesoamerika
- 1700–1500 v. Chr. Erste Dörfer an der Pazifikküste Guatemalas
- 1000 v. Chr. Besiedlung von Cuello
- 600–400 v. Chr. Erste Architekturformen in Nakbé
- 126 Abaj Takalik Erste datierte Inschrift
- 292 Stele 29 von Tikal
- 534–93 Maya-Hiatus in Tikal
- 562 Niederlage Tikals

ZIVILISATION

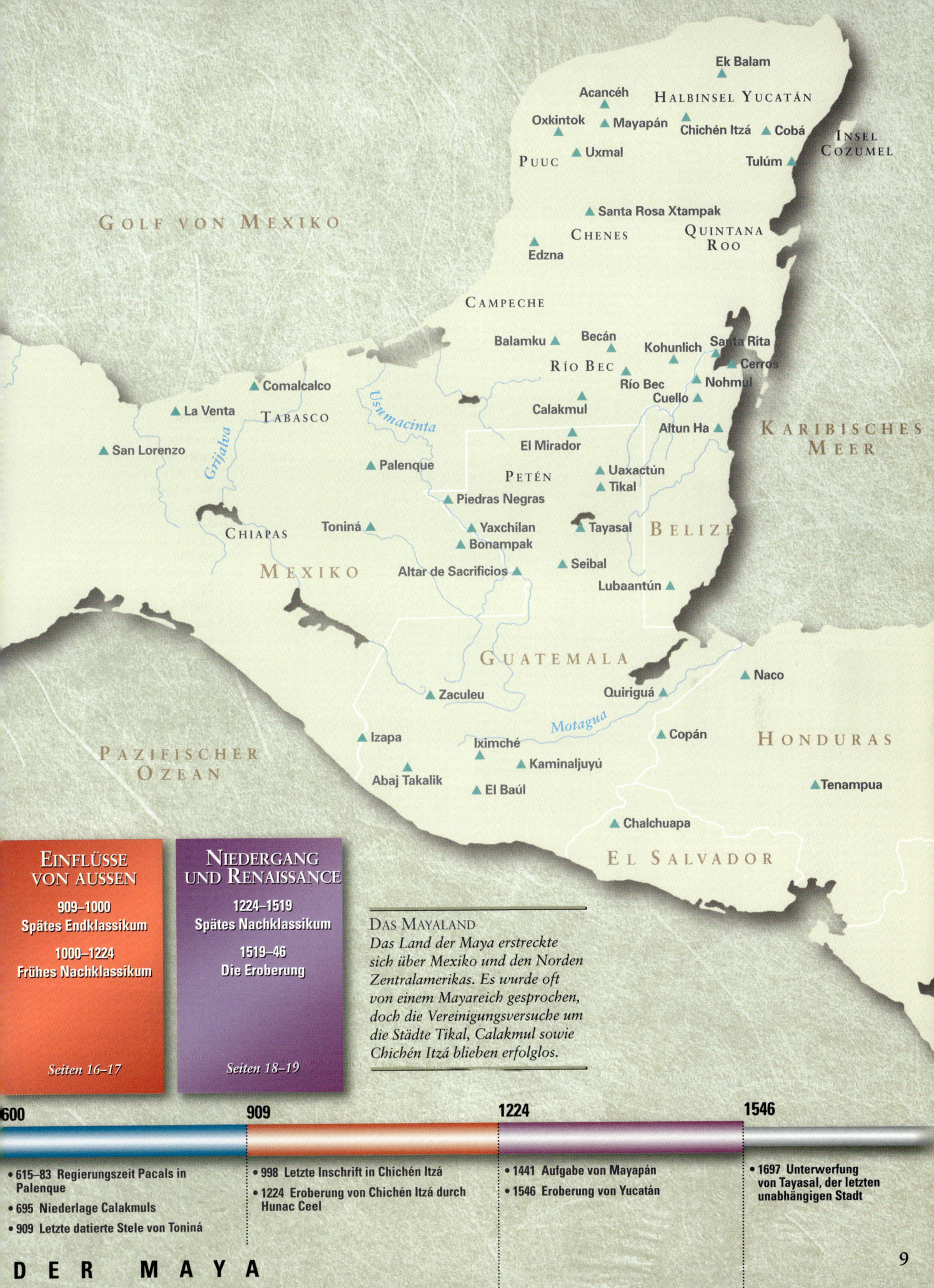

GOLF VON MEXIKO

PAZIFISCHER OZEAN

KARIBISCHES MEER

Halbinsel Yucatán

INSEL COZUMEL

QUINTANA ROO

CAMPECHE

CHENES

PUUC

TABASCO

CHIAPAS

MEXIKO

PETÉN

BELIZE

GUATEMALA

HONDURAS

EL SALVADOR

Ek Balam

Acancéh

Oxkintok   Mayapán   Chichén Itzá   Cobá

Uxmal

Tulúm

Santa Rosa Xtampak

Edzna

Balamku   Becán   Kohunlich   Santa Rita

Río Bec   Cerros

Río Bec   Nohmul

Comalcalco   Calakmul   Cuello

La Venta   Altun Ha

San Lorenzo   El Mirador

Palenque   Uaxactún

Piedras Negras   Tikal

Toniná   Yaxchilan   Tayasal

Bonampak

Altar de Sacrificios   Seibal

Lubaantún

Naco

Zaculeu   Quiriguá

Motaguá

Izapa   Iximché   Copán

Kaminaljuyú

Abaj Takalik

El Baúl   Tenampua

Chalchuapa

Usumacinta

Grijalva

Seiten 16–17

Seiten 18–19

EINFLÜSSE VON AUSSEN

909–1000
Spätes Endklassikum

1000–1224
Frühes Nachklassikum

NIEDERGANG UND RENAISSANCE

1224–1519
Spätes Nachklassikum

1519–46
Die Eroberung

DAS MAYALAND

Das Land der Maya erstreckte sich über Mexiko und den Norden Zentralamerikas. Es wurde oft von einem Mayareich gesprochen, doch die Vereinigungsversuche um die Städte Tikal, Calakmul sowie Chichén Itzá blieben erfolglos.

600   **909**   **1224**   **1546**

• 615–83 Regierungszeit Pacals in Palenque

• 695 Niederlage Calakmuls

• 909 Letzte datierte Stele von Toniná

• 998 Letzte Inschrift in Chichén Itzá

• 1224 Eroberung von Chichén Itzá durch Hunac Ceel

• 1441 Aufgabe von Mayapán

• 1546 Eroberung von Yucatán

• 1697 Unterwerfung von Tayasal, der letzten unabhängigen Stadt

DER MAYA

9

Frühe Zivilisationszentren
1000 v. Chr.–150 n. Chr.

Die Herkunft der Maya gibt nach wie vor Rätsel auf. Als um 1000 v. Chr. das Wachstum von Cuello einsetzte, war das Mayagebiet durch kleine Gruppen von Jägern und Sammlern besiedelt, die dort bereits seit langem lebten. Ab dieser Zeit führte eine rasche, anhaltende Entwicklung zur dichten Besiedlung des gesamten Petén-Gebiets.

DER REGENWALD DES PETÉN
Der tropische Regenwald (Hintergrundfoto) war alles andere als eine grüne Hölle, sondern bot den aufstrebenden Städten vielfältige Ressourcen. Im 1. Jt. v. Chr. blühten dort die ersten großen Städte auf, Nakbé, El Mirador, dann Tikal und Calakmul. Erst viel später entwickelten sich die Städte im trockeneren Klima des Nordens.

DIE KUNST DES SCHREIBENS
Aus dem Vorklassikum sind nur wenige Stelen erhalten, doch es gibt andere Gegenstände, die belegen, dass man bereits am Ende dieser Periode des Schreibens kundig war. Der Jadeit-Ohrring aus Pomona (rechts) gehört sicherlich zu den schönsten Beispielen dieser Kunst.

EINE HEILIGE PYRAMIDE
Die in den 1930er-Jahren entdeckte Pyramide E-VII-sub von Uaxactun besteht aus vier Treppen. Sie werden von 16 großen Stuckmasken flankiert, die die Gestirne und das Erdungeheuer darstellen. Hierdurch wurde die Pyramide zum heiligen Berg. Seither hat man bei weiteren Grabungen in Cerros, Lamanai und Nakbé ähnliche Beispiele gefunden, die bestätigen, wie uralt diese Tradition ist und welche Bedeutung sie für die Mayareligion hatte.

1000–400 v. Chr.	**Mittleres Vorklassikum**		
1150–900 v. Chr.	Blütezeit der olmekischen Siedlung San Lorenzo	600–400 v. Chr.	Errichtung der ersten öffentlichen Bauwerke in Nakbé und Aufstellung der Stele 1
1000 v. Chr.	Besiedlung von Cuello	um 400 v. Chr.	Monument von El Porton
900–700 v. Chr.	Besiedlung des Usumacinta-Beckens		

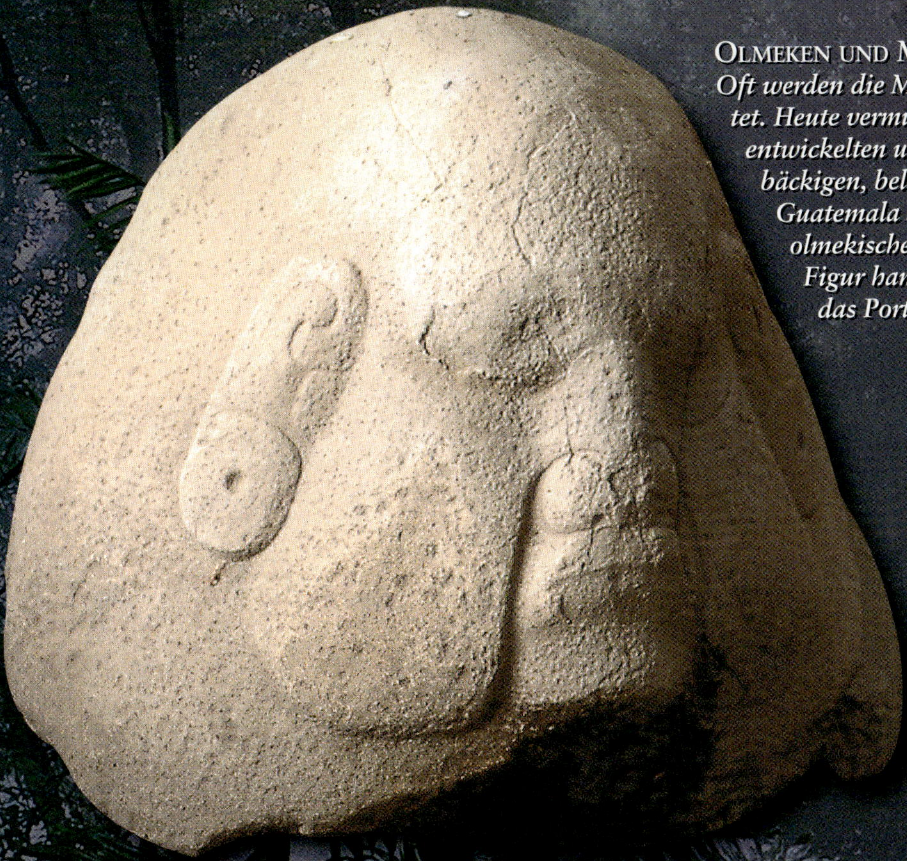

Olmeken und Maya

Oft werden die Maya als Nachfolger der Olmeken betrachtet. Heute vermutet man, dass sich beide Völker parallel entwickelten und ständig in Kontakt standen. Die pausbäckigen, beleibten Gestalten aus den Hochländern von Guatemala stehen vielleicht in Zusammenhang mit olmekischen Kolossalplastiken. Bei der hier gezeigten Figur handelt es sich um eine Gottheit, nicht um das Porträt einer Führungspersönlichkeit.

Vorläufer der Schrift

In der späten Vorklassik schufen die Menschen an der Pazifikküste von Guatemala und Chiapas Skulpturen, die chronologische Inschriften tragen. Derartige Zeugnisse, die als Vorläufer der mayanischen Inschriften gelten, wurden beispielsweise in Izapa, El Baúl (unten) und Abaj Takalik gefunden.

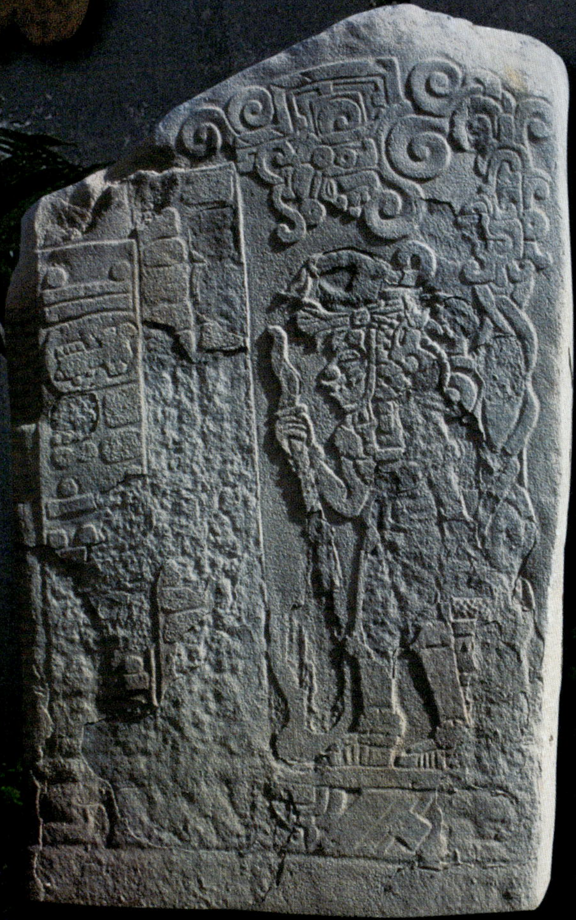

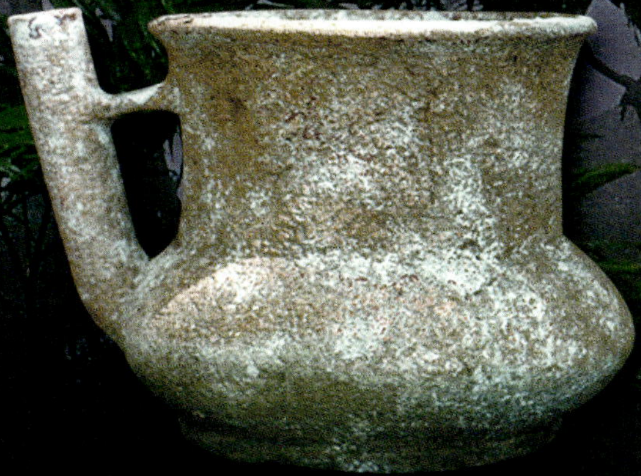

Wohlstand und Wachstum von Cuello

Seit 1000 v. Chr. erlebte Cuello ein ständiges Wachstum, und viele Merkmale weisen auf die Präsenz der Maya hin. Dieses Kakaogefäß aus dem späten Vorklassikum ist ein Zeugnis für Wohlstand, denn Kakao war damals ein Luxusgut. Durch die Tülle konnte man Luft einblasen und den Kakao aufschäumen.

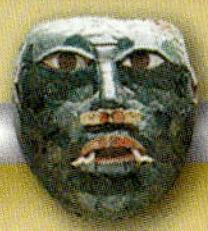

400 v. Chr.–150 n. Chr. **Spätes Vorklassikum**

400 v. Chr.–100 n. Chr.	Blütezeit des Ortes El Mirador
126	Erste datierte Inschrift von Abaj Takalik
143–156	Stele von La Mojarra

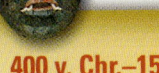

Umstrittene Perioden 150–600

*A*rchäologische Spuren und Funde aus dem Proto- und Frühklassikum liegen oft unter jüngeren Bauwerken aus der Blütezeit des Spätklassikums verborgen. Fundstätten wie Tikal, Río Azul oder Balamku haben jedoch wunderbare Hinterlassenschaften aus dem Frühklassikum freigegeben, die uns einem Verständnis dieser Periode näher bringen.

AUFSTIEG VON CALAKMUL
Die Stadt Calakmul (Hintergrundfoto) war die Rivalin von Tikal. Es gelang ihren Machthabern, ein Netz von Bündnissen aufzubauen, das Tikal allmählich den Atem abschnürte. Die Unterwerfung Tikals durch die Verbündeten Caracol und Calakmul bescherte Calakmul für einige Jahrzehnte eine Vormachtstellung im Petén. Langfristig gelang es jedoch nicht, dem Bündnis eine dauerhafte politische Einheit zu geben.

DER HERRSCHER UND DAS ERDMONSTER
Der Fries von Balamku ist Teil der an den vorklassischen Pyramiden angebrachten Stuckskulpturen. Über der Maske des Erdmonsters thront der Herrscher des Ortes – für die Maya ein Beweis, dass er seine Macht von der Autorität der Vorfahren ableitete und unter dem Schutz übernatürlicher Mächte stand. Die plastische Schönheit der Skulptur bezeugt die Kunstfertigkeit der Mayahandwerker.

ANSPRUCHSVOLLE KERAMIK
Die mehrfarbige Bemalung von Keramik ist eines der typischen Merkmale der Maya-klassik. Die schönsten Exemplare stammen aus dem Spätklassikum, doch auch in der frühklassischen Periode entstanden einige herrliche Stücke wie dieses Deckelgefäß mit stilisierten Motiven und einem Sockel mit dem typischen Vorsprung. Der Deckelknauf hat häufig die Form eines Tiers, etwa eines Vogels oder Jaguars, wie an diesem Gefäß aus Tikal.

150–292 Protoklassikum

100–250 **Blütezeit von La Lagunita**
200–250 **Ausbruch des Vulkans Ilopango in El Salvador**

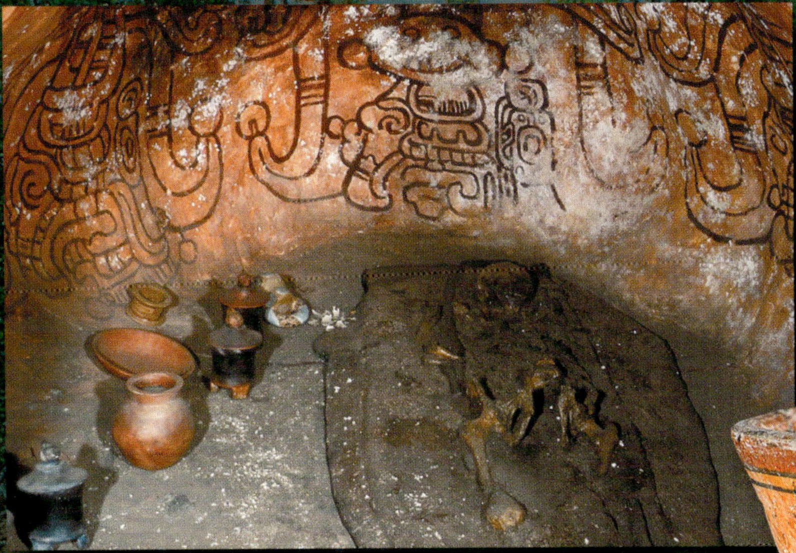

Seltene Grabstätten
Grabstätten mit Wandmalereien sind im Mayagebiet eine Seltenheit, deshalb ist das Grab von Río Azul besonders eindrucksvoll. Der hier bestattete, 417 geborene Würdenträger war der Sohn eines Herrschers von Tikal. Das geht aus den Medaillons hervor, auf denen die Namen der angesehensten Oberhäupter der Dynastie verzeichnet sind, Huh Chaan Mah Kina (Lockennase) und Kanil Chaan (Sturmhimmel).

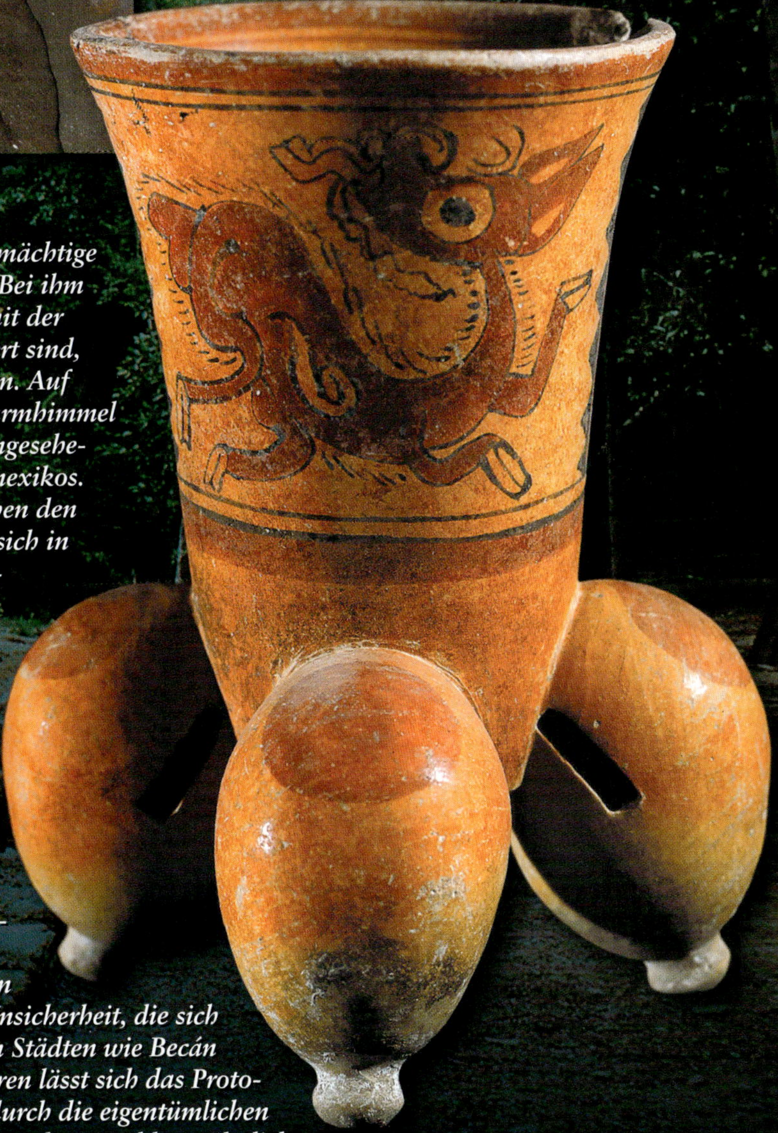

Tikal und Teotihuacán
Auf der Stele 31 von Tikal wird der mächtige Herrscher Sturmhimmel dargestellt. Bei ihm sind zwei Krieger, deren Schilde mit der Maske des Gottes Tlaloc verziert sind, dem Symbol von Teotihuacán. Auf diese Weise verkündete Sturmhimmel seine Herkunft aus der angesehenen Metropole Zentralmexikos. Die Verbindung zwischen den beiden Städten zeigte sich in ihrem parallel verlaufenden Wachstum und Verfall.

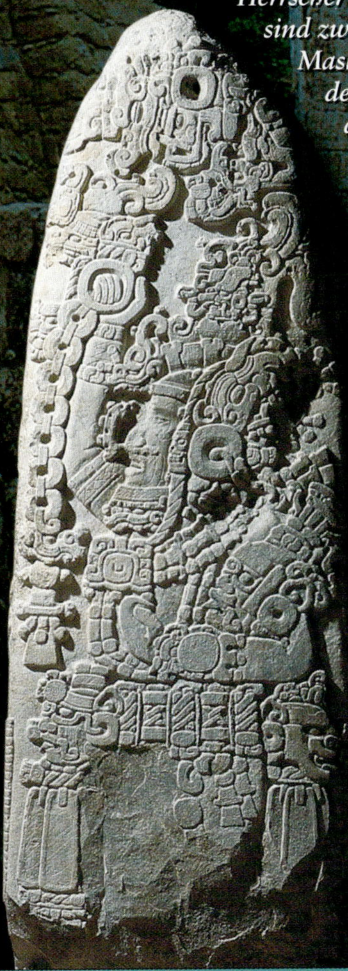

Protoklassikum
Unbestreitbar war diese Zeit von Umwälzungen geprägt, dem Untergang von Städten wie El Mirador, der Unsicherheit, die sich in der Befestigung von Städten wie Becán manifestierte. Definieren lässt sich das Protoklassikum vor allem durch die eigentümlichen Gefäße mit üppiger Bemalung und brustähnlichen Füßen, die z. T. aus Grabstätten stammen. Doch war die protoklassische Periode wirklich eine Phase in der Entwicklung der Mayakultur?

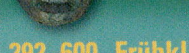

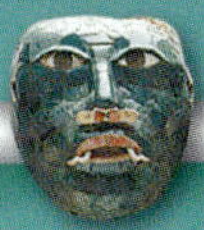

292–600 Frühklassikum

292	Stele 29 von Tikal	379	Lockennase besteigt in Tikal den Thron.	534–593	Maya-Hiatus in Tikal
320	Datierung der *Leidener Platte*	456	Tod des Herrschers Sturmhimmel	562	Niederlage Tikals gegen Caracol; Blütezeit der Stadt Calakmul
300–500	Bau von El Mundo Perdido und der nördlichen Akropolis von Tikal	514	Erste datierte Stele von Calakmul		

Die Blütezeit 600–909

Der Niedergang der Großmächte des Frühklassikums machte den Weg für eine Vielzahl von Stadtstaaten frei, die ihren Status durch das Führen von Emblem-Glyphen, einer Art Wappenzeichen, und eine intensive Bautätigkeit manifestierte. Doch diese in allen Tiefländern gelegenen Stadtstaaten waren kurzlebig. Bei vielen führten Kriege, Konflikte und eine am Prestige orientierte Politik rasch zum Sturz oder zur Zerstörung.

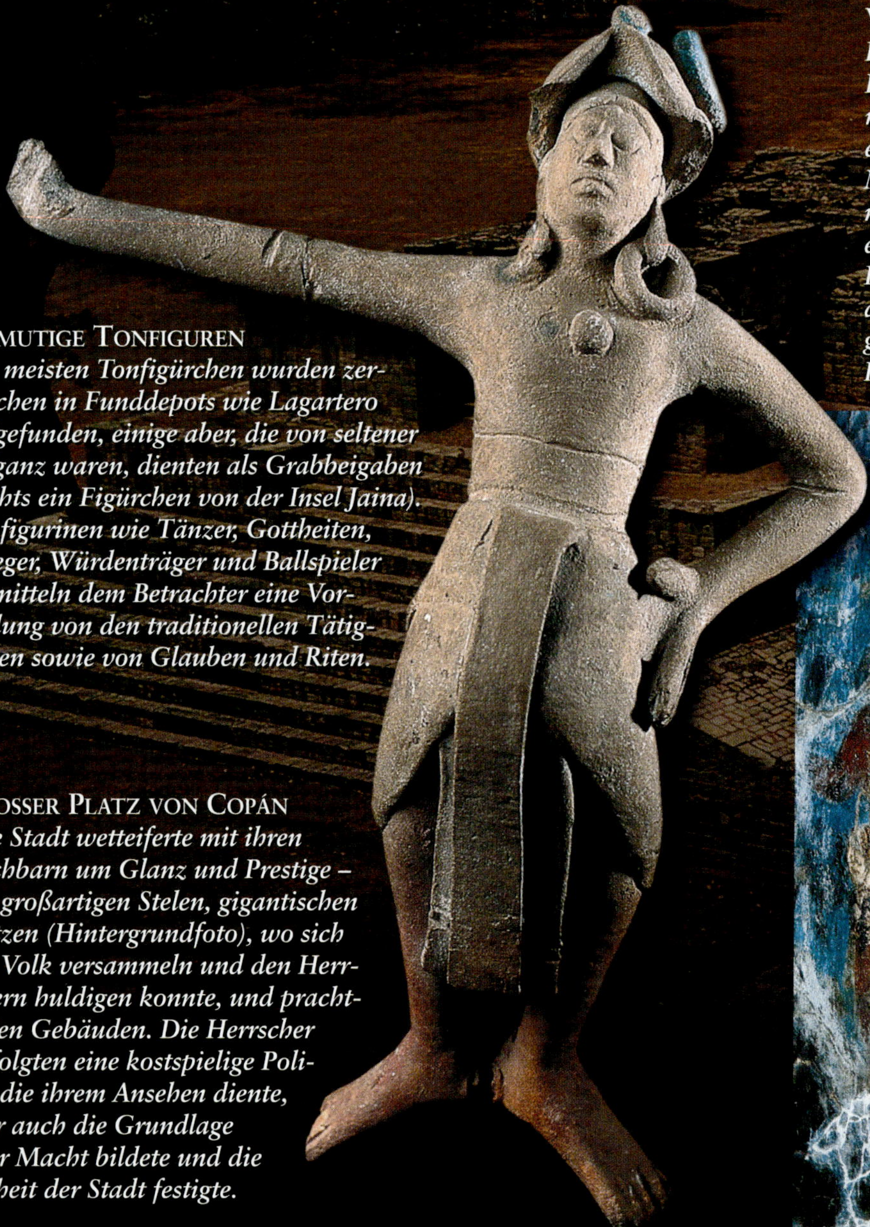

WANDGEMÄLDE VON BONAMPAK
Im Land der Maya sind gut erhaltene Fresken im Stil von Bonampak (unten) relativ selten. Das verleiht Bonampak eine besondere Bedeutung, denn die Malereien von Schlachten und Zeremonien gewähren dem Betrachter einen einzigartigen Einblick nicht nur in die Rituale, sondern auch in Bereiche, zu denen die Archäologie nur begrenzt Zugang gewährt. Hierzu zählen Kleidung, Haartracht oder Holzgegenstände.

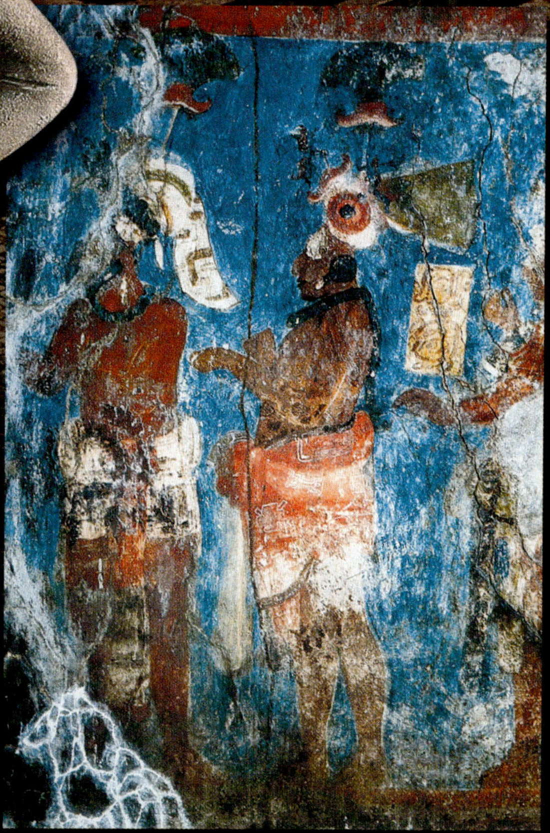

ANMUTIGE TONFIGUREN
Die meisten Tonfigürchen wurden zerbrochen in Funddepots wie Lagartero aufgefunden, einige aber, die von seltener Eleganz waren, dienten als Grabbeigaben (rechts ein Figürchen von der Insel Jaina). Tonfigurinen wie Tänzer, Gottheiten, Krieger, Würdenträger und Ballspieler vermitteln dem Betrachter eine Vorstellung von den traditionellen Tätigkeiten sowie von Glauben und Riten.

GROSSER PLATZ VON COPÁN
Jede Stadt wetteiferte mit ihren Nachbarn um Glanz und Prestige – mit großartigen Stelen, gigantischen Plätzen (Hintergrundfoto), wo sich das Volk versammeln und den Herrschern huldigen konnte, und prachtvollen Gebäuden. Die Herrscher verfolgten eine kostspielige Politik, die ihrem Ansehen diente, aber auch die Grundlage ihrer Macht bildete und die Einheit der Stadt festigte.

615–822 Das Spätklassikum: die Blütezeit

615–83	Regierungszeit Pacals in Palenque
619	Bündnis zwischen Caracol und Calakmul
647	In Dos Pilas gelangt Feuerstein-Himmel-Gott K auf den Thron.
695	Niederlage von Calakmul, Tod von Jaguartatze
647–742	Regierungszeit von Schild-Jaguar-König in Yaxchilán
761	Niederlage des vierten Herrschers von Dos Pilas, Eroberung der Stadt
790–92	Wandmalereien von Bonampak
800	Beginn des Puuc-Stils

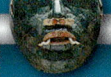

AUFWANDIG VERZIERTE GEFÄSSE

Die polychromen, zylindrischen Gefäße mit üppigen Verzierungen sind typisch für die spätklassische Epoche. Neben den Motiven findet man Inschriften aus kursiven Schriftzeichen oder herkömmlichen Glyphen. Der hier im Zeremonialgewand dargestellte Würdenträger hält in der einen Hand eine Maske, in der anderen einen Fächer.

TÜRSTURZ AUS YAXCHILÁN

Man kennt die Mayaskulpturen als Stelen, Vollplastiken, Hieroglyphentreppen, Altäre oder Türsturze. Hier trifft der Schild-Jaguar-König Vorbereitungen für die Schlacht, und seine Gemahlin Xoc überreicht ihm eine Jaguarmaske, das Symbol der Dynastie. Diese Skulptur verdeutlicht die Bedeutung der Frau in der Mayakultur.

TOTENMASKEN AUS JADE

Man weiß seit der Restaurierung der Totenmaske Pacals, Fürst von Palenque, dass die Mosaikmasken echte Bildnisse von Mayafürsten sind. Eine gewisse Idealisierung lässt sich nicht leugnen, doch belegt der Realismus der vor kurzem in Calakmul entdeckten Masken, dass ein bestimmter Mensch zu erkennen sein sollte. Bedenkt man, wie spät sich die Porträtkunst in der Alten Welt entwickelt hat, ist dies ein erstaunliches Phänomen.

822–909 Ende des Spätklassikums, frühes Endklassikum

822 Letztes unvollendetes datiertes Monument in Copán
849 Erster fremder Herrscher in Seibal (Ah Bolon Tun, Stele 10)
849 Die Itzá verlassen Chakanputun und besetzen Chichén Itzá.

869 Letzte datierte Stele von Tikal
869-889 Puuc-Architektur in Chichén Itzá
909 Letzte datierte Stele von Toniná und Zerstörung der Stadt

Einflüsse von außen *909–1224*

Das frühe Nachklassikum ist durch die Übernahme von außen kommender Einflüsse gekennzeichnet. So treten in Chichén Itzá, das sich durch Größe und Machtfülle auszeichnet, der heimische Puuc-Stil und fremde Stilelemente, wie sie sich z. B. in den Säulenhallen äußern, nebeneinander auf. Offenbar übernahmen die Maya mühelos neue Opferrituale, Gottheiten und ästhetische Ausdrucksformen, ohne die eigene Identität zu verlieren.

EINFLÜSSE AUS ZENTRALMEXIKO
In Chichén Itzá haben sich die Spuren fremder Kulturen deutlich in der Plastik niedergeschlagen – in den Darstellungen der chacmool, Fahnenträger und gefiederten Schlangen. Starke Einflüsse zeigen sich auch in der Architektur (Hintergrundfoto: Kriegertempel). Die großen, mit Säulenhallen und Flachdächern ausgestatteten Bauwerke unterscheiden sich stark von den Gewölben des Klassikums.

BLEIGLANZKERAMIK
Die von der Pazifikküste Guatemalas stammende Bleiglanzkeramik weist einen metallischen Schimmer mit Farbtönen von Dunkelgrau bis Orange auf. Diese Keramik war weit verbreitet, denn typische Gefäße aus dem Endklassikum findet man vom Westen Mexikos bis zur Grenze nach Yucatán. Viele waren mit Tierdarstellungen verziert, etwa mit einem Opossum (oben).

GÖTTERBOTEN AUS DER FERNE
Die chacmool, auf dem Rücken liegende Figuren mit halb aufgerichtetem Oberkörper, stammen ursprünglich vom Hochland in Zentralmexiko. Ihr Auftreten in Chichén Itzá belegt die Verbindung zwischen den Maya und den mexikanischen Zivilisationen. Die Übernahme fremder Elemente in Kunst und Kult der Maya brachte keinen Identitätsverlust mit sich.

909–1000	**Spätes Endklassikum**
900–1000	**Blütezeit der Puuc-Städte**
987	**Gründung von Mayapán**
998	**Letzte Inschrift in Chichén Itzá**

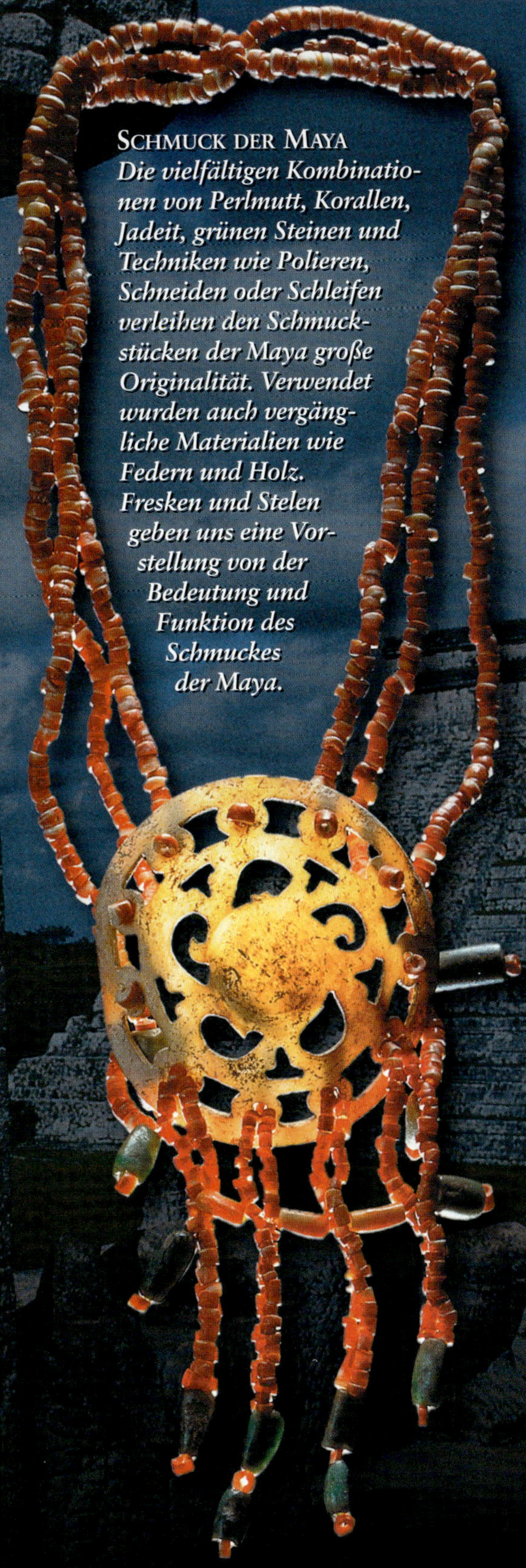

Schmuck der Maya
Die vielfältigen Kombinationen von Perlmutt, Korallen, Jadeit, grünen Steinen und Techniken wie Polieren, Schneiden oder Schleifen verleihen den Schmuckstücken der Maya große Originalität. Verwendet wurden auch vergängliche Materialien wie Federn und Holz. Fresken und Stelen geben uns eine Vorstellung von der Bedeutung und Funktion des Schmuckes der Maya.

Handel mit Rohstoffen
Die Ausstrahlung von Chichén Itzá reichte weit über Yucatán hinaus. Die Fülle von Gegenständen aus Gold oder anderen kostbaren Materialien wie Türkis – Rohstoffe, die im Mayagebiet nicht vorkommen – belegt einen florierenden Fernhandel. Das Gold von Chichén Itzá stammte vermutlich aus Zentralamerika und wurde im Mayaland weiterverarbeitet.

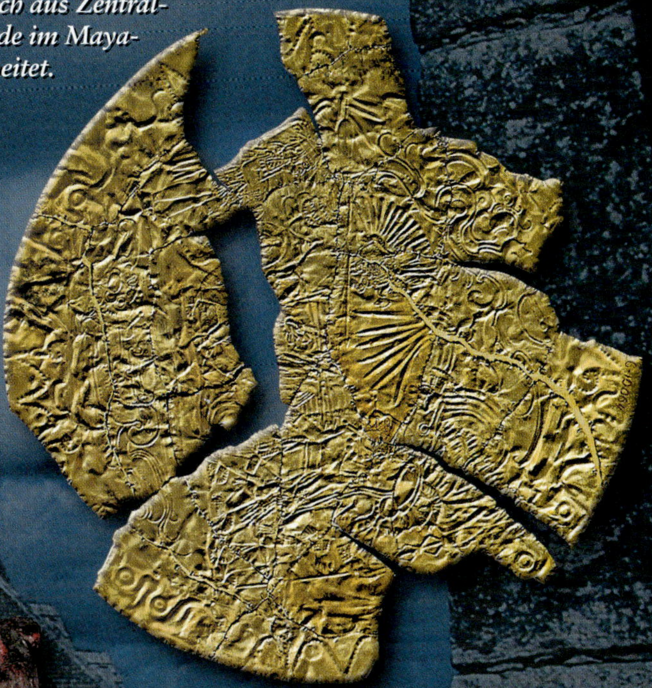

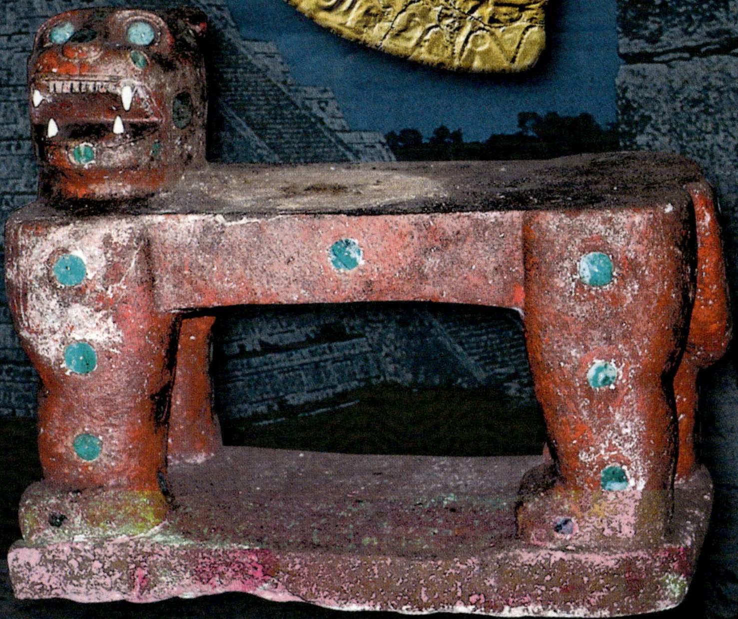

Der Thron des Roten Jaguars
Ein besonders schönes polychromes Fundstück der Mayakunst ist der Thron des Roten Jaguars. Er wurde bei Ausgrabungen unter der Pyramide Castillo entdeckt. Die mit Jadeit inkrustierten Augen, die Reißzähne aus Feuerstein und die aufgemalten grünen Flecken im Fell verleihen ihm seine Wirkung, er ist ein Symbol der Macht.

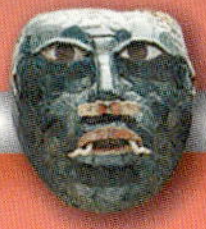

1000–1224 Frühes Nachklassikum

- **1007** Die Xiu besetzen erneut Uxmal.
- **1200** Erste Besetzung von Tulúm
- **1221** Die Itzá werden aus Chichén Itzá vertrieben.
- **1224** Eroberung von Chichén Itza durch Hunac Ceel

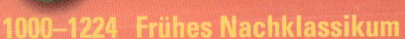

Niedergang und Renaissance
1224–1546

Der Fall von Chichén Itzá sowie die Auseinandersetzungen zwischen Xiu, Cocom und Itzá führten rasch zu einer Zersplitterung Yucatáns in rivalisierende Provinzen. Einige unbedeutende Hauptstädte entstanden, die dem Glanz der alten Stadtstaaten in keiner Weise entsprachen. Die Maya bewahrten jedoch ihre Eigenart und eröffneten mit dem Seehandel, innovativen Kulten und künstlerischen Darstellungen neue Wege.

TULÚM AM MEER
Beim Anblick von Tulúm (Hintergrundfoto) mit seinen Pyramiden fühlten sich die Konquistadoren an das glanzvolle Kairo erinnert. Im Unterschied zu den alten Städten war Tulúm der Küste und dem Handel zugewandt und so ein Beispiel für die neue Ausrichtung der Mayakultur.

WANDEL IN DER KUNST
Im späten Nachklassikum lässt die Kunst einen Qualitätsverlust in Skulptur und Architektur erkennen. Die Malkunst hat sich jedoch weiterentwickelt, und Keramiken wie dieses Schildkrötengefäß aus Mayapán bezeugen das große Können der Handwerker.

CHICHÉN ITZÁ, DER HEILIGE ORT
Nach dem Niedergang Chichén Itzás blieb der Cenote ein Anziehungspunkt für die Menschen. Dort wurden Opfergaben wie das goldene Pektoral (rechts) dargebracht. Bei einer der Wallfahrten kam es zum Massaker der Xiu an den Cocom.

1224–1519 Spätes Nachklassikum

1425–75	Blütezeit des Königreichs Quiché	1511	Schiffbruch der Spanier; Aguilar und Guerrero sind die einzigen Überlebenden
1441	Aufgabe von Mayapán und Massaker der Xiu an den Cocom	1515–16	Große Epidemie (möglicherweise Pocken)
1470	Errichtung des Königreichs Cakchiquel		

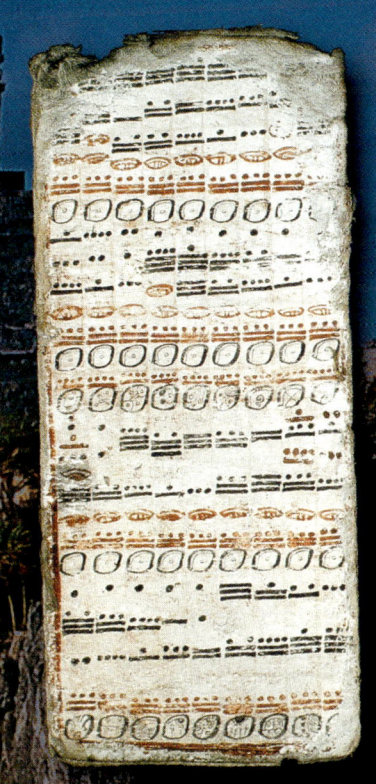

DER STIL DER MAYA-KODIZES

Im Gegensatz zu den Wandmalereien, an denen sich fremde Einflüsse, etwa der Mixteken, ablesen lassen, bewahrten die Maya-Kodizes ihren traditionellen Stil. Die Texte in einer kursiven Schriftform erinnern an Inschriften auf Gefäßen aus dem Spätklassikum. Obgleich jeder der drei bekannten Kodizes besondere Schriftzeichen aufweist, ist doch bei allen ein klassisches Element erkennbar.

DIE RÄUCHERGEFÄSSE VON MAYAPÁN

Mit den chen mul – Räuchergefäßen in Form von Menschen und Göttern – entwickelte sich in Mayapán eine eigenständige Keramiktradition. Weit verbreitet waren Darstellungen von göttlichen Geschöpfen, wie hier von dem Gott Itzamna. Man findet derartige Stücke bis Belize, wo die Maya ihre Tradition während der Kolonialzeit fortsetzten und die Darstellungen an Kirchenwänden und christlichen Grabstätten anbrachten.

NEUER STIL MIT ALTEN MOTIVEN

An den Fresken von Santa Rita (rechts) und an den Wandmalereien von Tulúm, Xelhá oder Cobá kann man die Veränderungen ablesen, die sich in der Mayakultur vollzogen. Mit ihren geometrischen Zügen und starren Formen erinnern sie an Zeichnungen in mixtekischen Dokumenten aus Zentralmexiko. Doch die Motive, die Symbole, die zur Kennzeichnung der Gottheiten dienen, entsprechen der traditionellen Maya-Ikonographie.

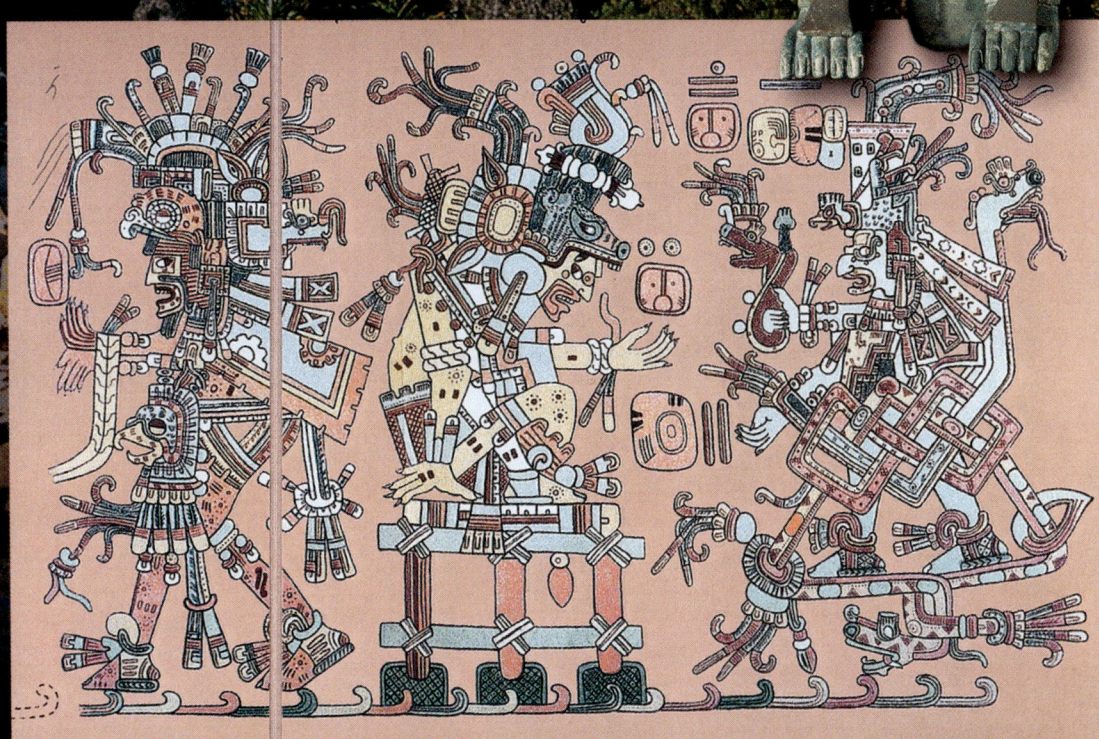

Die Maya

NORMAN HAMMOND

KAPITEL 1

Die Entdeckung der Maya

Ein Amerikaner und ein Brite

Am Morgen des 3. Oktober 1839 lief die *Mary Ann* aus dem
Hafen von New York aus und nahm Kurs auf Belize an der Ostküste der Halbinsel Yucatán, einer mexikanischen Provinz, die
sich nach Norden in Richtung Kuba erstreckt. Einer der beiden
Passagiere war berühmt, der andere unbekannt. Der in Amerika
für seine Reiseberichte bekannte John Lloyd Stephens hatte
von Edgar Allen Poe eine lobende Rezension für sein Werk
Reisen in Ägypten, Arabien und dem Heiligen Land erhalten.
Dieses Werk hatte seinem Verfasser viel Geld eingebracht, sodass der 34-jährige Stephens fortan finanziell unabhängig war.

So konnte er aufbrechen, um die Ruinenstädte in den Wäldern Zentralamerikas zu erforschen, deren Entstehung frühere Reisende den verlorenen Stämmen Israels, den Ägyptern oder den Phönikern zugeschrieben hatten. Stephens ließ sich vom Präsidenten der
Vereinigten Staaten, Martin Van Buren, mit einer Sondermission betrauen. Zu dieser
Zeit tobte in Zentralamerika ein Bürgerkrieg, und Stephens erhielt den Auftrag, die amerikanische Gesandtschaft in Guatemala zu schließen.

Sein Begleiter war der 40-jährige britische Architekt Frederick Catherwood. Stephens
kannte dessen Arbeiten über Palästina und war ihm schon einmal in London begegnet.
Seit kurzem lebte Catherwood, der zehn Jahre lang die europäische Antike studiert hatte,
in New York. Dort hatte er ein „Panorama von Jerusalem" gezeichnet, das von Stephens in seinem letzten Buch sehr gelobt worden war.

Der Buchhändler und Verleger John Russell Bartlett hatte die beiden Männer für die-
se Reise zusammengebracht. Er hatte Stephens vorgeschlagen, seine Forschungen in der
Neuen Welt fortzusetzen und seine Neugier mit dem von Jean-Frédéric Waldeck verfassten
Buch *Auf den Spuren von Malerei und Archäologie in der Provinz Yucatán* geweckt.

DER TEMPEL VON TULÚM
*Der Architekt Frederick
Catherwood hatte seinen
Spaß daran, sich mit dem
Schriftsteller John Lloyd
Stephens vor der Tempel-
fassade darzustellen.*

ELITEKUNST
*(S. 20) Auf Skulpturen und
Fresken der Maya sind die
Herrscher mit deformierten
Schädeln und bunten Prunk-
gewändern dargestellt.*

21

Stephens, der den Marktwert von Abenteuerbüchern kannte, setzte für Catherwood einen Vertrag auf und verpflichtete ihn dazu, dass er „sein künstlerisches Talent einsetzen wird, um die Ruinen von Palenque, Uxmal, Copán und anderer Städte, Orte, Landschaften und Monumente zu zeichnen, die der oben genannte Stephens als wünschenswert erachtet. Er wird die besagten Zeichnungen weder direkt noch indirekt veröffentlichen und in keiner Weise mit dem Recht des genannten Stephens interferieren, jede während der besagten Reise gesammelte Information, Zeichnung und jedes Objekt exklusiv zu nutzen."

Catherwood bekam die Reisekosten bezahlt und zudem 1500 Dollar, wovon seine Familie während der Expedition 25 Dollar pro Woche erhielt. Die zwei Männer gingen auf eine Reise, die die Maya-Archäologie zu einem universitären Studienobjekt erheben sollte.

Am 30. Oktober 1839 kamen sie in Belize an, wo Stephens erstaunt feststellte, dass die Eingliederung der Schwarzen in die Gesellschaft der Weißen – Anlass für so große Kontroversen in den Vereinigten Staaten – hier seit langem gelungen war und dass „die Hautfarbe lediglich als reine Geschmackssache betrachtet wird". Bei einem offiziellen Dinner trafen sie Patrick Walker, „Regierungssekretär und darüber hinaus Inhaber so vieler Ämter, dass er unsere ehrgeizigsten ‚Ämteranhäufer' in den Schatten stellen würde".

Dann fuhren Stephens und Catherwood mit dem Schiff nach Izabal in Guatemala. Zuvor hatten sie noch einen Diener eingestellt, einen „in Santo Domingo geborenen Jungen und dem ersten Eindruck nach zu urteilen nicht sehr hellen Franko-Spanier namens Augustin". Er sollte sich jedoch als wertvoller Weggefährte erweisen.

In Izabal angekommen, besorgten sich die drei Männer einige Maultiere und brachen zu ihrer Expedition auf. Beim Zwischenstopp in Copán, wo sich gewaltige Ruinen befinden sollten, erlebten sie eine Überraschung.

„Nachdem wir uns einen Weg durch den dichten Wald geschlagen hatten, stießen wir auf eine mehr als vier Meter hohe und ein Meter breite, rechteckige Steinsäule. Alle vier Seiten wurden vollständig von mächtigen Flachreliefs bedeckt. Auf der Vorderseite zeichnete sich die Silhouette eines Mannes mit feierlichem, strengem und Furcht einflößendem Gesicht ab. Die Rückseite schmückte ein völlig anderes, mit keinem anderen zu vergleichendes Motiv, die Seitenflächen waren von Hieroglyphen überzogen. In ein Meter Entfernung erhob sich ein großer Steinblock, in den ebenfalls Silhouetten und Symbole eingemeißelt worden waren. Der unerwartete Anblick dieses Monuments verlieh uns die Gewissheit, dass die Objekte, die wir suchten, nicht nur hinsichtlich ihrer Eigenschaft als Überreste eines unbekannten Volkes von Interesse waren, sondern auch als Kunstwerke, als Beleg dafür, dass das Volk, das einst über den amerikanischen Kontinent herrschte, keineswegs ein primitives Volk von Wilden war."

DER GROSSE PLATZ VON COPÁN
Diese Lithographie nach einer Zeichnung von Frederick Catherwood zeigt die Stele 4 und den Altar 4 von Copán vor der 1840 durchgeführten Reinigung.

Ruinen im Wald

Stephens fand nicht nur eine Ruinenstadt vor, sondern auch eine verschwundene Zivilisation, vergleichbar mit den Kulturen, die er auf seinen Reisen durch die Alte Welt studiert hatte, „in ihrer Kunstfertigkeit den schönsten ägyptischen Monumenten ebenbürtig". Die Anonymität dieser Ruinen faszinierte ihn ebenso wie ihre Lage.

Ein Monument „inmitten einer Gruppe von Bäumen, die es umgaben, als wollten sie es wie ein heiliges Objekt in der feierlichen Stille des Dschungels in ein Leichentuch hüllen, erinnerte an eine Gottheit, die ein verschwundenes Volk beweint. Wer hatte diese Stadt erbaut? In den ägyptischen Städten kennt der Besucher die Geschichte des Volkes, dessen

Das innere Eingangstor des Tempels, der Schauplatz zahlreicher Rituale war, ist von Masken des Chac, des großnasigen Regengottes, flankiert.

Spuren ihn umgeben. War der Ort, an dem wir uns befanden, eine Zitadelle? Oder ein Tempel, der dem Friedensgott geweiht war? Alles war geheimnisvoll, umgeben von einem dunklen, undurchdringlichen Mysterium, das mit jeder Entdeckung noch rätselhafter wurde. In Ägypten erheben sich die kolossalen Überreste der Tempel über den trockenen Wüstensand. Hier werden die Eindrücke durch den Wald, der die Ruinen umhüllt und vor Blicken schützt, noch verstärkt, und das Interesse, das man für sie hegt, grenzt an Inbrunst."

Stephens kaufte dem Besitzer des Geländes die Ruinen ab und schickte eines der Monumente, das er in Stücke zerlegen ließ, mit Abgüssen der anderen per Schiff nach New York. Sie sollten „den Kern eines großen nationalen Museums des amerikanischen Altertums" bilden. Für 50 Dollar erwarb Stephens die Mayastadt.

Inzwischen hatte Catherwood mit der Klassifikation der Skulpturen begonnen. Sie waren „sehr komplex, völlig unverständlich, als Hochreliefs gearbeitet, und man brauchte viel Licht, um Details zu erkennen. Das Laub und die Schatten waren so dicht, dass das Zeichnen unmöglich war." Nachdem die Bäume gefällt worden waren, musste Catherwood im Schlamm stehend arbeiten und zum Schutz vor Stechmücken Handschuhe tragen.

Während Catherwood mithilfe seiner Camera lucida – ein Instrument, das die Umrisse der Monumente auf einen Schirm projiziert – Zeichnungen anfertigte, erstellte Stephens eine Karte der Ruinen von Copán. „Die Stadt erstreckt sich entlang des Flusses und ist, wie die hier entdeckten Monumente belegen, mehr als drei Kilometer lang. Auf der anderen Seite des Flusses steht in 1,5 Kilometer Entfernung auf der Spitze eines 600 Meter hohen Berges ein weiteres Monument. Es ist unmöglich festzustellen, ob sich die Stadt bis zu diesem Bauwerk erstreckte. Ich glaube es nicht …" (Wie neuere Studien beweisen, hatte Stephens in diesem Punkt Recht, auch wenn Copán größer war, als er es sich vorstellte.)

„Es gibt keine Überreste eines Palasts oder Privatgebäudes. Der Hauptteil, der sich am Ufer erhebt, war zweifellos ein Tempel. Er besteht aus einer ovalen Ringmauer. Die Vorderseite verläuft in Nordsüdrichtung 190 Meter am Fluss entlang und ist zwischen 90 und 120 Zentimetern hoch. Die drei anderen Seiten bestehen aus Stufenreihen und Pyramidenformationen, die sich 9 bis 42 Meter hoch an den Flanken erheben. Obwohl sie für eine Ruine der Urbevölkerung riesig und außergewöhnlich ist, ist sie nicht so breit wie die Basis der großen Pyramide von Giseh."

Diese Passage fasst den praktischen und den geistigen Ansatz Stephens' zusammen, der durch die Pläne und Zeichnungen Catherwoods ideal ergänzt wird. Es ist bemerkenswert, dass Stephens mit dem Begriff „Urbevölkerung" ausdrücklich den indianischen Ursprung der Ruinen betont und den Gedanken an eine transatlantische Wanderbewegung der Ägypter oder Israeliten verwirft. Damit folgt er eher dem spanischen Kolonialgedanken als den von Waldeck und anderen vorgebrachten Theorien.

Die Forscher blieben nur zwei Wochen in Copán. Catherwood zeichnete die Stelen und ihre „Altäre", die Vegetation und die Gebäude im Hintergrund. Stephens beschrieb alles genau: „Das Gesicht dieses Götterbildes ist das eines Mannes. Der ungewöhnlich geschnittene Bart berührt den Schnurrbart und die Haare. Die Ohren sind groß, aber kaum natürlich; der Ausdruck ist edel, der Mund leicht geöffnet und die Augen scheinen aus ihren Höhlen zu springen. Das Ziel des Bildhauers bestand wohl darin, dem Betrachter Furcht einzuflößen. An den Füßen trägt er Sandalen, die vermutlich aus dem Leder eines wilden Tieres genäht wurden.

Die Rückseite dieses Monuments steht in krassem Gegensatz zu dem Porträt der Vorderseite. Sie stellt nichts Groteskes dar, sondern ist von ungewöhnlicher Anmut und Schönheit. Während unserer täglichen Streifzüge blieben wir oft stehen, um sie zu bewundern, und stellten uns vor, dass das Volk, das sie errichtet hatte, seine Geschichte in diesen Medaillons fest-

VON DER CAMERA LUCIDA ZUR FOTOGRAFIE

Die ersten Forschungsreisenden waren der Meinung, dass die Maya aus der Alten Welt stammen müssten. Einige von ihnen, etwa Waldeck, glaubten, in einigen Mayamotiven Elefanten zu erkennen. Erst als Frederick Catherwood auf der Bildfläche erschien, konnte man anhand der exakten Darstellungen mit den Ungenauigkeiten aufräumen. Catherwood bediente sich der Technik der Camera lucida, durch die das Bild mithilfe geschickt angeordneter Spiegel und einem Prisma reflektiert und auf den Zeichenblock projiziert wurde, sodass man die Motive gut nachzeichnen konnte. Durch diese Technik, einen Vorläufer der Foto-grafie, erhielten die Zeichnungen eine ungewöhnliche Qualität und waren für die von Stephens geleitete Expedition ein großer Gewinn. Kurze Zeit später waren es Désiré Charnay und Alfred Percival Maudslay, die mithilfe der Fotografie die Mayakunst bekannt machten. Fotografen arbeiteten damals unter schwierigen Bedingungen, die Glasplatten waren zerbrechlich und die Transporte heikel, denn die gesamte Ausrüstung musste auf Maultieren transportiert werden. Trotz aller Widrigkeiten sind die Ergebnisse beispiellos. Die Fotografien von Maudsley haben bis heute ihre Lebendigkeit und Genauigkeit bewahrt.

gehalten hat, durch die wir hoffen, eines Tages mit einer versunkenen Zivilisation kommunizieren zu können und das Geheimnis zu lüften, das diese Stadt umgibt."

Die Deutung dieser hieroglyphischen Medaillons als die Schrift der Maya sollte durch die teilweise Entschlüsselung der dynastischen Inschriften auf den Bauten zahlreicher Städte, darunter Copán, bestätigt werden. Stephens äußerte keine gewagte Hypothese darüber, wann und warum Copán verlassen wurde, „ob wegen Krieg, Hungersnot oder der Pest". Aber er schrieb: „Seine Geschichte ist in diese Monumente eingraviert. Wer wird sie lesen?"

Palenque, die verbotene Stadt

Weniger als zwei Wochen nach ihrer Ankunft machte sich Stephens auf, um seiner diplomatischen Mission bei der Regierung der Vereinigten Provinzen von Zentralamerika nachzukommen. Außerdem inspizierte er den geplanten Verlauf eines Kanals, der durch Nicaragua führen und den Atlantik mit dem Pazifik verbinden sollte.

Catherwood war mit einem Führer allein zurückgeblieben und verbrachte einen Teil seiner Zeit damit, die Ruinen von Quiriguá im Tal des Motagua in der Nähe von Izabal zu besichtigen. Es gelang ihm aber nicht, seine Forschungen entscheidend voranzutreiben und die großartigen Stelen dieser Stätte präzise zu zeichnen.

Als Stephens und Catherwood sich in Guatemala-Stadt wieder trafen, hatte der Bürgerkrieg seinen Höhepunkt erreicht.

Ostern 1840 machten sie sich auf den Weg zu ihrem Hauptziel, dem im Norden im tropischen Regenwald am Golf von Mexiko gelegenen Palenque, dessen Besuch die mexikanische Regierung Ausländern angeblich verboten hatte. Sie durchquerten die guatemaltekische Hochebene und besuchten bei dieser Gelegenheit auch die alten Hauptstädte Utatlán und Zaculeu, die heute nur noch aus einem Haufen Ruinen außerhalb der spanischen Städte bestehen, die über ihnen errichtet wurden. In Begleitung des jungen Amerikaners Henry Pawling, der gut bewaffnet und voller Enthusiasmus an der Expedition teilnahm, drangen sie heimlich nach Mexiko vor und überquerten die Berge von Chiapas in Richtung Palenque.

Sie waren nicht die ersten Besucher der Stadt, die bereits von Antonio del Río, Guillermo Dupaix und Jean-Frédéric Waldeck beschrieben worden war. Einige Forscher hatten ungeniert ihren Namen im Gips der Mauern hinterlassen. Palenque war die bei weitem berühmteste Mayastadt. „Was wir gesehen haben", schrieb Stephens, „weckt Bewunderung und Erstaunen."

Ihr Lager schlugen sie im größten Gebäude, dem Palast, auf und gingen vor wie gehabt: Stephens suchte nach Skulpturen und befreite sie von den wuchernden Pflanzen. Dann errichtete er mit Pawlings Hilfe ein Gerüst für die Camera lucida. Anschließend kartographierte er den Palast, wobei er die eingestürzten von den noch stehenden Mauern unterschied. „Er erhebt sich auf einem künstlich angelegten länglichen Hügel, der etwa 12 Meter hoch, 93 Meter lang und 78 Meter breit ist. Das Gebäude ist nach Osten ausgerichtet und misst 70 auf 55 Meter.

Die Vorderseite wird von 14 Eingängen durchbrochen, die je 3 Meter breit sind [...]. Die Steine sind mit einem Mörtel aus Kalk und Sand zusammengefügt und die gesamte Fassade wird von bemaltem Stuck bedeckt. Die Pfeiler sind mit Flachreliefs verziert, deren Hauptperson aufrecht stehend im Profil abgebildet ist. Der obere Teil des Kopfes scheint zusammengedrückt und verlängert worden zu sein – keiner der heute in dieser Region lebenden Stämme weist diese Kopfform auf –, und angenommen, die Statuen

MASKE AUS PALENQUE
Diese sehr realistisch gestaltete Stuckmaske aus dem Sonnentempel stellt wahrscheinlich eine bedeutende Persönlichkeit dar.

stellen Personen dar, die tatsächlich gelebt haben, dann sind sie Zeugen eines verschwundenen Volkes. Der Kopfschmuck besteht aus einem Federbusch. Die Schultern werden von einem kurzen, mit Nägeln verzierten Kleidungsstück und einem Brustschmuck bedeckt. Die Tunika besteht vermutlich aus einem Leopardenfell.

In seiner Hand hält er einen Stab oder ein Zepter; der Hand gegenüber wurden drei Hieroglyphen eingraviert. Zu seinen Füßen sitzen zwei nackte Figuren im Schneidersitz, die ihn anzuflehen scheinen. Ein phantasievoller Geist würde sicherlich zahlreiche Erklärungen für diese Gestalten finden, doch ich finde leider keine passende Interpretation. Zweifellos erzählen die Hieroglyphen ihre Geschichte. Der Stuck war bemalt und an verschiedenen Stellen konnten wir Spuren roter, blauer, gelber, schwarzer und weißer Farbe entdecken."

Stephens hatte Recht mit seiner Annahme, dass es sich hier um einen Menschen und nicht um einen Gott handelte, er irrte sich aber bezüglich seiner Volkszugehörigkeit. Er wusste nämlich nichts von der Sitte der Maya, den Kopf der Neugeborenen zu umwickeln, um besagte Schädelverformung zu erzielen.

Stephens fuhr mit seiner Beschreibung im gleichen Stil fort, und Catherwood lieferte einen Grund- und Aufriss des Inschriftentempels. Die großen Hieroglyphentafeln im Innern des Gebäudes wurden abgezeichnet, und Stephens notierte: „Diese Hieroglyphen sind identisch mit jenen von Copán und Quiriguá. […] Möglicherweise wurde das gesamte Land einst von dem gleichen Volk bewohnt, das dieselbe Sprache sprach oder zumindest die gleiche Schrift benutzte." Auch in diesem Punkt lag Stephens richtig.

Da die Regenzeit nahte und das Arbeiten immer schwieriger wurde, beeilte sich Catherwood, zwei Zeichnungen der Tafeln des Sonnentempels und des Kreuztempels fertig zu stellen. Letztere wählte Stephens als Titelbild für den zweiten Band seines Reiseberichts und bezeichnete es als das „vollkommenste und interessanteste Monument Palenques".

Was Stephens von früheren Forschern unterscheidet, sind seine nüchternen Schlussfolgerungen. „Es war nicht notwendig, die Ruinenstadt den Ägyptern oder einem anderen Volk der Antike zuzuordnen. Was wir vor uns hatten, war herrlich, fremd und außergewöhnlich. Es waren die Überreste eines kultivierten, edlen und ursprünglichen Volkes, das alle Stadien durchlaufen hatte, die das Entstehen und den Untergang einer Nation kennzeichnen, die ein goldenes Zeitalter erlebte und dann in Vergessenheit geriet."

GOUVERNEURSPALAST VON UXMAL
(S. 27) Die Ähnlichkeit zwischen der Zeichnung nach einer Lithographie von Frederick Catherwood (1841) und dem Foto vom heutigen Aussehen des Bauwerks ist frappierend. Sie beweist die Genauigkeit der Darstellungen Catherwoods und den bemerkenswerten Erhaltungszustand des Gebäudes.

EIN SCHÄDEL NACH MASS

Bei den Maya kam der Verformung des Schädels ästhetische wie religiöse Bedeutung zu. Dies belegen die Darstellungen in der Mayakunst wie auch die Geräte und Modellierungstechniken. Um die gewünschte Form zu erreichen, hatten die Eltern keine Hemmungen, ihren Sprösslingen alle möglichen Unannehmlichkeiten anzutun. Säuglingen wurde der Schädel mit unbeweglichen Brettern oder auf einer festen Unterlage zusammengedrückt und auf diese Weise an verschiedenen Stellen abgeplattet.

Laut Arturo Romano, einem mexikanischen Anthropologen, der sich lange mit Knochenfunden der Maya beschäftigt hat, diente die Schädelverformung auch zur Kennzeichnung von Unterschieden in der gesellschaftlichen Hierarchie. Hochrangige Persönlichkeiten etwa wiesen eine schräg verlaufende Abplattung des Schädels auf. Das verlieh den Würdenträgern der Maya die gewünschte fliehende Stirn, deren Neigung eine Fortsetzung des Nasenrückens ist. Figurinen, Malereien, Stelen und Reliefs zeigen oft diese Schädelform als Kennzeichen bedeutender Persönlichkeiten. Dem einfachen Volk war nur eine gerade Abplattung der Stirn gestattet, die man dadurch erreichte, dass der Schädel im Säuglingsalter auf dem flachen Boden der Wiege fixiert wurde.

Eine neue Zivilisation?

Am 1. Juni 1840 verließen die Forscher Palenque und fuhren den Usumacinta zum Golf von Mexiko hinab, von wo aus sie per Schiff in Richtung Sisal, den Hafen von Mérida, der Hauptstadt Yucatáns, steuerten. Stephens hatte von dem Eigentümer der Ruinen von Uxmal die Erlaubnis zur Erforschung bekommen. Einige Tage später traten er und seine Gefährten aus dem Dickicht hervor und „trafen unvermittelt auf eine breite Wiese, die mit zerstörten Hügeln, großen Terrassenbauten und Pyramidenbauten übersät war, herrliche, gut erhaltene, reich verzierte Monumente, die kein Dickicht überdeckte und die fast ebenso malerisch waren wie die Ruinen in Theben".

Das Panorama wird von der Wahrsagerpyramide beherrscht, die das Nonnenviereck überragt. (Seinen Namen erhielt das Nonnenviereck von den Spaniern wegen seiner Ähnlichkeit mit den europäischen Klöstern. Viele Mayabauten tragen solche phantasievollen Bezeichnungen, die von den Archäologen heute als gängige Begriffe benutzt werden.)

„Der beeindruckendste, majestätischste und besterhaltene aller Bauten Uxmals" ist der Gouverneurspalast. Er steht auf drei massiven, 120 Meter langen Plattformen. Das Gebäude selbst misst mehr als 60 Meter. Stephens entdeckte hölzerne Türstürze; in einen von ihnen hatte man Hieroglyphen eingraviert, die denen von Palenque und Copán ähnelten.

Als Catherwood erkrankte, wurden die Forschungen in Uxmal aufgegeben. Die Forscher kehrten nach Mérida zurück und segelten am 24. Juni in Richtung Havanna weiter. Doch ihr Abenteuer war noch nicht beendet, denn sie gerieten in eine Flaute. Erst nach zwei Wochen kreuzte eine amerikanische Brigg ihre Route und brachte sie nach New York zurück. Sie waren vor weniger als zehn Monaten aufgebrochen und hatten nicht einmal zwei davon mit der Erforschung der Mayastädte zugebracht. Sie waren zwei Wochen in Copán, drei Wochen in Palenque und einige Tage in Uxmal gewesen. Zudem hatten sie auch noch an einigen anderen Orten Station gemacht. Sie hatten die drei wichtigsten Städte besucht, die bereits von früheren Forschern beschrieben worden waren, und Catherwood hatte eine vierte, Quiriguá, gesehen. Trotz seines Interesses am Altertum hatte Stephens den Großteil seiner Zeit für seine diplomatische Mission verwendet.

Als im Juni 1841 die zwei Bände seiner *Reisen in Zentralamerika und Yucatán* veröffentlicht wurden, waren weniger als 200 der insgesamt 900 Seiten der Archäologie gewidmet, obgleich die meisten Abbildungen Skulpturen und Gebäude der Maya zeigten.

Dennoch stellt das Buch einen Meilenstein in der Geschichte der Mayaforschung dar. Innerhalb von drei Monaten erschienen zwölf Neuauflagen. Der mitreißende Bericht in Verbindung mit den Illustrationen brachte die Mayastädte einer breiten Öffentlichkeit nahe. Auch der nüchterne Stil Stephens trug zum Erfolg bei; es gab nicht „genügend Beweise für das hohe Alter, das diesen Ruinen beigemessen wird. [...] Sie waren von einem Volk erbaut worden, das dieses Land zur Zeit der spanischen Eroberung bewohnte, oder von deren unmittelbaren Vorfahren. Wären sie vor 2000 bis 3000 Jahren erbaut worden, würde heute keines dieser Gebäude mehr stehen." Die Mayaruinen „unterscheiden sich von den Hinterlassenschaften jedes anderen bekannten Volkes. Sie sind Teil einer vollkommen neuen Ordnung. Sie sind einzigartig und die Schlüsse, die sich daraus ziehen lassen, sind weitaus interessanter als ein möglicher Zusammenhang zwischen ihren Erbauern und den Ägyptern oder einer anderen Zivilisation. Hier gibt es ein Volk, das die Architektur, die Bildhauerei und die Malerei beherrschte und nicht aus der Alten Welt stammt, sondern sich ganz ohne Vorbild und Lehrmeister entwickelt hat und eine klar definierte und unabhängige Existenz besitzt; es ist ebenso einheimisch wie die Pflanzen und Früchte der Erde."

Dank des großen allgemeinen Interesses an Stephens Werken begann eine neue Phase in der Erforschung dieser Zivilisation, wobei die Protagonisten dieselben blieben. Stephens verwendete nämlich sein Autorenhonorar – 15000 Dollar – zur Finanzierung einer zweiten Expedition. Doch diesmal beschränkte er sich auf den Norden der Halbinsel Yucatán und verfolgte ausschließlich archäologische und wissenschaftliche Ziele.

Am 9. Oktober 1841 reisten Stephens und Catherwood an Bord der *Tennessee* nach Sisal. Begleitet wurden sie von Dr. Samuel Cabot Jr., einem jungen Harvardabsolventen und Hobbynaturforscher. (Während der ersten Expedition hatte sich Stephens darüber beklagt, dass sie keinen Fachmann dabei hatten, der die Tiere und Pflanzen bestimmen konnte.) Sie brachen auf in der Hoffnung „zu beenden, was sie begonnen hatten, bevor andere ihnen in die Quere kamen". In Mérida wurden sie durch die Daguerre'sche Lochkamera Catherwoods und Cabots Fähigkeit, das Schielen zu heilen, lokale Berühmtheiten.

Auf Entdeckungsreise durch Yucatán

Die Reisenden machten sich auf den Weg nach Uxmal und Mayapán, der letzten noch unerforschten vorspanischen Mayahauptstadt. In Uxmal schlugen sie ihr Lager im Gouverneurspalast auf, nahmen ihre Forschungen wieder auf und kartographierten die Stadt. Catherwood zeichnete das große Panorama des Palastes von Osten gesehen. Wegen der Lichtspiele entlang der mit Ornamenten geschmückten Fassade legte er seine Daguerre'sche Lochkamera beiseite und griff wieder auf Zeichenstift und Camera lucida zurück.

In der Nähe des Palastes fanden sie das kleine Schildkrötenhaus vor, dem die „reichen und wundervollen Dekorationen seines Nachbarn [fehlen], das aber durch seine schönen Proportionen und sein prosaisches, schlichtes Aussehen besticht. Hier ist nichts unverständlich oder grotesk, es zeugt von einem feinen architektonischen Kunstverständnis,

DAS NONNENVIERECK VON UXMAL
(S. 29) Dieser architektonische Komplex im Puuc-Stil besteht aus mehreren Gebäuden, die um einen großen Innenhof angeordnet sind. Die Spanier hielten das Bauwerk für ein Kultgebäude und nannten es Nonnenviereck.

doch leider verfällt es schnell. Ist es noch einigen weiteren Regenzeiten ausgesetzt, wird es wohl nur noch ein Trümmerhaufen sein, und vielleicht existiert dann auf dem gesamten amerikanischen Kontinent kein Monument der einheimischen Kunst mehr von dieser Reinheit und Schlichtheit." Zum Glück hat das heute restaurierte Schildkrötenhaus die Zeit überdauert.

Während Catherwood in Uxmal blieb, durchstreifte Stephens die Region auf der Suche nach weiteren Ruinen und machte zahlreiche Notizen über zeitgenössische Siedlungen. Häufig befanden sich die Ruinen in der Nähe von Dörfern. Stephens vermutete, dass die Spanier sich am Rand der Mayastädte niedergelassen hatten. Nachdem sie die Mayaführer getötet und für die lokale Bevölkerung mit christlichen Kirchen alternative Kultstätten geschaffen hatten, entstanden neue städtische Zentren. Die Bevölkerung sammelte sich um diese Zentren und gab die alten Tempel außerhalb der Stadtmauern auf.

Catherwood erfasste das Nonnenviereck und zeichnete die Ansichten der Fassaden, die „auf ihrer ganzen Oberfläche mit ausgesprochen reichen und komplexen Gravuren verziert waren, die Szenen einer fremdartigen Prachtentfaltung darstellten".

Auf halbem Weg zwischen Palast und Nonnenviereck „stehen sich zwei verfallene, etwa 20 Meter voneinander entfernte, exakt identische Bauten gegenüber. Im Zentrum ihrer Vorderseiten befinden sich die Überreste großer Steinringe. Sie haben einen Durchmesser von 1,20 Metern und sind mit einem Steinzapfen an der Wand befestigt. Als wir die Bauten freilegten, zeigte sich, dass diese Parallelbauten aus vier Mauern bestanden. Wir sind der Ansicht, dass sie lediglich als Halterung für die beiden einander gegenüberliegenden Ringe errichtet wurden und dass der zwischen ihnen liegende Raum für Feierlichkeiten oder öffentliche Spiele bestimmt war." Und wieder einmal lag Stephens richtig. Es war das erste Mal, dass ein pok-ta-pok-Spielfeld entdeckt wurde, auf dem die Maya ihr heiliges Ballspiel ausgetragen hatten.

Danach reisten Stephens, Cabot und Catherwood nach Kabáh, einer damals noch unerforschten Mayastadt. Sie waren begeistert von den „ungewöhnlich üppigen Dekorationen" des Codz Pop getauften Bauwerks, dessen „oberhalb der Eingänge verlaufendes Kranzgesims selbst nach strengsten künstlerischen Kriterien beurteilt das architektonische Erbe eines jeden Landes der Erde bereichern würde". Das Bauwerk war ein „einzeln stehender, grandioser Bogen [...] auf einem verfallenen Hügel. Seine Geschichte ist ungewiss, doch inmitten dieser verlassenen, einsamen Ruinen erhebt er sich wie ein stolzer römischer Triumphbogen."

Stephens wollte auch aus Kabáh eine repräsentative Sammlung von Skulpturen nach New York schicken. Ein gravierter Türsturz aus Sapotillbaumholz, der einen Würdenträger im Ornat darstellt, war darunter. Nachdem er von der Tür entfernt worden war, zeigte sich, dass das Gesicht der Figur „zerkratzt, ausgehöhlt und ausgelöscht" worden, der Rest des Körpers aber unversehrt war. Glücklicherweise zeichnete Catherwood den Türsturz noch gleich vor Ort. Denn obwohl er unversehrt bis nach New York transportiert werden konnte, wurde er bei einem Brand zerstört, der am 31. Juli 1842 die Skulpturensammlung und das Panorama Catherwoods verwüstete. Einige Skulpturen, die später in New York eintrafen, stehen heute im American Museum of Natural History.

STATUETTE VON JAINA
Diese Terrakottastatuette stellt einen Ballspieler mit einem Schutzpanzer an Oberkörper und Hüften dar. Seine Haltung zeigt, dass er den Ball gerade mit der Scheibe am Gürtel zurückschlagen will.

DAS BALLSPIEL DER MAYA

Beim Ballspiel standen sich zwei gegnerische Mannschaften auf einem lang gestreckten, rechteckigen Platz gegenüber. Gespielt wurde mit einem schweren Kautschukball, wobei nur der Einsatz von Vorderarmen, Hüften und Oberschenkeln erlaubt war. Besonders geschätzt wurde das Ballspiel in der Zeit vom mittleren Vorklassikum bis zur nachklassischen Periode.

Das Ballspiel war jedoch nicht nur ein Spiel, sondern auch ein Ritual, das für die Menschen von großer Bedeutung war. Fast jede Großstadt verfügte über mindestens ein Spielfeld, einige Städte hatten auch mehrere, wie Tikal oder Chichén Itzá, wo es mindestens 13 Plätze gab.

Das Spiel hatte eine symbolisch-religiöse Bedeutung. Es stand für den Kampf kosmischer Gegner, die das Leben auf der Erde und das Wiedererwachen der Vegetation ermöglichten, oder für den Kampf zwischen Sonne und Mond, Tag und Nacht. In Copán symbolisierte es die Schlacht gegen die Mächte der Unterwelt. Manchmal hatte das Spiel auch kriegerischpolitische Bedeutung, wenn es mit der Enthauptung der Besiegten beendet wurde, wie in Yaxchilán oder Toniná, wo die abgeschlagenen Köpfe am Spielplatzrand zur Schau gestellt wurden. So glaubte man, seiner eigenen Stadt Macht und Wohlstand sichern zu können.

Da ein Priester in Nohcacab weitere Ruinen entdeckt hatte, zog das Trio dorthin weiter. Nach einem kurzen Aufenthalt in Sayil, wo die Südfassade des Palastes freigelegt wurde, damit Catherwood sie fotografieren konnte, kamen sie in Sichtweite der damals noch unerforschten Ruinen von Labná.

„Wir betraten ein Ruinenfeld, das uns, trotz allem was wir bereits gesehen hatten, in erneutes Staunen versetzte." Eine der eindrucksvollsten Strukturen war „ein Gewölbe mit bemerkenswert schönen Proportionen und anmutigen Ornamenten, das in ein Wäldchen führte, das in einem ehemaligen Hof wuchs. Auf beiden Seiten des Portalvorbaus gingen die Pforten der Gemächer auf diesen Hof; über jedem der Eingänge barg eine viereckige Nische die Überreste reich verzierter Stuckornamente, deren Bemalung an einigen Stellen noch sichtbar war. Sie sollten offensichtlich die Sonne mit ihrem Strahlenkranz darstellen."

SKULPTIERTER STEINRING
AUS CHICHÉN ITZÁ
*Die Spieler hatten die
schwierige Aufgabe, den
Ball durch diesen Ring zu
prellen. Das Auftreten dieser
Ring-Art im Postklassikum
weist darauf hin, dass sich
die Regeln des Ballspiels
geändert hatten.*

Auf dem Weg zu einer mesoamerikanischen Kultur

Wieder wurden sie vom Pech verfolgt. Catherwood und Cabot erkrankten an Sumpffieber, sodass Stephens sich allein an die Erkundung Ticuls machte. Hier winkte ihm wieder das Glück. Der örtliche Antiquitätenhändler Don Pío Pérez hatte eine Chronologie Yucatáns geschrieben und sich dabei auf Dokumente und volkstümliche Quellen gestützt. Bei der Lektüre beeindruckte Stephens „die Tatsache, dass die Einwohner Yucatáns zwar unterschiedliche Sprachen sprechen, aber dennoch den gleichen Kalender benutzen. Dies belegt, dass ihre Kenntnisse und ihre Gedankenwelt gemeinsame Quellen besitzen, und dies ist ein weiterer Beweis dafür, dass die Ureinwohner Yucatáns und Mexikos ähnliche Wurzeln haben." Dies war der erste Entwurf des heutigen Modells, das Mesoamerika als eine Kulturzone darstellt, die viele geistige und materielle Gemeinsamkeiten aufweist.

Pío Pérez ist einer der verkanntesten Helden der Mayaforschung, ein Mann, der ohne spezielle Ausbildung und allein aufgrund seines persönlichen Interesses wertvolle Bruchstücke der Vergangenheit bewahrte. Als sich die Gelegenheit bot, teilte er seine Entdeckungen, ohne daran zu denken, irgendeine Urheberschaft dafür zu beanspruchen. Es ist daher umso erfreulicher festzustellen, dass die Arbeit von Pérez nicht nur als Anhang zu den 1843 veröffentlichten *Reiseerlebnisse in Yucatán* von Stephens erschienen ist, sondern dass der Text dabei als eigenständiges Werk unter Angabe des Verfassers ausgewiesen wurde.

In Maní nahm Stephens Einsicht in die Stadtarchive, die „eine alte Zeichnung auf Baumwollstoff" enthielten, die die Ermordung der Botschafter der Tutul Xiu vor der spanischen Eroberung darstellte. Dies war das „erste und einzige Beispiel" für ein vorspanisches Dokument, auf das er je stieß.

Am 7. März 1842 machten sich die drei Forscher auf den Weg nach Chichén Itzá, der großen Stadt im Osten, die durch den deutschen Baron Frederichstahl bekannt geworden war, der sie 1840 besucht hatte. Beim Anblick der Ruinen war Stephens hellauf begeistert: „Die Bauten sind weitläufig und einige gut erhalten; die Fassaden sind nicht so verziert und ausgearbeitet wie die, die [ich] bereits gesehen [habe]. Sie scheinen älter zu sein und die Bauweise rudimentärer, doch die Innenräume enthalten überaus interessante Dekorationen und Objekte." Stephens bewunderte den maya-toltekischen Hybridstil, für den die Bauwerke Chichén Itzás inzwischen berühmt sind; dieser Stil ist jünger als der der Gebäude in Uxmal und Kabáh. Der Name dieser Stadt, „am Mund des Brunnens der Itzá", eines Mayavolkes, stammt von dem großen natürlichen, als *zenote* bezeichneten Brunnen, „einem riesigen kreisförmigen Loch mit felsigen Wänden, an dessen Boden sich Wasser sammelt, dessen Tiefe unbekannt ist". Diese Kalksteinhöhle, deren Decke eingebrochen war, stellte die wichtigste Wasserquelle Chichén Itzás dar und erhielt später wegen der hier entdeckten Funde den Namen Heiliger Zenote oder Heiliger Brunnen.

In der Nähe der Haziendas, auf denen die Forscher Quartier bezogen, befinden sich zahlreiche Gebäude, die mit spanischen Namen belegt worden waren, wie etwa *l'Iglesia* (die Kirche). Im Norden gibt es „einen Rundbau, der aufgrund seiner inneren Wendeltreppe *Caracol* (Schnecke) getauft worden war. Er hat einen Durchmesser von 7 Metern und zwei Türen, die auf einen runden Korridor führen. Die Innenwand wird ebenfalls von vier Türen durchbrochen [...], die auf einen zweiten runden Gang führen ... Die Wände der beiden Gänge sind mit Gips verputzt und mit Zeichnungen verziert. Der Grundriss dieses Gebäudes ist völlig einmalig und anstatt das Geheimnis dieser mysteriösen Strukturen zu enthüllen, gibt er uns noch mehr Rätsel auf."

Weniger rätselhaft sind „die beiden riesigen gegenüberliegenden Mauern, die je 82 Meter lang und 6 Meter voneinander entfernt sind. In der Mitte jeder Mauer befindet sich in 6 Meter Höhe ein Steinring. Sie verlaufen parallel zueinander und haben einen Durch-

DIE ZEREMONIALSTRASSEN DER MAYA

Die *sacbéob* – künstlich angelegte Straßen – sind ein typisches Merkmal des Maya-Tieflands. Die Singularform ist *sacbé*, ein aus zwei Begriffen zusammengesetztes Wort. *Sac* bedeutet „weiß" und *bé* heißt „Weg". Diese Bezeichnung bezieht sich auf die sehr helle, fast weiße Farbe dieser Straßen, die einen starken Kontrast zur Vegetation in ihrer Umgebung darstellten.

Die *sacbéob* waren erhöht angelegte Dammstraßen, die in der Regel aus einem dicken Steinpflaster bestanden und von seitlichen Mauern gestützt wurden. Auf dem Steinpflaster lag eine Art zweite Schicht aus Schotter, und auf das Ganze wurde eine Art Stuck aufgebracht. Diesem hellen Stuckbelag verdanken die Straßen ihre Bezeichnung. Die Wölbung der Straßenoberfläche war eine gut durchdachte Lösung und bezweckte ein besseres Abfließen des Regenwassers.

Die Zeremonialstraßen verbanden oft zwei Gebäudekomplexe eines Zentrums, z. B. in Tikal, wo breite Straßen zwischen zwei Tempelgruppen verlaufen. Die Straßen führten auch von einem Zentrum zum anderen, was mitunter den Bau von Brücken und Plätzen erforderlich machte. Am berühmtesten ist die 100 km lange Zeremonialstraße von Cobá nach Yaxuna. Die Straße von Uxmal nach Kabáh, die über das Zentrum Nohpat führt, ist kürzer, aber nicht weniger bedeutend.

Auch wenn es auf der Hand liegt, dass die *sacbéob* Verbindungswege über schwieriges Gelände wie z. B. Überschwemmungsgebiete waren, sind einige Forscher der Meinung, dass sie auch als Symbole für Macht und Ansehen dienten. Das war mit ihrem praktischen Nutzen durchaus vereinbar, denn die Straßen verbanden Städte desselben Herrschaftsgebiets.

messer von 1,20 Metern; das Loch hat einen Durchmesser von 45 Zentimetern. Vermutlich hatten diese Mauern die gleiche Funktion wie die parallelen Mauern von Uxmal, in denen öffentliche Spiele abgehalten wurden." Stephens bekräftigte seine Vermutung mit einem Zitat des spanischen Historikers Herreras, der das aztekische Spiel *tlachtli* beschrieben hatte. Er bemerkte den Gebrauch „bestimmter Steine, die an die einer Mühle erinnern. Das Loch in ihrer Mitte hat die gleiche Größe wie der Ball, der dadurch hindurchbefördert werden musste, um das Spiel zu gewinnen." Aufgrund der Übereinstimmungen zwischen den Spielfeldern der Azteken und der Maya sieht Stephens „Verwandtschaften zwischen dem Volk, das einst die Ruinenstädte von Yucatán erbaute, und jenem, das während der spanischen Eroberung in Mexiko lebte", was ebenso auf die kulturelle Einheit Mesoamerikas hindeutet.

Das Geheimnis von Tulúm

Am Ende ihres fast dreiwöchigen Aufenthalts in Chichén Itzá reisten die drei Männer nach Valladolid, der bedeutendsten spanischen Siedlung Ostyucatáns. Auf ihrem Weg entlang der Küste Quintana Roos, den sie in einem 10 Meter langen Kanu bewältigten, „nicht sehr verheißungsvoll für eine einmonatige Kreuzfahrt", hörten sie Berichte über Ruinen im Wald, in Cobá, sowie über eine *sacbé*, eine befestigte Straße, die von dort zu einem unbekannten Ziel, möglicherweise nach Chichén Itzá, führen sollte. Dies war wohl das erste Mal, dass von der längsten aller Mayastraßen berichtet wurde. Sie wurde in den 20er-Jahren des 20. Jh. kartographiert und verbindet Cobá nicht mit Chichén Itzá, sondern mit der 100 Kilometer entfernt liegenden kleinen Stadt Yaxuna.

Bei ihrer Ankunft in Tulúm schlugen die Forscher ihr Lager im Hauptgebäude, dem *Castillo* (Schloss) auf, das sich „hoch oben auf einer steilen Felswand [befand,] von wo aus [sie] einen herrlichen Blick auf das Meer" hatten. Ganz in der Nähe lag ein kleines Gebäude, über dessen Eingang eine merkwürdige Figur stand, „mit dem Kopf nach unten und gespreizten Armen und Beinen", ähnlich der, die sie in Sayil gesehen hatten. Spätere Forscher gaben ihr den Namen „niederfahrender Gott".

Beim Freilegen der Ruinen machten die Forscher weitere überraschende Entdeckungen: „Diese vom Wald überwucherte Stadt wurde von einer Mauer eingefasst, die immer noch steht und in gutem Zustand ist. Wir hatten uns ohne große Hoffnungen auf den Weg gemacht und plötzlich sahen wir uns einer Struktur aus massivem Stein gegenüber, die direkt zum Meer führte. Wir folgten ihr und gelangten bald zu einem Tor und einem

DER BOGEN VON KABÁH
Dieser gewaltige Bogen war gleichzeitig der Ausgangspunkt der Zeremonialstraße von Kabáh nach Uxmal und das Eingangstor zu dem öffentlichen Bereich der Kultstätte.

KOPF DES ITZAMNÁ
Die Lithographie von Frederick Catherwood (1841) ist die einzige erhaltene Abbildung dieser etwa 2 m hohen Stuckmaske aus Izamal. Im Vordergrund ist eine Jagdszene dargestellt.

Wachturm. Es gab keinen Zweifel an der Bedeutung dieser Struktur; es handelte sich um die Einfriedung einer Stadt, die erste, die wir zweifelsfrei als solche identifizieren konnten."

Stephens beschrieb „ein Parallelogramm, das an das Meer angrenzt, wobei die hohe Felswand eine 4450 Meter lange Mauer bildet. Die Mauer besteht aus flachen, grob behauenen Steinen, die ohne Mörtel oder Zement aufeinander gesetzt wurden. An der Ecke erhebt sich in dominierender Position der Wachtturm. […] Ringsherum wachsen Bäume; innerhalb der Mauern wird die verlassene Stadt von Pflanzen überwuchert, während außerhalb nichts als endloser Wald zu sehen ist. Die Befestigungen, über die der stolze Indianer schritt, ausgerüstet mit Pfeil, Bogen und seinem Federkopfschmuck, werden von dornigem Gestrüpp und giftigen Kletterpflanzen überwuchert. Die Stadt stellt keine Wachposten mehr auf. Sie ruht in der Einsamkeit, der Heimstatt der Stille und der Verzweiflung."

Erst am Morgen ihrer Abreise entdeckte Cabot im Dickicht innerhalb der Mauern ein neues, unbekanntes Gebäude, das nur knapp 100 Meter vom *Castillo* entfernt lag. Es war zweigeschossig und seine Mauern waren mit Zeichnungen verziert.

Stephens glaubte, im „verlassenen und zerfallenen [Tulúm] die gleichen Bauten [bewundert zu haben], die die Spanier noch intakt und von Indianern bewohnt vorgefunden hatten". Er ordnete sie dem gleichen Volk zu, das die großen geheimnisvollen Städte erbaut hatte, die sie zu Beginn ihrer Arbeit erforscht hatten. Er lag zumindest annähernd richtig, denn Tulúm stammt aus dem Jahrhundert vor der spanischen Eroberung; vor kurzem konnte bewiesen werden, dass Tancah im Norden bis zur Kolonialzeit bewohnt war.

Von Tulúm kehrte die Gruppe nach Mérida an der Nordküste Yucatáns zurück und entdeckte auf ihrem Weg die riesigen Pyramiden von Izamal. In dieser Stadt stand das Kloster Diego de Landas, aber der Name hätte Stephens zu diesem Zeitpunkt noch nichts gesagt, denn die Schriften Landas wurden erst 20 Jahre später wieder entdeckt.

Die letzte Stadt, die Stephens besuchte, war Aké in der Nähe des Schauplatzes einer großen Schlacht zwischen Maya und Spaniern. Der riesige Säulensaal war „ganz neuartig, außergewöhnlich, anders als alles, was wir bisher gesehen haben und am Ende unserer Forschungsreise, als wir glaubten, uns an den Charakter der amerikanischen Ruinen gewöhnt zu haben, gab er uns neue Rätsel auf".

Um den 15. Mai 1842 brachen die Forscher mit dem Schiff nach Havanna auf, wo sie sich „am Ankunftsabend bei Kerzenschein mit entblößtem Haupt vor der Marmorplatte versammelten, unter der die Gebeine Christoph Kolumbus' ruhten".

Knapp neun Monate nach ihrer Rückkehr waren die *Reiseerlebnisse in Yucatán* geschrieben, illustriert, veröffentlicht und sehr erfolgreich. Das Werk unterschied sich von den vorherigen Bänden dadurch, dass es ausschließlich der Archäologie gewidmet war. Der von Pío Pérez verfasste Anhang *Die Geschichte der Halbinsel Yucatán vor der Eroberung* machte den Reisebericht zugleich auch zu einem wissenschaftlichen Werk.

1839 war John Lloyd Stephens noch ein Dilettant, ein intelligenter und begeisterter Amateur mit archäologischen und diplomatischen Talenten. Der Stephens des Jahres 1841 war ein gewissenhafter und gebildeter Gelehrter mit einem großen Potenzial, der die erste organisierte archäologische Expedition ins Mayagebiet leitete.

Diese Reise war ein Wendepunkt in der Mayaforschung. Die Schriften Stephens', einer der letzten romantischen Forscher und einer der ersten objektiven Gelehrten, sowie die sorgfältigen Zeichnungen Catherwoods wirkten wie ein Katalysator.

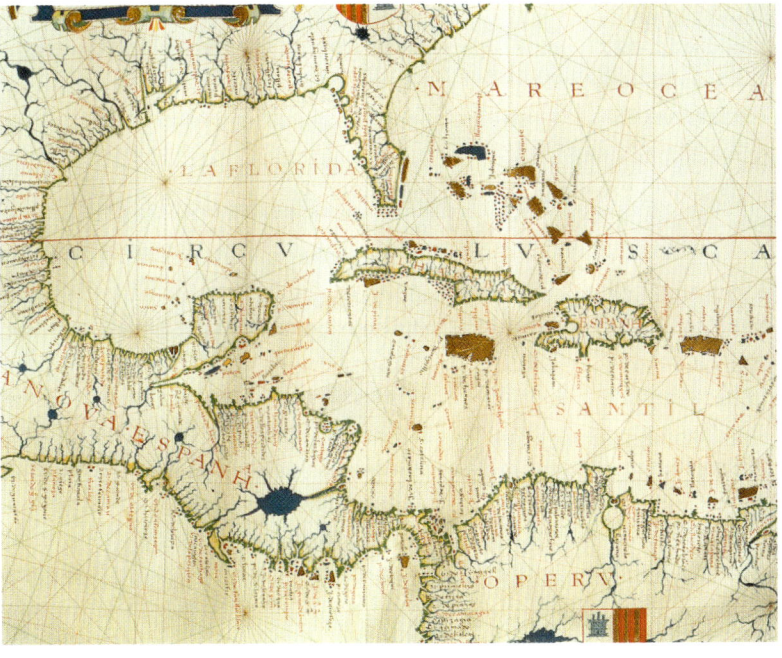

KARTE VON NEU-SPANIEN
Trotz einiger Ungenauigkeiten zeigt diese Karte aus dem 1671 veröffentlichten Seeatlas von Fernão Vaz Dourado, dass die damaligen geographischen Kenntnisse bemerkenswert waren.

Die spanischen Forscher

Auch wenn Stephens und Catherwood die Mayaforschung revolutionierten, waren sie weder die Ersten auf diesem Gebiet noch hatten sie dies je behauptet. Stephens begrüßte in seinen Büchern die Arbeiten der spanischen Forscher in Palenque im 18. Jh. und die seiner Zeitgenossen.

Vor der Untersuchung der Mayazivilisation soll ein Blick auf die Gelehrten geworfen werden, die seit dem 16. Jh. auf sie aufmerksam machten. Ihre Einstellung gegenüber den Monumenten und deren Erbauern änderte sich im Verlauf dieser langen Zeit, die in mehrere Phasen unterteilt werden kann.

Die erste Phase war die der spanischen Forscher. Sie begann gegen 1550, kurz nach dem spanischen Einfall ins Mayagebiet, und erstreckte sich bis ins Jahr 1759, als Karl III. den spanischen Thron bestieg. In diesen beiden Jahrhunderten wurden zahlreiche Beschreibungen der Mayaruinen geliefert und das Alltagsleben ihrer Bewohner dargelegt, das noch Elemente ihrer vorspanischen Vergangenheit enthielt. Allerdings wurde damals keine der Ruinenstädte erforscht.

Erstmals scheint eine archäologische Fundstätte von Fray Lorenzo de Bienvenida erwähnt worden zu sein, einem Franziskanermönch aus Mérida, der spanischen Hauptstadt Yucatáns, die auf den Ruinen der Mayasiedlung Tiho errichtet worden war. Dieser frühere Name, schrieb Bienvenida 1548, stammte von den „wundervollen Bauwerken, die [die Stadt] besitzt. Von allen Entdeckungen, die in Indien gemacht wurden, ist keine so großartig. Diese Bauten aus großen gravierten Steinen, die keinen Hinweis auf ihre Erbauer liefern, wurden scheinbar vor Christi Geburt errichtet, denn die Bäume, die auf ihnen wachsen, sind ebenso hoch wie jene, die in der näheren Umgebung gedeihen. Hier haben wir Mönche vom Orden des heiligen Franziskus unser Lager aufgeschlagen."

Diese Notiz Bienvenidas birgt mehrere interessante Aussagen: Sie zeigt Bewunderung für die Baumeister und verzichtet darauf, die Ruinen einem bekannten Volk zuzuordnen; sie folgert, dass die Ruinen wegen der Größe der Bäume, die sie überwuchern, sehr alt sein müssen, datiert sie zu einer Zeit, als das Erdalter auf 6000 Jahre geschätzt wurde, auf vorchristliche Zeit, und stellt die These auf, dass diese Ruinen im 16. Jh. bereits verlassen waren und daher nicht zu Tiho gehörten. Späteren Forschungen zufolge sind sie jedoch dem Puuc-Stil zuzuordnen und stammen aus dem 8. und 9. Jh. n. Chr.

Ein Jahr nach Bienvenida kam ein anderer Franziskaner nach Yucatán, Diego de Landa, ein strenger, bornierter Mann, der bald hohe Ordensämter einnahm und eine größere Macht ausübte als der Bischof. Er ernannte sich selbst zum Chef der Inquisition in Yucatán. Die von ihm veranlassten Geißelungen und Inhaftierungen erlangten traurige Berühmtheit und waren eine Missachtung der von Papst Paul III. erlassenen Anweisungen. 1562 vollbrachte Landa in Maní seine letzte „Heldentat": Er ließ mehrere tausend Götterbilder zerstören und Dutzende von Büchern verbrennen, von denen er behauptete, sie wären mit „vom Teufel inspiriertem Aberglauben und Lügen" gespickt, obwohl er zugab, dass die Maya darin „ihre alten Denkmäler und ihre Wissenschaft" niedergeschrieben hatten.

MAUER DES TEMPELS 11 IN COPÁN
(S. 37) Eine kniende Gestalt mit Affengesicht, die eine Fackel in der linken Hand hält, schmückt diese Mauer. Die Skulptur belegt die Meisterschaft der Bildhauer von Copán, die Flachreliefs mit Rundplastiken zu verbinden wussten.

Der Bericht eines Inquisitors

Wegen seiner rigorosen Vorgehensweise wurde Diego de Landa nach Spanien zurückbeordert, wo er sich für seine Taten verantworten musste. Der Indienrat kritisierte ihn scharf und er saß elf Jahre lang in Haft, bis sein Fall vor einem Gelehrtenkomitee in Berufung ging, in dem Freunde von ihm saßen. Da sich die Wogen inzwischen wieder geglättet hatten, wurde er freigesprochen und konnte 1573 als Bischof nach Yucatán zurückkehren. In einer Verteidigungsschrift beschrieb er das Volk, das Opfer seiner Unterdrückung gewesen war. Der *Bericht aus Yucatán* gründet sich auf seine eigenen Beobachtungen und auf Angaben alter Maya. Dieses Dokument, das bis 1863 vergessen in den Madrider Archiven schlummerte, offenbart detaillierter als jede andere Quelle dieser Zeit die spanische Haltung gegenüber der Mayavergangenheit.

In seinem Bericht vermerkte Landa, dass die Ruinen Yucatáns von einer vergangenen Blütezeit zeugen, und diskutierte die verschiedenen Theorien, die damals die Existenz dieser Bauten zu erklären versuchten. Eine dieser Theorien spricht den Bauwerken jede Zweckmäßigkeit ab und behauptet, dass mit ihrer Errichtung lediglich das Volk beschäftigt werden sollte. Laut einer anderen Theorie wurden sie für die öffentliche Andacht gebaut. Landa kam zu dem Schluss, dass diese Monumente, ganz gleich welchem Zweck sie dienten, zweifellos von den Indianern selbst errichtet worden waren, da einige Ruinen mit Stucksulpturen verziert sind, die Mayakleidung tragen. Er hatte ebenfalls ein Tongefäß mit den Ascheresten einer Leichenverbrennung entdeckt sowie „drei Geldstücke aus Halbedelstein, wie sie die Indianer heute als Münze benutzen und die allesamt Indianer darstellen".

In Landas Niederschrift finden sich einige Skizzen: von Ruinen in Izamal, wo das Kloster Landas auf dem Gipfel einer der großen Plattformen errichtet worden war, oder von einem großen, von Gebäuden umrahmten Hof in Tiho (Mérida), der einen Rundbau ähnlich dem *Caracol* Chichén Itzás eingeschlossen zu haben scheint, sowie ein Grundriss des *Castillo* Chichén Itzás.

Landas Werk erlangte (als es Mitte des 19. Jh. endlich veröffentlicht wurde) vor allem wegen seines Lösungsvorschlags zur Entzifferung der Hieroglyphenschrift einen hohen Bekanntheitsgrad. Es fasste unter anderem die Funktionsweise des Mayakalenders zusammen und versuchte, die Mayaschrift mit lateinischen Buchstaben wiederzugeben. Die Fachleute waren von der Wiederentdeckung der *Relación* Landas begeistert, da sie die beste Beschreibung einer vergessenen Kultur enthielt, die es damals gab.

Auch andere spanische Kleriker schrieben ihre Eindrücke nieder. So schilderte Antonio de Ciudad Real die Reise, die Vater Ponce 1588 nach Uxmal unternahm. Das Nonnenviereck „zeigt die Umrisse eines nur mit einem Lendenschurz bekleideten Indianers [...] was darauf hinzudeuten scheint, dass sie auch die Baumeister waren". Er schätzte das Alter der Ruinen auf nicht mehr als 900 Jahre, womit er der Wahrheit sehr nahe kam.

Weiter südlich besuchte Diego García de Palacio 1576 die Ruinen von Copán und entdeckte ihre Ähnlichkeit zu denen Yucatáns: „Sie sagen, dass einst ein großer Herr aus der Provinz Yucatán kam und diese Gebäude errichtete. [...] Obwohl sie oft Unsinn reden, scheint mir dies doch der Wahrheit zu entsprechen." In dieser Aussage, die fast drei Jahrhunderte vor einer ähnlichen, auf die Hieroglypheninschriften gegründeten Schlussfolgerung Stephens' getroffen wurde, erschien erstmals die Ahnung von einer kulturellen Einheit in der Welt der

Maya. García de Palacios Beschreibung von Copán war so treffend, dass Alfred Maudslay, der die Stadt am Ende des 19. Jh. erneut erforschte, erklärte: „Sie hätte von jedem beliebigen vernunftbegabten Forscher der letzten zehn Jahre verfasst worden sein können." Leider ruhte die Handschrift Garcías ebenso wie die Landas zur Zeit der letzten Forschungsreisen Stephens' noch in den Archiven.

Die spanischen Forscher waren oft voll des Lobes für die Qualität der Mayabauten: „prächtig [...] voller herrlicher Statuen [...] mit wundervollen Portalvorbauten". Auch diese Kommentare ordnen die Ruinen den Ahnen der Maya und nicht irgendwelchen Völkern aus der Alten Welt zu. 1688 schrieb López: „Einige haben behauptet, dass es sich vielleicht um das Werk von Phöniziern oder Karthagern handeln könnte, aber es liegt uns kein Bericht vor, der bestätigen würde, dass jene Völker jemals in diese Region gelangt sind."

In dieser bis 1759 andauernden Phase, in der erste Züge der Geschichte der Maya aufgedeckt wurden, gab es also eine ganze Reihe von Beschreibungen der Städte, Monumente, Objekte und des Lebens der zeitgenössischen Maya. Mit Ausnahme einiger topographischer Elemente bei Landa folgt keiner dieser Texte einer archäologischen oder geschichtswissenschaftlichen Methode. Es handelt sich vielmehr um meist zufällig niedergeschriebene sachliche Notizen von Personen, die sich nicht explizit mit der Geschichte befassten.

Die ersten Forschungsreisenden

Mit der Thronbesteigung Karls III. von Spanien (der die Ausgrabungen von Pompeji finanzierte) begann die zweite Forschungsphase, die 1840 endete, also in dem Jahr, das zwischen den beiden Expeditionen von Stephens und Catherwood lag.

Zur Zeit der Thronbesteigung Karls III. hörte Ramon Ordoñez y Aguiar, Student in Ciudad Real im Hochland von Chiapas, Schilderungen von „Steinhäusern" in einem Ort namens Palenque, weit im Norden, im tropischen Regenwald des Tieflands. Einige Zeit später, im Jahr 1773, organisierte Ordoñez eine Expedition in diese Stadt und teilte seine Entdeckungen dem Gouverneur von Guatemala, José de Estachería, mit. Der wiederum forderte zusätzliche Informationen von seinem lokalen Stellvertreter, José Calderón, an. Im Dezember 1784 schickte ihm dieser eine Beschreibung mit einigen Skizzen und behauptete, die Ruinen seien römischen Ursprungs. Er hatte eine Liste mit mehr als 200 Bauten aufgestellt, darunter einer, der „nach seiner Bauweise und Größe nur ein Palast sein kann". Estacherías Aufmerksamkeit war geweckt, und er entsandte eine offizielle Expedition nach Palenque, die von dem königlichen Architekten Antonio Bernasconi geleitet wurde (der in Guatemala-Stadt war, um die Hauptstadt nach dem Erdbeben von 1773 wieder aufzubauen).

DAS WERK VON JEAN-FRÉDÉRIC WALDECK

Er schmückte sich mit dem Grafentitel, doch Beweise für seine adlige Herkunft kannte niemand. Schon durch seine imposante Gestalt lenkte der Österreicher, der in Paris eine Ausbildung in Malerei und Kunst genossen hatte, die Aufmerksamkeit auf sich, auch faszinierte er Gesprächspartner durch seine unzähligen Geschichten über Abenteuer an der Seite Napoleons. Mit fast 60 Jahren fuhr er nach Mexiko und verbrachte zwei Jahre in Palenque, um die Monumente zu zeichnen. Auch fertigte er viele Lithographien und Zeichnungen von Uxmal, Toniná und Mayapán an. Die Schönheit seiner Werke kann jedoch nicht über ihre archäologischen Ungenauigkeiten hinwegtäuschen. Für ihn war klar, dass eine Zivilisation, die so großartige Bauwerke geschaffen hatte, nur aus der Alten Welt stammen konnte – eine Theorie, die seine künstlerische Sicht verfälschte. Das zeigen seine Bilder von Ruinen im Stil der Ägypter, die er mitten in die Welt der Maya versetzte.

Sein im Jahr 1838 veröffentlichtes Werk *Pittoreske archäologische Reise in die Provinz Yucatán in den Jahren 1834 bis 1836* und die 1866 erschienene Schrift über altmexikanische Bauwerke weckten das Interesse der Europäer an den Maya und leiteten die Erforschung der Region ein.

Im August 1785 bezeichnete Bernasconi diese Ruinen als „entfernt gotisch", fügte aber hinzu: „Diese Architektur weist keine der mir bekannten Charakteristika, weder altertümliche noch zeitgenössische Merkmale auf." Der Bericht wurde an Karl III. gesandt, der die Durchführung weiterer Untersuchungen anordnete. Der König verlangte unzählige spezielle Angaben, beispielsweise Unterscheidungen „zwischen Türen, Nischen und Fenstern [...], Beschreibungen und detaillierte Zeichnungen der Formen, Proportionen und Größe der Steine und Ziegel, insbesondere der Bogen und Gewölbe [...], Proben von Gips, Amalgam, Stuck, Ziegeln, Keramik sowie von allen anderen Gegenständen oder Werkzeugen, die gefunden oder gegebenenfalls ausgegraben werden". Diese Auflistung spiegelt die für das Zeitalter der Aufklärung charakteristische Wissbegier wider sowie die wachsende Bedeutung, die den Wissenschaften im Europa des 18. Jh. zukam.

PALAST VON PALENQUE
Dieses Ölgemälde von Jean-Frédéric Waldeck zeigt die Ostfassade des Palastes von Palenque. Es stellt in romantisierender Weise eines der berühmtesten Bauwerke aus der Welt der Maya dar.

Nachdem er seine Instruktionen erhalten hatte, organisierte Estachería eine zweite Expedition, die von Kapitän Antonio del Río geleitet wurde und an der auch ein Künstler, Ricardo Almendariz, teilnahm. Sie erreichte die Stadt am 3. Mai 1787. Del Río spricht von umfassenden Grabungsarbeiten: „Keine versperrte Fenster- oder Türöffnung, kein Raum, Hof oder Turm, keine Kapelle oder Krypta, kein Gang […] wurde ausgelassen". Er kam zu dem Schluss, dass diese Ruinen und die von Yucatán die Überreste von ein und derselben Kultur seien. Zahlreiche Artefakte wurden nach Spanien gesandt. Hinsichtlich der Instruktionen und der Grabungsbedingungen entsprach die Expedition del Ríos der Archäologie, wie sie zu dieser Zeit auch in anderen Teilen der Welt betrieben wurde.

Auf Umwegen gelangten der Bericht und Almendariz' Zeichnungen nach London, wo sie 1822 veröffentlicht wurden – darunter waren auch 16 Radierungen von Waldeck.

KINICH AHAU
Diese ausdrucksvolle Maske wurde im Sonnentempel entdeckt. Die Spiralen weisen darauf hin, dass es die Maske des Sonnengottes ist.

Karl IV. von Spanien brachte Altertümern das gleiche Interesse entgegen wie sein Vater und beauftragte 1804 einen pensionierten Offizier der Dragoner, der die gleiche Passion hatte, die wichtigsten vorspanischen Ruinen Mexikos zu studieren. Guillermo Dupaix erreichte das Mayagebiet 1807 in Begleitung des Künstlers José Castañeda. Beide notierten gewissenhaft kleinste Details. Während Castañeda zeichnete, klassifizierte Dupaix die Flachreliefs Palenques. Er beschrieb die Stuckplatten und bemerkte rote Farbreste im Faltenwurf der dargestellten Kleidung. Der Stuck „ist sehr hart, und zudem von wunderbarem Weiß. Die meisten der Figuren stehen aufrecht; alle sind im Profil dargestellt, korpulent und nahezu gewaltig. Sie sind mehr als 1,80 Meter hoch. Ihre Kleidung ist zwar prächtig, bedeckt aber nie den gesamten Körper; auf ihren Köpfen tragen sie Helme, Ziere und Federbüsche; um den Hals haben sie Bänder, an denen Medaillons hängen."

Dupaix inspizierte den Kreuztempel mit seiner großen skulptierten Steinplatte und bemerkte, „dass es sich nicht um das heilige lateinische Kreuz handelt, das wir verehren, sondern dass es Bestandteil der Religion dieses Lands sein muss". Seine Schlussfolgerungen gehen in die gleiche Richtung: Die Kunst Palenques war vermutlich eine ursprüngliche Kunst, ohne europäische Wurzeln und auch nicht entfernt mit der vorspanischen Kunst der Azteken und ihrer Vorgänger verwandt. Der Bericht von Dupaix wurde nach England gesandt, wo er die Aufmerksamkeit der Gelehrten erregte. 1834 wurde er in Paris veröffentlicht, mit Zusätzen von französischen Wissenschaftlern. Die Pariser Veröffentlichung wurde für ihre Beschreibungen von Palenque ausgezeichnet, die von der *Geographischen Gesellschaft* zusammengestellt worden waren. Ein weiterer hoffnungsvoller Kandidat, Jean-Frédéric Waldeck, erlebte dadurch eine schwere Enttäuschung. Auch er hatte zwischen 1832 und 1833 mehrere Monate in Palenque zugebracht und zahlreiche Zeichnungen und Abgüsse von Stuckplastiken angefertigt. Seine Zeichnungen, von denen einige in der Pariser Nationalbibliothek aufbewahrt werden, sind manchmal wesentlich genauer, als es sein Ruf als mit überschäumender Phantasie ausgestatteter Entdecker vermuten lassen würde.

Im Jahr 1838 veröffentlichte Waldeck sein *Auf den Spuren von Malerei und Archäologie in der Provinz Yucatán*. Dieses Buch sollte, obwohl es nur wenige fundierte archäologische Argumente enthielt, John Lloyd Stephens zu seiner ersten Expedition ermutigen. Die meisten Zeichnungen Waldecks wurden erst nach 1866 veröffentlicht. Er starb 1875 in hohem Alter – manche sagen, er sei 109 Jahre alt geworden.

Die großen Gelehrten

Die dritte Phase der Mayaforschung wurde von zahlreichen Einzelpersonen bestimmt, die sich allein oder mit Unterstützung von Museen und Universitäten an die Arbeit machten. Ihre Entdeckungen beruhten nicht auf Teamwork, sondern waren vielmehr das Ergebnis individueller Forschungen. Diese Periode begann mit der zweiten Expedition von Stephens und Catherwood in den Jahren 1841 und 1842 und endete mit den Anfängen multidisziplinärer archäologischer Studien im Jahr 1923 – sie umfasste also mehr als 80 Jahre.

Kurz nachdem in New York die *Reiseerlebnisse in Yucatán* veröffentlicht worden waren, wurde der junge französische Priester Charles Étienne Brasseur de Bourbourg Ehrengeneralvikar in Boston, wo ihm William Prescotts *Geschichte der Eroberung Mexikos* in die Hände fiel. Begeistert machte er sich 1849 nach Mexiko auf und widmete sich für den Rest seines Lebens dem Studium der vorspanischen Kulturen. Als er 1851 nach Frankreich zurückbeordert wurde, beteiligte er sich an der Gründung der *Gesellschaft der Amerikaexperten*.

Im Jahr 1854 erhielt er die Erlaubnis, Zentralamerika zu durchqueren, und reiste von Nicaragua aus nach Guatemala, wo er zwei Jahre lang blieb. Ein Jahr seines Aufenthalts war er Gemeindepriester in Rabinal, einer Stadt der Quiché-Maya. Dort stieß er auf ein Drama aus vorspanischer Zeit, das bisher nur mündlich überliefert worden war, und so hielt er es schriftlich fest: Der *Rabinal-Achí* ist eines der spärlichen Bruchstücke der vorspanischen Mayaliteratur, die uns erhalten geblieben sind.

FOTOGRAF UND FORSCHER
Der Fotograf Alfred Maudslay erforschte im ausgehenden 19. Jh. das Gebiet der Maya und fertigte die ersten Abgüsse von Stelen in Copán an.

In der Hauptstadt wurde ein weiterer Fund gemacht, die Quiché-Handschrift *Popol Vuh*, das Buch des Rats, das einen Teil eines verlorenen Zyklus epischer Legenden enthält. Auch andere Gelehrte erhielten Einblick in die Handschrift, die 1857 in Wien und Spanien, vier Jahre vor der französischen Ausgabe Brasseur de Bourbourgs, veröffentlicht wurde.

Am Ende seiner Reisen hatte Brasseur seine Erkenntnisse in der *Geschichte der Völker Mexikos und Zentralamerikas* gesammelt. Dieses Buch verschaffte ihm die weltweite Anerkennung als Gelehrter. Berühmt wurde er jedoch vor allem durch die Entdeckung, die er 1863 in den Unterlagen der Geschichtsakademie von Madrid machte, wo er den fehlenden Teil des Werkes *Bericht aus Yucatán* von Diego de Landa fand.

Brasseur zog das Erforschen von Schriftstücken den Ruinen oder Artefakten vor. Er betrieb seine Mayaforschung vorwiegend am Schreibtisch und nicht vor Ort; sein Hauptinteresse galt dem Kalender und der Hieroglyphenschrift der Maya.

Weltweit befassten sich Gelehrte mit der Erforschung der Mayaschrift. Das Studium des Kalenders begann mit Dokumenten, die Ernst Förstemann, Bibliothekar des sächsischen Kurfürsten, zwischen 1880 und 1887 veröffentlichte. Zur Sammlung des Kurfürsten zählte unter anderem der Dresdner Kodex *(Codex Dresdensis)*, die am besten erhaltene der drei Hieroglyphen-Handschriften der Maya (die anderen beiden waren der Pariser Kodex *(Codex Peresianus)* und der Madrider Kodex *(Codex Tro-Cortesianus)*). Förstemann zeigte, dass die Maya ein Vigesimalsystem, ein Zwanzigersystem, verwendeten. Nachdem das mathematische Grundsystem entschlüsselt war, konnte er auch den Dresdner Kodex entziffern und die Berechnungen der Bewegungsbahn des Planeten Venus lesen.

Landa präsentierte eine „Epochenrechnung", die auf einem *katun,* d. h. einem Zeitraum von ca. 20 Jahren beruhte, und behauptete, dass es damit für einen alten Menschen einfach wäre, „sich an Ereignisse zu erinnern, die nach seinen Angaben 300 Jahre zuvor stattgefunden hatten". Obwohl Landa das Thema nicht vertiefte, konnte Förstemann beweisen, dass ein Zeitrechnungssystem mit dem Namen *long count* existierte, das am 4 *Ahau* 8 *Cumhu* (3114 v. Chr.) seinen Anfang nahm.

Obwohl der innere Aufbau des *long count* nun klar war, bestand noch kein Bezug zur christlichen Zeitrechnung, sodass die exakte Datierung der Mayainschriften weiterhin problematisch war. Dem Amerikaner Joseph T. Goodman gelang 1905 die Erstellung einer endgültigen Korrelation zwischen den zwei Systemen, wobei er von Informationen ausging, die Landa und andere gesammelt hatten.

Die Abschriften der Hieroglyphen, an die sich Förstemann und Goodman hielten, stammten von Gipsabgüssen, die Alfred Maudslay zwischen 1883 und 1894 hergestellt hatte. Maudslay war Diplomat im Südpazifik. Bei einem Aufenthalt in Guatemala sah er zum ersten Mal die Skulpturen von Quiriguá und Copán und befand, dass „diese Mo-

DIE MAYA-KODIZES

Die mesoamerikanischen Kodizes wurden aus unterschiedlichen Materialien wie Baumwollgewebe, Hirschleder, Feigenbast- oder Rindenpapier angefertigt. Das Feigenbastpapier fand vor allem für die Maya-Kodizes Verwendung. Die Glyphen und Zeichnungen trug man auf einen langen, mit einem dünnen Stucküberzug versehenen Papierstreifen auf, der zickzackförmig zusammengelegt wurde.

Diese Handschriften aus vorspanischer Zeit sind äußerst selten. Missionare und die Unachtsamkeit der Eroberer haben aus religiösen Gründen oder auch aus Gleichgültigkeit großen Anteil am Verschwinden der Schriften. Heute sind nur drei Exemplare erhalten: der *Codex Dresdensis* (Dresdner Kodex), den Moctezuma vermutlich Karl V. als Geschenk zukommen ließ, der *Codex Peresianus* (Pariser Kodex), den man in einem Papierkorb in der Pariser Nationalbibliothek fand, und der *Codex Tro-Cortesianus* (Madrider Kodex), der im Besitz von Hernán Cortés war. Eine vierte Handschrift, der *Codex Grolier,* wurde 1973 in den Vereinigten Staaten entdeckt, seine Echtheit wird allerdings von Fachleuten bezweifelt. Bei jüngeren Ausgrabungen traf man auf Spuren von zwei weiteren Kodizes, die man jedoch noch nicht entziffern kann.

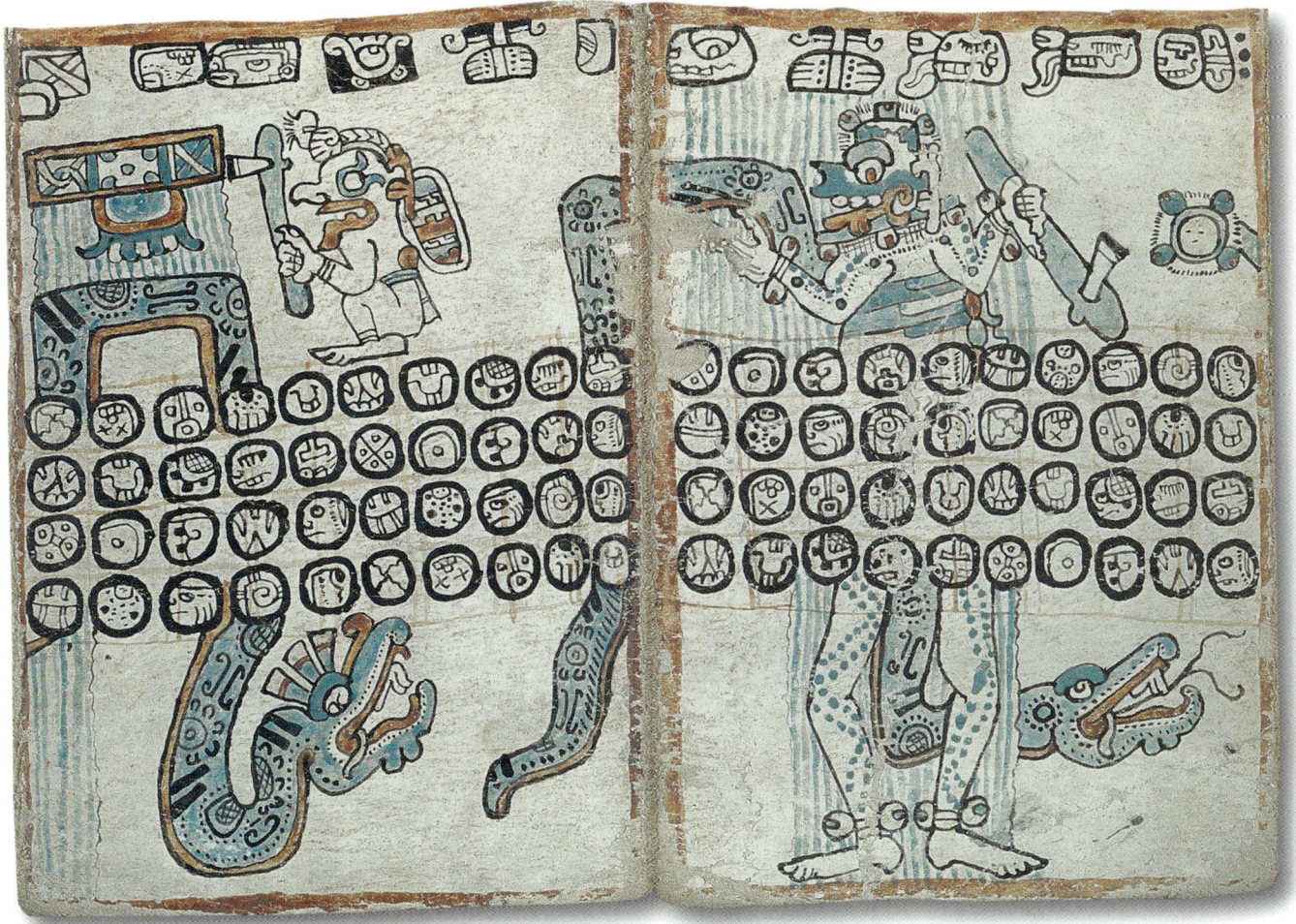

numente bedeutender sind […] als es in allen Berichten, die über sie angefertigt wurden, dargelegt wird". Er kehrte zurück mit Zeichenpapier, Gips, einem Fotoapparat mit den dazugehörigen Fotoplatten und Vermessungsinstrumenten. Mithilfe der Gipsabdrücke, die er nach London sandte, wurden die Mayamonumente nachgebaut. Aufgrund der Erosionsschäden zeigen diese heute mehr Details als die ursprünglichen Stelen, Altäre und zoomorphen Gravuren.

Maudslay reiste mehrfach ins Mayagebiet, um Tikal, Palenque und Chichén Itzá zu erforschen. Er unternahm eine der ersten Expeditionen nach Yaxchilán, das gerade am Ufer des Usumacinta entdeckt worden war. Die Regierung erlaubte ihm, zahlreiche mit Schnitzereien verzierte Türstürze zu entfernen und an das Britische Museum zu schicken. Er begegnete dem französischen Forscher Désiré Charnay, der 1858 als einer der Ersten die Mayaruinen von Palenque und Uxmal fotografiert hatte. Charnay erzählte ihm, dass er sich eigentlich erhofft hatte, Yaxchilán als Erster zu erreichen. Maudslay war so galant, ihm die Urheberschaft für die Entdeckung zu überlassen; er selbst sah sich nur als Amateur und ließ Charnay freie Wahl dabei, „der Stadt einen Namen zu geben […]". Der bescheidene Maudslay verzichtete sogar auf die Erwähnung seines Namens und begnügte sich mit der Bemerkung, dass Charnay seine Vorräte mit ihm teilte.

Bezüglich der Gewissenhaftigkeit jedoch kann Alfred Maudslay durchaus mit John Lloyd Stephens verglichen werden. Er erforschte die Fundstätten mit großer Sorgfalt und unübertroffenem Talent und brachte das Studium der Mayaruinen entscheidend voran. Noch heute greift die Forschung auf seine Fotografien und Zeichnungen zurück.

Codex Tro-Cortesianus
Auf diesem Ausschnitt erkennt man den Gott des Todes, der im Begriff ist, die Himmelsschlange mit seinem Hackbeil zu schlagen und damit für Regen zu sorgen.

Von der institutionellen Periode zur gegenwärtigen Forschung

Die vierte Phase der Mayaforschung stand in krassem Gegensatz zu den vorangegangenen. In dieser institutionellen Epoche wurde sie von Akademikergruppen geprägt, die an einer Fundstätte oder in einer bestimmten Zone zusammenarbeiteten. Die Abteilung für historische Forschung der Carnegie Stiftung (Washington) war in der Mayanistik führend, bis sie 1958 aufgelöst wurde; mit dem Einstieg der Carnegie Stiftung hatte 1923 die so genannte „institutionelle" Periode der Mayaforschung begonnen. Dieses Engagement ging auf die Bemühungen Sylvanus G. Morleys zurück, eines jungen Harvardabsolventen, der als Assistent bei dem Projekt der *Schule für Amerikanische Forschung* in Quiriguá mitarbeitete. Ziel war eine multidisziplinäre Erforschung der natürlichen und menschlichen Ökologie Yucatáns, bei der die Ruinen von Chichén Itzá freigelegt und restauriert werden sollten.

Morleys Einfluss auf die Mayaforschung zeigte sich in zweifacher Hinsicht. Zum einen war er ein sehr guter Planer und Verwalter, der die Carnegie Institution und die Regierungen von Mexiko und Guatemala zusammenbrachte, um langfristige Forschungsprojekte in diesen Ländern zu ermöglichen, zum anderen stellte er eine Arbeitsgruppe zusammen, die hervorragende Ergebnisse lieferte. Sein größter Erfolg bestand jedoch darin, aus der Ruinenstadt Chichén Itzá ein mexikanisches Nationaldenkmal gemacht zu haben.

Seine große Passion galt dem Studium der Hieroglyphen. Während des Ersten Weltkriegs ging er daran, alle bekannten Mayainschriften zu sammeln und zu veröffentlichen und neue Inschriften aufzuspüren. Zu diesem Zweck entsandte die Carnegie Institution eine Reihe von Expeditionen in den guatemaltekischen Petén und ins mexikanische Yucatán. Einmal ließ Morley sogar einen Aufruf drucken und im ganzen Petén aufhängen: *¡Ojo! ¡Ojo! ¡Ojo!* (Achtung! Achtung! Achtung!), womit er für jede neue Inschrift eine Belohnung von 25 Dollar bot.

Morleys Begeisterung für die Hieroglyphenschrift brachte zwei imposante Zusammenstellungen hervor, das 1920 veröffentlichte Werk *Die Inschriften von Copán* und die zwischen 1937 und 1938 erschienenen fünf Bände *Die Inschriften von Petén*. Sie stellen auch heute noch eine wertvolle Forschungslektüre dar. Auch zahlreiche andere Institute arbeiteten vor Ort, in Yucatán, in Tabasco, Chiapas und Britisch-Honduras.

ÜBERARBEITUNG DER CHRONOLOGIE

Jede Ausgrabung erweitert unsere Kenntnisse von der Geschichte der Maya, doch trotz der in Cuello durchgeführten Forschungsarbeiten weiß man noch immer sehr wenig über das frühe Vorklassikum. Das mittlere Vorklassikum lässt sich anhand der Entdeckungen von Nakbé allmählich enträtseln. Relativ klar ist auch das Bild des späten Vorklassikums, das durch die zahlreicher entstehenden Großstädte und die Besiedlung des gesamten Raumes gekennzeichnet ist. Die größten Schwierigkeiten bereiten das daran anschließende Protoklassikum und das Frühklassikum. Kennzeichen des Protoklassikums sind Funde, die auf fremde Einflüsse schließen lassen, ein Phänomen, das allerdings nur begrenzt auftritt.

Ebenso bedarf die Datierung des Frühklassikums (bislang 292–600 n. Chr.) einer Überprüfung. Zwar erlebten einige Städte in dieser Periode eine Blütezeit, für andere dagegen war sie eine düstere Zeit. Außerdem haben die veränderten Datierungen, die sich auf den Zusammenbruch von Teotihuacán beziehen (bislang: 650–700 n. Chr.; nach neuen Erkenntnissen: 550–600 n. Chr.), gewisse Auswirkungen auf unser Verständnis von der Krise, die Tikal zu dieser Zeit durchlebte. In der Wissenschaft ist man sich einig, dass das Frühklassikum neu zu definieren ist. Einige Fachleute haben die Einfügung einer Übergangsperiode vorgeschlagen, des mittleren Klassikums, inzwischen aber hat man von dieser Theorie wieder Abstand genommen. Zu klären ist auch unser bisheriges Bild vom Endklassikum, einer Zeit, die vom Sturz zahlreicher klassischer Städte, aber auch vom Überleben anderer wie Seibal oder Toniná geprägt ist, insbesondere aber von der Blütezeit neuer Stilarten in Yucatán und in der Puuc-Region.

All diese Projekte zielten auf die Freilegung der wichtigsten Fundstätten ab und wurden in der Regel von umfangreichen Restaurationsarbeiten begleitet. Da der Tourismus eine immer größere wirtschaftliche Bedeutung erlangte, sollten die Stätten auf diese Weise für Besucher attraktiv gemacht werden. Die Arbeiten beschränkten sich allerdings hauptsächlich auf das Tiefland. Obwohl die Fundstätten im Hochland durchaus einige interessante Aspekte zu bieten haben, sind sie doch eher unspektakulär. Hier finden sich nur wenige skulptierte Monumente, und es fehlt ihnen der Charme, wie ihn die Mayastädte des Tieflands haben; auch wegen der starken Erosionsschäden sind sie weniger beeindruckend. Die wichtigsten Projekte im Hochland waren wohl die Rettungsarbeiten in den 1970er-Jahren in Kaminaljuyú, als die Fundstätte zusehends unter der anwachsenden Vorstadt von Guatemala-Stadt verschwand, sowie die Ausgrabungsarbeiten in Abaj Takalik. Hier wurden zahlreiche ursprüngliche Skulpturen gefunden, darunter Mayainschriften, die ins 1. Jh. v. Chr. zurückreichen, sowie spätolmekische Werke – alles Entdeckungen, die die bislang kursierenden Vorstellungen von den Ursprüngen der Mayaschrift wohl infrage stellen werden.

In der heutigen Forschung wird auf mehreren Gebieten gleichzeitig gearbeitet. So konzentriert sich ein Team auf das Sammeln, Veröffentlichen und Entschlüsseln der Hieroglypheninschriften und ihres Bildmaterials, während eine andere Gruppe die wirtschaftlichen Grundlagen der Mayazivilisation erforscht. Eine dritte Gruppe widmet sich der Chronologie, dem Handel und anderen Informationen, die sich aus dem Studium der Keramiken und Steinartefakte gewinnen lassen. Ein viertes Forschungsteam setzt die Ausgrabungsarbeiten an den aus unterschiedlichen Epochen stammenden Mayafundstätten fort.

REINIGUNG DER FRIESE VON BALAMKU
Trotz aller technischen Fortschritte bleibt den Archäologen die Handarbeit vor Ort nicht erspart.

All diese Bemühungen ergeben allmählich ein Panorama der Mayazivilisation, das von ihrer Entstehung in den ersten Jahrhunderten n. Chr. bis zu ihrem Untergang und ihrer teilweisen Wiedererstehung reicht. Heute sind die Namen einiger hoher Würdenträger bekannt, deren Werdegang verfolgt werden kann. Archäologen und Wissenschaftler erhellen die Hinterlassenschaften der Bauern, Künstler und Händler, über deren Leben es keine schriftlichen Zeugnisse gibt. Ihr Ziel ist es, die Funktionsweise der Landwirtschaft, der Wirtschaft und des Handels zu erklären. Den Forschern ist es gelungen, die Maya aus der Urgeschichte hervorzuziehen und ihnen ein historisches Antlitz zu verleihen. Dabei haben die Maya einen Teil ihrer geheimnisvollen Aura, nicht aber ihren Reiz verloren.

Kalender und Schrift

In den Jahren nach der Eroberung wurde den Spaniern bewusst, welche Bedeutung die Schrift für die Maya besaß. Durch die öffentliche Verbrennung von Handschriften in Mani, die Bischof Diego de Landa veranlasste, wollte man bei den Maya die Erinnerung an die Vergangenheit auslöschen. An keinem anderen Ort in Mesoamerika fand ein ähnlicher Akt der Willkür statt.

Zu Beginn der ernsthaften Forschungsarbeiten im 19. Jh. waren die Wissenschaftler von der Schrift fasziniert, und es entstand eine Gruppe von Epigraphikern (Inschriftenforschern). Das Interesse war so groß, dass das Vorhandensein anderer Schriften fast in Vergessenheit geriet. Außer den Maya verfügten die Zapoteken, die Mixe-Zoque sowie die Azteken über Systeme für die Bezeichnung der Zeit oder das Aufzeichnen von Ereignissen. Die kürzliche Entdeckung eines mit zahlreichen Glyphen bemalten Bodens in Teotihuacán bestätigt, dass auch diese Zivilisation mit Schrift und Kalenderzeiten vertraut war.

Es waren jedoch die Maya, die das System zur Vollendung brachten. Neben der Fülle eingemeißelter oder skulptierter Texte auf vielen Monumenten, die mitunter aus hunderten von Glyphen bestehen, gibt es eine Vielzahl anderer Gegenstände mit Schriftzeichen, von Türstürzen aus Holz bis zu kleinen Luxusgegenständen aus Bein, Jade oder Muscheln. Bücher oder Kodizes gab es mindestens seit dem Spätklassikum. Erhalten sind sie leider nicht. Seit kurzem sind die Wissenschaftler in der Lage, die Texte auf Gefäßen und Keramiken zu entziffern. Gefäße und Kodizes weisen eine kursive Schriftform auf, die sich stark von den auf Skulpturen eingemeißelten Glyphen unterscheidet.

Man war lange der Meinung, dass Schrift und Kalender der Maya in erster Linie rituellen Aufzeichnungen dienten. Inzwischen weiß man jedoch, dass es eine erstaunliche Vielfalt an Texten gab. Aus vielen Maya-Inschriften gehen geschichtliche Ereignisse, Namen von Orten oder Personen oder Verwandtschaftsbeziehungen hervor, die neue Einblicke in diese Kultur gewähren. Einige Aufzeichnungen lassen sich auch als Besitzurkunden deuten. Das Entziffern der Inschriften bedeutet jedoch nicht unbedingt, dass man sie auch lesen und vor allem auch verstehen kann. In welche Sprache muss man sie übersetzen? In Bezug auf die Bedeutung, die die Maya der Schrift beimaßen, bleiben noch viele Fragen offen.

ASTRONOMIE UND ASTROLOGIE

Die Handschriften enthalten chronologische Texte mit kultischem Charakter oder Weissagungen. Die aus Bastpapier angefertigten und mit einem Überzug versehenen Handschriften waren vor allem für die Priesterschaft bestimmt, die so die Erinnerung an die Vergangenheit bewahrte. Vor allem aber suchten sie die Zukunft zu deuten.

CAMPECHEHOLZ

Holz ist ein Material, das der Zeit kaum standhält. Da die Maya jedoch ein besonders verwitterungsbeständiges Holz verwendeten, blieben – wie in Tikal – einige Türstürze erhalten. Sie vermitteln uns eine Ahnung von der Vielfalt der Schnitzkunst. Leider gingen die Türstürze, die John L. Stephens in die USA mitnahm, verloren.

DER SCHREIBER

Während die Aufzeichnung der heiligen Bücher (Wahrsagebücher) den Priestern vorbehalten war, gravierten oder zeichneten die Schreiber die gewöhnlichen Texte. Vermutlich konnte auch ein Teil der Bevölkerung die Schriftzeichen lesen oder wiedergeben.

ALLGEGENWÄRTIGE SCHRIFT

Als schriftkundiges Volk setzten die Maya verschiedene Mittel ein, um Texte an ihren Monumenten anzubringen. Bisweilen sind die Glyphen sogar in die Körper der dargestellten Personen eingemeißelt. Auf der Steinscheibe von Chinkultic ist der Text kreisförmig um den dargestellten Ballspieler angeordnet. Die Inschrift beginnt mit einer einleitenden Glyphe über dem Kopf der Person, dann folgt das Datum des Ereignisses, dessen man gedenkt. Je nach Fall nennt der übrige Text den Ort (Emblemglyphe), den Namen der Person oder die Art der dargestellten Szene.

MONUMENTALSKULPTUR

Die Inschriften sind oft in senkrechten Spalten angeordnet, die auf dem Monument als Glyphenpaare von links nach rechts und von oben nach unten gelesen werden. Die Anordnung der Glyphen folgt bestimmten Regeln. Die meisten Texte führen Daten auf – zu erkennen an Punkten und Strichen, die der Benennung von Zeiträumen dienen.

PERSÖNLICHER BESITZ

Lange Zeit hat man den Texten auf Gefäßen keine Beachtung geschenkt, doch auch sie enthalten wertvolle Informationen: Namen von Besitzern oder Embleme von Ortsnamen.

KAPITEL 2

Die Mayavölker und ihr Siedlungsgebiet

Die geographischen Umrisse

Um die Frage nach dem Siedlungsgebiet der Maya zu beantworten, muss zunächst geklärt werden, welche Strategie zweckmäßiger ist: Ist das heutige Siedlungsgebiet der Menschen, die sich Maya nennen, ausschlaggebend oder die Lage der archäologischen Fundstätten?

Beide Vorgehensweisen sind vertretbar und im Übrigen stimmt das Gebiet, in dem die Ruinen der Mayastädte liegen und das mehrere Regionen Mexikos und Zentralamerikas umfasst, im Allgemeinen mit der Zone überein, in der Maya gesprochen wird. Im Westen wird es von der Landenge von Tehuantepec begrenzt, im Norden vom Golf von Mexiko und der Karibikküste, im Süden vom Pazifik und im Osten vom Ulúa- und vom Lempa-becken, die zu beiden Seiten des Hochlands von Honduras liegen. Außer den nördlich dieser Zone am Golf von Mexiko lebenden Huaxteken sind außerhalb dieses Gebiets weder Angehörige der Maya-Sprachgruppe noch Fundstätten von Mayaruinen anzutreffen.

Die Nord-Süd-Achse des Mayagebiets misst 900 Kilometer; die Ost-West-Ausdehnung beträgt entlang der Wasserscheide, die in der Nähe der Pazifikküste liegt, 550 Kilometer, auf der Halbinsel Yucatán etwa 400 Kilometer. Die Gesamtfläche ist mit der der Britischen Inseln vergleichbar.

Heute liegt die Hälfte des Mayagebiets auf dem Staatsgebiet von Mexiko, wo es den größten Teil der mexikanischen Bundesstaaten Chiapas und Tabasco sowie die gesamten Bundesstaaten Campeche, Yucatán und Quintana Roo umfasst (die drei Letzteren bilden die Halbinsel Yucatán). Das Herzland des Mayagebiets liegt in Guatemala, an das im Osten Belize grenzt. Im Südosten erstreckt es sich bis nach Honduras und El Salvador, deren östliche Gebiete sprachlich und kulturell gesehen noch zu Zentralamerika zählen, das im Süden und Osten bis nach Panama reicht. Das Mayagebiet hingegen bildet den östlichen Teil der Kulturzone, die als Mesoamerika bezeichnet wird. Zu Mesoamerika zählt auch die Region westlich und nördlich von Mexiko-Stadt bis hin zu den Hochebenen Nordmexikos. Unmittelbar westlich des Mayagebiets liegt die Ebene von Veracruz, wo sich gegen Ende des 2. Jt. v. Chr. die olmekische Kultur herausbildete, während sich im Hochland von Oaxaca ab der zweiten Hälfte des 1. Jt. v. Chr. die zapotekische und mixtekische Kultur entfaltete. Im Nordwesten erblühten auf den zentralmexikanischen Hochebenen von der Zeitenwende an bis zur spanischen Eroberung die städtischen Kulturen von Teotihuacán, Tula und des aztekischen Tenochtitlán. In vorgeschichtlicher und auch in geschichtlicher Zeit reichten die Kontakte der Maya im Westen bis zur Hochebene Zentralmexikos und im Osten bis nach Panama.

SCHALE AUS TIKAL
Die vielfarbige Dreifuß-schale aus dem Spätklassi-kum ist mit zwölf Käfern verziert, die in dieser Region nur in bestimmten Jahreszeiten vorkommen.

Landschaft und Klima der Gegensätze

Geologisch gesehen gehört das Mayagebiet zu „Mittelamerika", das sich von Zentralmexiko bis nach Kolumbien erstreckt und eine Festlandbrücke zwischen Nord- und Südamerika bildet. In dieser kontrastreichen Region wurden einige Gebiete durch die Kontinentalplattenbewegungen so verformt, dass man die Gebirgslandschaft Guatemalas mit dem Namen „Mühle der Götter" betitelte. Der südliche Teil des Hochlands ist eine tektonisch instabile Region. Zahlreiche aktive Vulkane bilden hier eine kontinentale Wasserscheide, die von der Grenze Chiapas bis nach Nicaragua verläuft. Infolge der geologischen Vorgänge gibt es heute fünf verschiedene Naturregionen, und zwar die Halbinsel Yucatán, die Gebirgszüge von Zentralguatemala und Westhonduras, den Vulkangürtel von Südguatemala, die Küstenebenen am Pazifik und die Ebene von Tabasco.

Aus geologischer Sicht sind Tabasco, die Tiefebene an der Pazifikküste, die Karibikküste Nordyucatáns, Quintana Roo und Belize Landstriche recht jungen Schwemmlands. Das nördliche Drittel der Halbinsel Yucatán besteht aus Kalkstein und Mergel, während der südliche Teil und die Regionen von Chiapas, Petén und Belize nur aus Kalkstein bestehen. Diese haben eine markantere Oberflächengestalt und verfügen über ein ausgeprägteres Gewässersystem. Noch weiter im Süden sind die Kalksteinmassive älter und höher, ebenso wie der Tonschiefer und die übrigen aus Sedimentgestein bestehenden Formationen, die die Hügel des Südpetén, Alta Verapáz und die Ausläufer der Mayamountains Südbelizes bilden.

TRADITIONELLE LANDWIRTSCHAFT
Wie in der Gegend von San Pedro la Laguna am Atitlán-See in Guatemala wird noch heute in vielen Dörfern Brandrodungsfeldbau betrieben.

Diese drei Kalksteinregionen bilden den Festlandblock, der als Kalkplatte von Yucatán bekannt ist und durch die Bewegungen der Erdkruste nach Süden gegen die stabile Masse des Hochlands geschoben wird. Als Folge hat sein südliches Ende mit der Zeit hohe Ketten gebildet, die sich erosionsbedingt zu steil abfallenden, von Wald bedeckten Hügeln entwickelt haben.

Jenseits des Hochlands erhebt sich ein Vulkangürtel, bestehend aus zahlreichen Kesseln mit fruchtbarem Boden aus Vulkanasche. Den alten Gebirgsblock und seinen jungen Nachbarn trennen zwei große Täler, deren Flüsse in entgegengesetzte Richtungen strömen. Der Motagua fließt in Richtung Ost-Nordost und mündet in den Golf von Honduras, während sich der Grijalva durch das zentrale Tal von Chiapas zieht, bevor er sich nach Norden in Richtung Golf von Mexiko wendet.

    Diese abwechslungsreichen geologischen Formationen bilden die Grundlage für die verschiedenen Landschaftstypen des Mayagebiets. Die Maya selbst haben einen detaillierten Wortschatz, um die Eigenschaften der jeweiligen Böden zu bezeichnen, etwa *tzekel* (steiniges, trockenes Land), *ekluum* (schwarzer Boden) oder *kankab-cat* (rote Tonerde).

    Die Oberflächenform wird hauptsächlich von der geologischen Struktur der Landschaft bestimmt. Nordyucatán ist so flach, dass hier die Mayapyramiden die höchsten Erhebungen sind. Die ersten Hügel gehören zur südlich von Uxmal liegenden Puuc-Kette, wo eine breite Region mit welliger Geländeform beginnt, die sich im Süden bis in den Petén und nach Belize erstreckt. In Alta Verapáz steigt das Gelände allmählich zu schroffen Kalksteinhügeln an, die dann den mehr als 3000 Meter hohen unebenen Bergketten der Sierra Chuacús und der Sierra de las Minas weichen. Die Vulkanachse mit mehreren aktiven Kratern erreicht Höhen von über 4200 Meter. Der Izalco war seit der spanischen

Eroberung erstmals 1770 aktiv, und seither kam es zu zwölf weiteren Ausbrüchen, während der Fuego neunmal Lava spuckte. Durch einige dieser Vulkaneruptionen sind Seengebiete von unvergleichlicher Schönheit entstanden.

Das Klima des Mayagebiets ist ebenso vielfältig wie seine Landschaft. Innerhalb kurzer Zeiträume kann es hier zu außerordentlichen Temperatur- und Niederschlagsschwankungen kommen. Doch die Nähe zum Meer – es ist von keinem Punkt des Gebiets weiter als 250 Kilometer entfernt – und die tropischen Breiten sorgen für ein meist warmes und feuchtes Klima. Ausschlaggebend für das regionale Klima ist die jeweilige Höhe über dem Meeresspiegel. Die Maya unterscheiden zwischen *tierra caliente* (unter 1000 Meter), *tierra templada* (1000 bis 2000 Meter) und *tierra fría* (über 2000 Meter), wo die Temperaturen die meiste Zeit des Jahres relativ niedrig sind.

Entlang der Pazifik- und Karibikküste verlaufen warme Strömungen und der vom Meer kommende Wind sorgt hier für hohe Niederschlagsmengen. Die Regenzeit dauert von Mai bis Dezember; ihren Höhepunkt erreicht sie zwischen August und Oktober. Hinzu kommen tropische Wirbelstürme und Orkane mit Windgeschwindigkeiten bis zu 180 Kilometern pro Stunde. Von Oktober bis Mai fegen gelegentlich *nortes* über das Land hinweg, kalte, aus Nordamerika heranziehende Stürme, die von heftigen Regenfällen begleitet werden. Die heißeste Jahreszeit ist die Trockenzeit, wenn die schwache Wolkendecke die Sonnenstrahlen ungehindert passieren lässt.

Die Temperaturen schwanken je nach Lage einer Region. Im Tiefland liegen die Durchschnittswerte zwischen 25 und 30 °C, im Hochland bei 15 bis 25 °C und im Gebirge unter 15 °C. Im Allgemeinen sind die Temperaturunterschiede zwischen Tag und Nacht deutlich gravierender als die jahreszeitlich bedingten Schwankungen. Die Nächte können daher sehr frisch werden, selbst wenn die Temperaturen am Tag über 38 °C ansteigen. In den *tierras templadas* werden während der Trockenzeit um die 35 °C erreicht, in den *tierras frías* steigen sie selten über 27 °C und in den Winternächten kann es Frost geben.

AGUA AZUL –
DAS BLAUE WASSER
Der Wasserfall verdankt seinen Namen dem blauen Wasser des Flusses Tulija im Staat Chiapas. In den zentralen Tiefländern gibt es Flussläufe mit reicher, permanenter Wasserführung, sodass dort zahlreiche Siedlungen entstehen konnten.

Wasser – eine ungleich verteilte Kostbarkeit

Die Niederschlagsmenge, ein ausgesprochen wichtiger Faktor für die Mayabauern, hängt von den Winden und der Beschaffenheit des Geländes ab. Die drei feuchtesten Regionen, mit mehr als 3000 Millimeter Regen jährlich, sind die nach Norden gerichteten Gebirgszüge von Chiapas, die nach Norden und Osten gerichteten Steilhänge von Alta Verapáz und die dem Pazifik zugewandten Hänge des vulkanischen Hochlands. Auf den Großteil des zentralen Tieflands von Petén und Belize gehen pro Jahr mehr als 2000 Millimeter Regen nieder, in den tiefen Tälern des Grijalva und des Motagua weniger als die Hälfte. Die trockenste Zone ist der Nordwesten Yucatáns, wo weniger als 500 Millimeter Regen pro Jahr niedergehen. Da die Niederschlagsmenge jahreszeitlich bedingt ist, ist sie für die heutige Landwirtschaft ebenso entscheidend wie für den Ackerbau in vorspanischer Zeit.

Das Regenwasser, ganz gleich in welcher Menge, findet immer irgendwelche Abflüsse. Trotz der hohen Verdunstungsrate gibt es zahlreiche Flüsse und Seen, die ganzjährig Wasser führen. Sie dienen der Wasserversorgung, werden als Verkehrswege genutzt und an ihren Ufern haben sich Dörfer angesiedelt. Von der Wasserscheide aus fließt das Wasser in unterschiedliche Richtungen, sodass sich fünf große Gewässerzonen bestimmen lassen, nämlich die Zone des Pazifiks, der Karibik, des Golfs von Mexiko, der Kalksteinhöhlen und der Seen.

Da die Wasserscheide sehr nah an der Pazifikküste liegt, ist das Gewässersystem der Pazifikzone recht klein. Der größte Fluss ist hier der Río Lempa in El Salvador, der sich in der östlichen Grenzregion des Mayagebiets befindet. Die Wasserläufe der Küstenregionen von Guatemala und Chiapas sind klein, wild und führen nicht ganzjährig Wasser. Im März und April trocknen sie häufig vollkommen aus.

Der nördlichste Fluss der Karibikküste ist der Río Hondo, der den Petén und das südliche Campeche in nordöstlicher Richtung durchfließt und die Grenze zwischen Mexiko und Belize bildet. Der Wasserpegel des langsam fließenden Río Hondo ist relativ konstant und er kann mit dem Kanu befahren werden. In vorklassischer und klassischer Zeit bildete er zweifellos einen der wichtigsten Verkehrswege in Richtung Petén. Der zweite wichtige Wasserlauf der Karibikzone ist der Fluss Belize, der ebenso wie der Río Hondo im Petén entspringt. Auch er stellte einst einen wichtigen Verkehrsweg dar. Dann gibt es noch den Sarstsún, der zwischen den Mayamountains und dem Hochland von Guatemala verläuft und damit einen Land- und Wasserweg in den Süden des Petén eröffnet.

In Guatemala führt der kleine Río Dulce zum großen Binnensee Lago de Izabal, über den lange Zeit die Route nach Guatemala-Stadt führte. Der See selbst wird vom Río Polochic gespeist. Jenseits der Berge, die sein Südufer säumen, schneidet das Tal des Motagua, der in einer langen Senke nach Westen fließt, tief in das Land ein.

An der westlichen Flanke des Mayagebiets münden die Flüsse in den Golf von Mexiko. Der wichtigste von ihnen, dessen Becken den größten Teil des Petén und einen großen Teil des Hochlands von Quiché und Verapáz umfasst, ist der Usumacinta, der früher wegen der vielen Ruinenstädte, die sein Ufer säumen, den Namen „Fluss der Ruinen" trug.

Die im Hochland von Chiapas entspringenden Flüsse Lacatum und Jataté vereinen sich zum Usumacinta, der die Mayaruinen von Yaxchilán und Piedras Negras passiert und dann die Ebene von Tabasco in zahlreichen von sumpfigen Ufern gesäumten Schleifen durchfließt. Der Unterlauf des Usumacinta liegt kaum weiter nördlich als der des Grijalva, der im zentralen Tal von Chiapas entspringt, einer tiefen Furche, die einen spektakulären Einschnitt in der Landschaft der Hochebene darstellt. Der Grijalva wurde in den letzten Jahren strecken-

DAS KOSTBARE WASSER VON YUCATÁN

Der Untergrund der Halbinsel Yucatán besteht aus Kalk. Das Wasser fließt hier nicht an der Oberfläche, sondern versickert im Boden. Über den unterirdischen Hohlräumen kommt es bisweilen zum Einsturz der verkarsteten Deckschicht. Durch diese Einbrüche entstehen große Brunnen (Zenoten) mit einem Durchmesser von bis zu 100 m. Vor allem im Norden Yucatáns sind diese Karstbrunnen in der Trockenzeit die einzigen Wasserstellen.

Die Zenoten waren von größter Bedeutung für das tägliche Leben. Das schildert John Stephens in seinem Werk *Reisen in Zentralamerika und Yucatán 1839–1841*, in dem er beschreibt, auf welchem Weg die Indianer das Wasser aus der Grotte des Chac an die Oberfläche beförderten. In den Durchgängen konnte man nicht aufrecht gehen, sondern musste etwa 1 km weit auf Händen und Füßen vorwärtskriechen und anschließend mit den wassergefüllten Gefäßen eine fast senkrecht aufragende, 65 m hohe Leiter hochsteigen. Da Wasser nur unter großen Schwierigkeiten zu beschaffen war, galten die Wasserstellen, insbesondere die Zenoten, als heilige Orte. Sie wurden als Kultstätte für Rituale genutzt, in deren Verlauf das kostbare, reine Wasser geschöpft wurde.

weise gestaut, um Wasserkraftwerke zu bauen; die Rettungsversuche der Archäologen machten dieses Tal zu einer der bekanntesten Regionen des Mayagebiets.

Nördlich des Usumacinta nehmen der Candelaria und der Champotón das Wasser des südwestlichen Gebiets der Halbinsel Yucatán auf. Nördlich des Champotón gibt es ein völlig anderes Gewässersystem; hier fließt das Wasser durch unterirdische Höhlen und Kanäle, die mit der Zeit aus dem Kalkstein herausgewaschen wurden. Hin und wieder stürzen die Decken dieser Höhlen ein, wodurch große zylindrische Brunnen entstehen, die in Anlehnung an den Mayabegriff *dz'onot* Zenoten genannt werden. Da Oberflächenwasser auf der Halbinsel knapp ist, haben diese Zenoten die Bevölkerung seit Jahrtausenden angezogen. Eine der ältesten Siedlungen der Region liegt in der Nähe des Zenoten von Maní; das größte Zentrum der Spätzeit, Chichén Itzá, hat zwei Zenoten, darunter der berühmte Heilige Zenote.

Die zweite Quelle der Halbinsel bilden die *aguada,* flache Tümpel, die sich auf undurchlässigem Ton formieren, der das Regenwasser nicht versickern lässt. Eine dritte Wasserreserve sind Höhlen, die bis zum Grundwasserspiegel hinabreichen. Dazu zählt beispielsweise die Grotte von Bolonchén, die von Stephens und Catherwood auf spektakuläre Weise beschrieben und gezeichnet wurde. Selbst in den wasserreichen Gegenden wie dem Petén lieferten diese Höhlen das für rituelle Zwecke benötigte *zuhuy ha,* das jungfräuliche Wasser.

Südlich der Kalksteinregion erstreckt sich zwischen den Gewässersystemen des Golfs von Mexiko und der Karibikküste eine Zone von Binnenseen. Die größten davon sind der Petén Itzá, der Yaxhá und der Sacnab. Sie sind sehr reich an Fischen und Amphibien; daher ist es erstaunlich, dass nur so wenige große Städte an ihren Ufern angesiedelt sind.

Zusammenfassend lässt sich festhalten, dass das Gewässersystem des Mayagebiets seinen Ursprung im guatemaltekischen Hochland nimmt. Die kürzesten Flüsse münden im Süden in den Pazifik, die längsten durchqueren die Wälder des Petén und münden in den Golf von Mexiko und in das Karibische Meer. Die Halbinsel Yucatán birgt ein kleines Seengebiet und ein weites unterirdisches Gewässernetz. Aufgrund dieser Gegebenheiten birgt das Tiefland sehr unterschiedliche Siedlungs-, Lebens- und Verkehrsmöglichkeiten.

GROTTE VON BOLONCHÉN (*Bundesstaat Campeche*) *Diese beeindruckende Radierung von Frederick Catherwood gibt eine Vorstellung von den enormen Anstrengungen, die die Maya von Yucatán auf sich nehmen mussten, um das Wasser an die Oberfläche zu befördern.*

Die Tier- und Pflanzenwelt

Wie die Vegetation eines Gebiets beschaffen ist, hängt von geologischen Faktoren, der Landschaftsform, den Böden, dem Klima und dem Zusammenspiel all dieser Gegebenheiten ab. Wegen der hohen Temperaturen, der starken Niederschläge und der großen Feuchtigkeit wird die zentrale Zone der Mayaregion von tropischem Regenwald bedeckt. Mit Ausnahme einiger Savannen umfasst diese Zone den gesamten Petén und den überwiegenden Teil Quintana Roos, Belizes, Campeches und des Tieflands von Chiapas. In der trockenen Zone im Nordwesten Yucatáns wächst ebenso wie am Unterlauf des Usumacinta und in Nordbelize ein Buschwald mit immergrünen Blättern. Im Hochland ist der Wald weniger ausgeprägt und häufig von Lichtungen durchbrochen. Nur in den tiefen Tälern des Grijalva und des Motagua entwickeln sich saisonale Wälder und Sümpfe. Alta Verapáz ist von üppigem Regenwald bewachsen.

All diese Vegetationsformen gedeihen in einer Landschaft, die bereits seit langer Zeit vom Menschen genutzt wird, sodass der heutige Zustand der Pflanzenwelt vom menschlichen Eingriff gekennzeichnet ist. Selbst der scheinbar primäre tropische Wald ist häufig nicht älter als tausend Jahre, wovon die Mayaruinen zeugen, die von ihm überwuchert werden.

Im Tropenwald wachsen viele Baumarten, die vom Menschen genutzt werden, etwa der Mahagonibaum, der Brotfruchtbaum, der Kautschukbaum, der Sapotillbaum, die Palme und der *ceiba* oder Kapokbaum, dessen nackter Stamm in den Himmel ragt und den die Maya *yaxche*, „Himmelsbaum" nannten. Das Kronendach des Regenwalds ist sehr komplex aufgebaut – seine Höhe, die Zahl der hier wachsenden Aufsitzer- und Kletterpflanzen und die vorherrschenden Arten ändern sich mit den lokalen Gegebenheiten. Dennoch weist der tropische Wald vom Golf von Mexiko bis nach Südamerika den gleichen Baumbestand auf. Im Tiefland des Mayagebiets umfasst er heute vermutlich eine größere Fläche als zu vorspanischer Zeit, als die Bevölkerungsdichte noch höher war.

Wo sich heute saisonale Wälder, Sumpfwälder und Savannen befinden, standen früher, bevor der Mensch ins Ökosystem eingriff, vielleicht einmal tropische Regenwälder. Aber vieles spricht dafür, dass sich in einigen Regionen die Landschaft einfach in ihre ursprüngliche Vegetationsform zurückverwandelt hat. Einige alternative Vegetationsformen, wie der immergrüne Buschwald im Nordwesten Yucatáns mit seinen Sukkulenten oder die Kiefernkette Belizes, sind ganz offensichtlich das Ergebnis lokaler Umweltbedingungen.

UNDURCHDRINGLICHER REGENWALD
In den tropischen Regenwäldern im Petén, im Herzen des Mayalandes, gedeiht eine üppige Vegetation. Selbst die höchsten Bauwerke wie in Tikal ragen kaum über die Baumriesen hinaus.

54

Die Tierwelt des Mayagebiets spiegelt, ebenso wie im übrigen Mesoamerika, die Lage Zentralamerikas als Landenge zwischen Nord- und Südamerika wider. Die im tropischen Regenwald lebenden Tierarten wie das Opossum, die Fledermaus, der Ameisenbär, das Gürteltier und das Faultier stammen aus Südamerika, während die Familie der Nagetiere aus dem Norden kommt.

Die Verbreitung der einzelnen Tierarten ist in Hoch- und Tiefland unterschiedlich. Jede Region besitzt ihre eigene Artenvielfalt, es gibt aber auch Tierarten, die sowohl im Hoch- als auch im Tiefland leben. Für die Maya war die Tierwelt in zweierlei Hinsicht von Bedeutung: Zum einen lieferten die Tiere Fleisch, Fell und andere Produkte, zum anderen dienten sie aber auch als Inspirationsquelle für ihre Legenden und ihre Kunst.

Die Lebensräume

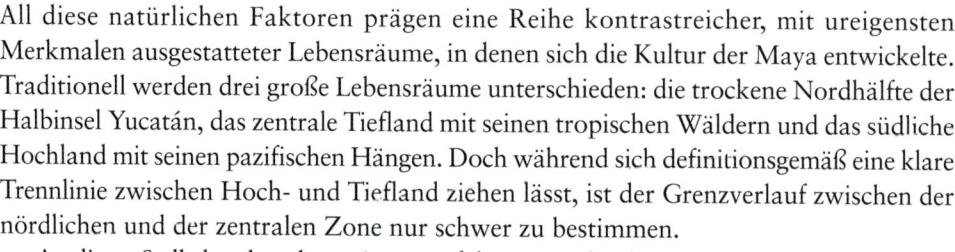

All diese natürlichen Faktoren prägen eine Reihe kontrastreicher, mit ureigensten Merkmalen ausgestatteter Lebensräume, in denen sich die Kultur der Maya entwickelte. Traditionell werden drei große Lebensräume unterschieden: die trockene Nordhälfte der Halbinsel Yucatán, das zentrale Tiefland mit seinen tropischen Wäldern und das südliche Hochland mit seinen pazifischen Hängen. Doch während sich definitionsgemäß eine klare Trennlinie zwischen Hoch- und Tiefland ziehen lässt, ist der Grenzverlauf zwischen der nördlichen und der zentralen Zone nur schwer zu bestimmen.

An dieser Stelle beschränken wir uns auf die Unterscheidung zwischen Hoch- und Tiefland, wobei sich jede dieser beiden großen Gebiete wiederum in drei Zonen gliedern lässt, die ganz konkrete, wenn auch weniger markante Unterscheidungsmerkmale aufweisen. Die Grenze, die das Hoch- vom Tiefland trennt, verläuft entlang der Gebirgslinie von Chiapas und Verapáz. Die Tieflandzone liegt größtenteils unter 1000 Meter, während sich die Hochlandzone mehrheitlich oberhalb dieser Marke befindet.

Das Hochland lässt sich in folgende drei Regionen untergliedern: die pazifischen Hänge, die vulkanische Achse und die alten Berge.

Die pazifischen Hänge liegen zum Teil unter 1000 Meter; ihren fruchtbaren Boden verdanken sie der Vulkanasche, was sie qualitativ vom Kalksteinboden des Tieflands unterscheidet. Das schmale, zwischen 25 und 40 Kilometer breite Band der pazifischen Ebene grenzt an die Sierra Madre de Chiapas und die Vulkankette, die über Guatemala bis nach Nicaragua reicht. Ihre hoch gelegenen Flächen werden von tropischem Wald bedeckt, während in ihren tief gelegenen Regionen ein saisonaler Wald gedeiht.

Nördlich der pazifischen Hänge erstreckt sich die vulkanische Achse, die den höchsten Punkt des Mayagebiets bildet. Die aus geologischer Sicht noch jungen Vulkane gehören zu einer Kette, die bis nach Nicaragua reicht und Zentralamerika zu einem der aktivsten Eruptions- und Erdbebengebiete der Welt macht. Die dicken Schichten von Lava, Tephrit, Asche und Obsidian, die sich infolge dieser Eruptionen hier abgelagert haben, bieten eine gute Grundlage für die Landwirtschaft und liefern zudem Rohstoffe zur Herstellung von Werkzeugen.

BERÜHMTER VOGEL
Nach dem Quetzal, einem kleinen Vogel, der im Hochland von Chiapas und im Nebelwald von Guatemala lebt, wurde die guatemaltekische Währung benannt.

DIE KOSTBAREN FEDERN DES QUETZAL

Der Quetzal *(Pharomachrus moccinno)* heißt in der Sprache der Maya *kuk* und auf Nahuatl *quetzalli* und gilt als schönster Vogel auf dem amerikanischen Kontinent. Das knapp 35 cm lange Männchen ist mit schillerndem Gefieder geschmückt, das je nach Lichteinfall goldfarben, blau oder smaragdgrün schimmert und einen starken Kontrast zu dem lebhaft rot gefärbten Bauch und dem leuchtend gelben Schnabel bildet. Auf dem Kopf trägt er einen kleinen Schopf, der Schwanz besteht aus langen grünen Federn.

Der Vogel war in der vorspanischen Zeit ein Symbol für Reichtum und Adel. Seine Schwanzfedern, eine gefragte Handelsware, die auch für Tributzahlungen verwendet wurden, galten als Kostbarkeit und hatten denselben Wert wie Jade und Gold. Die Federn gehörten zu den Attributen einiger Gottheiten und waren auch Teil des Kopfputzes der Maya-Herrscher. Darstellungen des Kopfschmuckes sind im Land der Maya weit verbreitet – man findet sie auf Wandmalereien, auf Keramiken und in den Kodizes. Erhalten geblieben ist z. B. der berühmte Kopfschmuck von Moctezuma, der im Museum in Wien ausgestellt ist. Der Kopfschmuck, den der Aztekenherrscher dem Eroberer Cortés geschenkt hatte, wurde Karl V. als Beweis für den Reichtum der eroberten Gebiete übersandt.

Menschliche Siedlungen liegen hauptsächlich an den unteren Hängen der Vulkane und Gebirgsbecken, in denen sich häufig Seen gebildet haben. Die Felder reichen bis weit hinauf in die oberen Hanglagen, vor allem wenn die Vulkane untätig oder erloschen sind. Die vulkanische Achse ist die wichtigste kontinentale Wasserscheide und das Quellgebiet zahlreicher Flüsse, wie dem Usumacinta, dem Grijalva, dem Motagua sowie kleiner Wasserläufe der Pazifikregion. Schifffahrt ist jedoch nur auf den Seen möglich.

In dieser Region legten Archäologen viele bedeutende Ruinenstädte frei, von denen Kaminaljuyú wohl die bekannteste ist. Die älteste bekannte Mayafundstätte ist Los Tapiales und liegt im westguatemaltekischen Quiché am Fuß der Berge.

Die alten Berge und die Hochebenen von Verapáz und Quiché bilden die dritte Hochlandregion, die im Osten bis nach Honduras reicht und im Westen auf das Kalksteinhochland von Chiapas trifft. Sie wird von den Oberläufen der großen Flüsse durchquert, die sich hier in tiefen Schluchten durch das Land ziehen. In den breiten Gebirgsbecken liegen in der Regel Kolonialstädte, doch die meisten menschlichen Siedlungen gehen hier mindestens in frühe vorklassische Zeit zurück.

Diese Region ist reich an Mineralien wie Jade, Serpentin, Zinnober und Eisenglanz, und in den Nebelwäldern von Alta Verapáz lebt der Quetzal, ein Vogel mit langen, grünen, schillernden Federn. Diese Federn waren bei den Tiefland-Maya sehr begehrt, da sie den Herrschern als Schmuck dienten.

Auch das Tiefland besteht aus drei unterschiedlichen Regionen: Tabasco–Chiapas–Petén–Belize, Campeche–Quintana Roo und Yucatán.

Die erste Region umfasst das Becken des Usumacinta, den Unterlauf des Grijalva und anderer Flüsse, die in den Golf von Mexiko münden, sowie die Flussbecken, die ins Karibische Meer münden, vom Río Hondo bis zum Chamelec; auch das Seengebiet Nordpeténs zählt dazu. Dieses Gebiet wird von zahlreichen Oberflächengewässern durchzogen, die die meiste Zeit im Jahr mit Transportkanus befahren werden können und die Wasserversorgung sichern. Die Landschaft ist hügelig und im Tropenwald wachsen vor allem Palmen, Brotfruchtbäume, Mahagonibäume, Sapotillbäume und Kapokbäume. In dieser Region befinden sich viele der bekanntesten Mayastädte wie Palenque, Yaxchilán, Seibal, Tikal und Quiriguá. Spätestens gegen 2500 v. Chr., so wird geschätzt, siedelten sich in diesem Gebiet, das bereits lange zuvor von nomadischen Jägern, Sammlern und Fischern bevölkert wurde, die ersten Bauern an.

VERZIERTE URNE
Der Deckel dieser Urne (Klassikum) aus dem Gebiet der Quiché-Maya ist mit drei Quetzals geschmückt.

Die Region Campeche–Quintana Roo umfasst den größten Teil dieser beiden mexikanischen Bundesstaaten. Oberflächenwasser ist in dieser Zone wesentlich knapper. Nur der Champotón erreicht die Küste, die übrigen Flüsse verwandeln sich in unterirdische Wasserläufe. Dafür gibt es hier viele Seen. In Richtung Norden verändert sich die Pflanzenwelt. Niederschläge sind seltener, die Baumkronen niedriger und das Gelände weniger hügelig.

Das Ufer der sumpfigen Küste Quintana Roos wird von einem breiten Mangrovengürtel beherrscht. Am Horizont zeichnet sich die Insel Cozumel ab. Zu den wichtigsten Fundstätten der Region zählen Cobá und das auf Cozumel gelegene San Gervasio, eine archäologisch kaum erforschte Zone. Neuere Arbeiten haben ergeben, dass vor allem im Süden Quintana Roos noch viele weitere, bislang wenig bekannte Fundstätten existieren.

DER HEILIGE ZENOTE VON CHICHÉN ITZÁ
An diesem natürlichen, rund 20 m tiefen Brunnen wurden neben kostbaren Opfergaben wie Halsketten, Masken und Anhängern auch zahlreiche Menschenopfer dargebracht.

Die dritte Region des Tieflands umfasst fast den gesamten Bundesstaat Yucatán und einen kleinen Teil Nordcampeches. Diese flache Region, in der nur wenig Niederschlag fällt, der sofort im porösen Boden versickert, wird von Buschwerk und Gestrüpp bewachsen. Der Boden weist nur eine sehr dünne Krume auf; an vielen Stellen liegt der nackte Fels frei. Hier gibt es weder Bäche, Flüsse noch Seen, sodass die tiefen Zenoten und die Aguadas die wichtigsten Wasserquellen bilden. Dennoch wurde diese Region bereits vor langer Zeit von Menschen besiedelt. Archäologen entdeckten bei neueren Grabungen, die in den Höhlen von Loltún durchgeführt wurden, Fundstücke, die aus der Zeit um 2500 v. Chr. stammen. Am Ende des 1. Jt. n. Chr. gelangten die berühmtesten Mayastädte wie Uxmal, Kabáh, Chichén Itzá, Dzibilchaltún, Aké und Izamal zu voller Blüte. Im Norden Yucatáns lebte bis zur spanischen Eroberung eine städtische Gesellschaft.

Gemeinsam haben diese sechs Regionen, dass sie bereits in relativ früher Zeit von Landwirtschaft betreibenden Völkern besiedelt wurden. Einige Regionen des Tieflands waren schon gegen 2000 v. Chr., das Hochland gegen 1000 v. Chr. kolonisiert. In diesen Gebieten standen offensichtlich genügend Ressourcen zur Verfügung, um die Ansiedlung von Menschen zu begünstigen, deren Nachfahren hier eine einzigartige Kultur hervorbrachten.

GEHEIMNISVOLLE VARIANTE DER MAYAKULTUR

Im Spätklassikum entwickelte sich an der Pazifikküste Guatemalas und auf den Ausläufern des Hochlands eine eigene Variante der Mayakultur. Obgleich das Siedlungsbild, die Keramik und die Lebensweise keine Besonderheiten aufwiesen, überraschten die Fundstätten um Santa Lucia Cotzumalguapa und Orte wie El Baúl, Palo Verde und Bilbao durch völlig neue archäologische Merkmale. Den sichtbarsten Ausdruck fanden diese Züge in der Lehmziegelarchitektur kunstvoller Akropolen, insbesondere aber in den eigentümlichen Skulpturen.

Die Stelen stellen turbangeschmückte Personen dar. Sie führten Opferrituale für Götter durch, die vom Himmel zu fallen scheinen. Der höchste Gott und der Gott des Todes nehmen in dem Pantheon einen besonderen Rang ein. Das häufig dargestellte Ballspiel ist Teil eines echten Kultes, in dem die Enthauptung eine

große Rolle spielt. Dieses Opferritual, bei dem reichlich Blut fließt, veranschaulicht die Rolle des Spiels als Fruchtbarkeitsritus. Der Verlierer des Spiels wird enthauptet und damit den Göttern als Opfer dargeboten.

Das Vorhandensein zahlreicher Gegenstände von der Küste des Golfs von Mexiko – Joche, Beile oder Palmwedel – belegt den starken Einfluss dieser Region. Außerdem weisen verschiedene Monumente, insbesondere Glypheninschriften auf Kartuschen, einen Schreibstil auf, der sich von der Schrift der Tiefländer unterscheidet. Da es keine nennenswerten Grabungen gibt, liegen nur wenige Erkenntnisse über diese kurz dauernde Kultur vor. Selbst wenn einmal die bedeutendsten Stätten aufgefunden werden, weiß man trotzdem nicht, welches Volk diese eigenartige Variante der Mayakultur entwickelte.

Die modernen Maya

Um zu klären, wie sich die ersten Siedler an ihre Umwelt anpassten, ist es nützlich, sich den heutigen Bewohnern des Mayagebiets zuzuwenden, denn die meisten von ihnen sind direkte Nachfahren der vorspanischen Völker. Heute leben immer noch mehr als zwei Millionen Maya in ihrer alten Heimat, die sich in zwei große Regionen unterteilt: die Halbinsel Yucatán mit dem Hochland von Chiapas und Guatemala.

Aus anthropologischer Sicht sind die Maya Indianer, Nachfahren der ersten Einwanderer, die vor mehr als 20 000 Jahren über eine Landenge von Sibirien nach Alaska kamen. Sie sind eng mit den anderen Indianergruppen Mexikos und des nördlichen Zentralamerika verwandt. Die Maya sind die kleinwüchsigsten aller mesoamerikanischen Völker. Auf der Halbinsel Yucatán werden die Männer im Schnitt 1,55 Meter, die Frauen 1,42 Meter groß, während die Maya im Hochland von Guatemala in der Regel 2 Zentimeter kleiner sind. Charakteristisch für die Maya ist die breite Gesichtsform mit einer langen schmalen Nase.

Heute sprechen noch rund 2,5 Millionen Menschen Maya. Es existieren 24 Mayasprachen, die zu zehn Gruppen und drei Hauptfamilien zusammengefasst werden. Alle leiten sich von einem einzigen, nunmehr erloschenen Idiom, dem Proto-Maya ab. Diese Sprachfamilie begann sich vor 2000 v. Chr. aus dem Proto-Maya zu entwickeln, was vermuten lässt, dass sich die Maya vor mehr als 4000 Jahren als eine von den anderen klar zu unterscheidende Völkergruppe herausbildeten. Jüngere archäologische Forschungen messen diesem kulturellen Gebilde ein noch höheres Alter bei.

Die Mayasprachen sind mit den anderen mesoamerikanischen Dialekten mehr oder weniger verwandt. Sie haben Worte aus den Xinca-Lenca-Jicaque-Sprachen an der Ostgrenze ihres Territoriums entlehnt und Begriffe aus dem *nahuatl* (einer Aztekensprache) vom Hochland Zentralmexikos übernommen. Die sprachlichen Vorgänge spiegeln den Kontakt zwischen diesen Völkern wider, die durch archäologische Funde bestätigt werden.

Die Sprache ist nicht das einzige Element der modernen Mayakultur, das zum Verständnis der alten Zivilisation beitragen kann. Viel wurde auch über den Gesellschaftsaufbau der heutigen Bewohner Yucatáns, Guatemalas und Chiapas geschrieben, denn die starke Kontinuität in vielen Lebensbereichen weist darauf hin, dass die Gegenwart mit der gebotenen Vorsicht dazu genutzt werden kann, Licht in die Vergangenheit der Maya zu bringen. Berechnungen zufolge überdauern selbst unter optimalen Konservierungsbedingungen aus archäologischer Sicht in der Regel nur 15 Prozent der von einer bestimmten Kultur produzierten Gegenstände die Zeit. Nun sind diese Bedingungen im Mayagebiet alles andere als optimal. Die einzigen Materialien, die recht gut erhalten bleiben, sind Stein und Keramik, vereinzelt auch Knochen und Muscheln. Die Grundmauern der Wohnhäuser, Werkzeuge und Schmuck, Kochgeschirr und Überreste von Nahrungsmitteln sind die wichtigsten Hinweise auf das Alltagsleben. Gegenstände, die aus Holz, Rinde, Korbweide, Leder, Stoff, Kürbis, Federn oder Seilen gefertigt wurden, sind mit wenigen Ausnahmen verschwunden.

DIE MAYASPRACHEN

Fachleute, die sich mit den Sprachen der Maya befassen, vertreten die Ansicht, dass sich im mittleren Vorklassikum, in der Zeit von 900–300 v. Chr., unterschiedliche Sprachgruppen bildeten. Trotz der gemeinsamen Ausgangsbasis waren diese Sprachen so verschieden, dass sich die Bewohner weit voneinander entfernt liegender Dörfer nicht verständigen konnten. Diese uneinheitliche Entwicklung kam zustande, weil die verschiedenen Untergruppen der Maya isoliert voneinander in Streusiedlungen lebten, sodass jede Gruppe eine eigene Sprache entwickelte. Die große sprachliche Vielfalt erschwert natürlich die Übersetzung der auf Stelen oder Keramikgefäßen gefundenen Inschriften. Was für die eine archäologische Fundstätte zutrifft, gilt wahrscheinlich nicht für die andere. Einer anderen Theorie zufolge sind die Inschriften in einer besonderen Sprache abgefasst, die aber, etwa wie das heutige Latein, keine Umgangssprache war. Auch ist nicht bekannt, ob die Handwerker, die die Inschriften auf Gefäßen und Skulpturen anbrachten, zu einer gebildeten Elite gehörten oder ob sie sich mit der reinen Abschrift der Glyphen begnügten. Diese Vermutung würde natürlich die orthographischen Fehler, die zusätzlich für Verwirrung sorgen, erklären.

Um mehr über das Leben der alten Maya zu erfahren, ist es hilfreich, auf die heutigen Maya zu blicken, wobei jedoch der Einfluss zu berücksichtigen ist, den die spanische Eroberung selbst auf die ureigensten Merkmale dieser Kultur genommen hat, vom Einfluss der anderen mesoamerikanischen Gruppen ganz zu schweigen. Die Kultur der modernen Maya ist ebenso vielfältig wie ihre Sprache; daher sollen hier lediglich zwei Beispiele – eins aus dem Hochland und eins aus dem Tiefland – angeführt werden.

Die Tzotzil-Maya

Das Volk der Tzotzil zählt etwa 120 000 Menschen, die im zentralen Hochland von Chiapas rund um die koloniale Hauptstadt San Cristóbal de Las Casas leben. Über sie liegen zahlreichere und intensivere Beobachtungen vor als über irgendeine andere Gruppe. Die Dorfbewohner von Zinacantán gehören zu den bekanntesten Indianern Mesoamerikas.

Die Wirtschaft der Tzotzil gründet sich auf die „heilige Dreifaltigkeit" Mesoamerikas: Mais, Bohnen und Kürbis, der wegen seines Fleisches und wegen seiner Kerne angebaut wird. Zwischen Dezember und Februar werden die an den Hügelflanken liegenden Felder (milpas) von der Sekundärvegetation befreit. Die Bauern entfernen das Gestrüpp und lassen es auf den Feldern vertrocknen. Im März oder April wird es dann verbrannt, um den Boden freizulegen. Anschließend bringen die Bauern mithilfe eines spitzen Pflanzstocks die Maissamen aus. Bohnen und Kürbisse werden zusammen in ein Pflanzloch gesät. Auch andere Pflanzen wie Tomaten, Avocados und Süßkartoffeln werden angebaut.

Für die Bauern ist die Haustierhaltung unverzichtbar. Sie benötigen Pferde, Maultiere und Esel, um ihre Erzeugnisse zu transportieren; zur Feldarbeit werden Rinder eingesetzt. Vieh wird auch wegen des Fleisches und der Milch gehalten, die an die nicht indianische Stadtbevölkerung (ladina) verkauft wird. Schafe werden hauptsächlich wegen ihrer Wolle gezüchtet, Hühner und Puten wegen des Fleisches und ihrer Eier. Die Tzotzil jagen vor allem Hasen, aber auch Hirsche, Gürteltiere und Vögel. Allgemein halten die Maya häufig Haustiere wie Hunde und Katzen.

Das Hauptnahrungsmittel ist der Mais. Aus Maismehl werden Fladenbrote, die so genannten *tortillas*, gebacken. Für *tamales* hingegen wird Maisbrei mit Bohnen oder Fleisch gefüllt und in Bananen- oder Maisblätter eingewickelt im Dampf gegart. Zur Herstellung von *atole* oder *posole*, Getränken, die mit Zimt, Pfeffer, Minze, Koriander usw. gewürzt werden, vermischen die Maya Maisbrei mit Wasser. Bevor der Mais zubereitet wird, weicht man die Körner zunächst in einer Kalkbrühe ein. Anschließend wird der Mais mit einem zylindrischen Stößel *(mano)* in einem Mörser *(metate)* zu Maisbrei verarbeitet. Man serviert den Mais gewöhnlich mit Bohnen, die entweder in der Schote gedünstet oder zerkleinert und gebraten werden, wodurch sie sich mehrere Tage halten. Fleisch ist nach wie vor Luxus.

Das Handwerk, das von den Frauen am häufigsten ausgeübt wird, ist das Weben. Dazu benutzen sie einen hängenden Webstuhl, ein Arbeitsgerät, das noch aus vorspanischer Zeit stammt. Diese Webstühle lassen sich an jedem Baum oder Pfosten aufhängen. Baumwolle und Wolle werden gefärbt oder bestickt und mit Motiven verziert, die sowohl für die jeweilige Gemeinschaft spezifisch sind als auch dazu dienen, den gesellschaftlichen Rang einer Person zu zeigen. Aus Pflanzenfasern werden Hängematten, Körbe und Netze geflochten. Aus Palmblättern fertigen die Männer Hüte an.

Die Frauen tragen eine Hemdbluse *(huipil)* und je nach Dorf einen weißen und blauen oder braunen

und schwarzen Rock mit breiten Gürteln. Zu ihrer Kleidung zählt auch ein rechteckiges Stück Stoff, das als Stola oder als Babytragetuch dient. Zur Männerbekleidung gehört ein aus Palmblättern gefertigter, breitkrempiger, mit Bändern geschmückter Hut, ein weißes Hemd mit roten oder blauen Streifen, eine weiße Hose, die bis zur halben Wade reicht, und ein breiter Gürtel. Die Garderobe wird durch einen Poncho aus schwarzer, weißer oder schwarzweißer Wolle komplettiert. Einige Männer tragen schwere Ledersandalen.

Das Tzotzilhaus ist ein einziger rechteckiger Raum mit einem Dach aus Stroh oder Schindeln, das über die Mauern hinausragt und so eine Lagerfläche außerhalb des Hauses bietet. Es gibt nur eine Tür und keine Fenster. In den Fußboden aus gestampfter Erde ist eine Feuerstelle eingelassen. Ein Badehaus und ein Maisspeicher können an das Haus an-

TZOTZIL-FRAUEN
BEI DER KÜCHENARBEIT
Aus einer zu Fladen geformten Maismasse bereiten die Frauen Tortillas zu, die sie dann auf einem Blech, dem comal, *backen.*

gegliedert sein. Die Frauen arbeiten hauptsächlich im Haus und in der Nähe des Hauses. Sie kümmern sich um das Geflügel, holen Wasser aus dem Brunnen, bereiten die Mahlzeiten zu, töpfern und bewirtschaften den Gemüsegarten. Das Bauen und die Instandhaltung der Häuser, die Reparatur der Werkzeuge und die meisten handwerklichen Tätigkeiten sind, wie auch die Bebauung der *milpa*, Männerarbeit. Alle Erzeugnisse werden auf dem Markt verkauft.

Der gesellschaftliche Aufstieg vollzieht sich nach dem *cargo*-System, in dessen Verlauf verheiratete Männer eine Reihe von Ämtern durchlaufen können, die sie käuflich erwerben müssen. Meist liegen mehrere Jahre zwischen den Amtswechseln. In dieser Zeit sparen die Männer das nötige Geld für den obligatorischen Kauf von Alkohol und Feuerwerkskörpern. Diese regelmäßige Abgabe überschüssigen Kapitals verhindert, dass sich innerhalb der Gemeinschaft eine zu große Kluft zwischen Arm und Reich bildet – ein System, das den gesellschaftlichen Zusammenhalt stärkt.

Der *cargo* verpflichtet zu einer häufigen Teilnahme an rituellen Handlungen. Der zeremonielle und religiöse Teil des Lebens ist eng mit der Gesellschaft und den zwischen Menschen, Mais, Erde und Göttern bestehenden Beziehungen verbunden. Die Mayagötter selbst sind mit der katholischen Theogonie verschmolzen, doch ein großer Teil der vorspanischen Glaubensvorstellungen hat die Zeit überdauert. Nach dem Glauben der Maya ruht die Welt zwischen Himmel und Unterwelt; in einigen Dörfern beten die Menschen noch heute zu den dreizehn Göttern des Himmels. In der Landwirtschaft haben die vorspanischen Kalenderzyklen mit 365 und 260 Tagen die Zeit überdauert. Die Bestellung der *milpa* folgt rituellen Regeln, doch die Tzotzil feiern auch die höchsten christlichen Feste.

Die Spitze der *cargo*-Hierarchie bildet die innere Regierung der Gemeinschaft. Nachdem ein Mann alle Ämterstufen durchlaufen hat, gehört er zu den Ältesten, die gemeinsam für die Bewahrung der Sitten und Gebräuche eintreten.

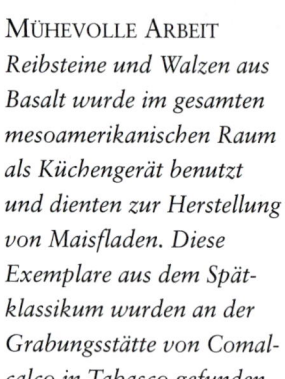

MÜHEVOLLE ARBEIT
Reibsteine und Walzen aus Basalt wurde im gesamten mesoamerikanischen Raum als Küchengerät benutzt und dienten zur Herstellung von Maisfladen. Diese Exemplare aus dem Spätklassikum wurden an der Grabungsstätte von Comalcalco in Tabasco gefunden.

VERGANGENHEIT UND GEGENWART DER MAYA

Die Ethnoarchäologie ist ein Zweig der experimentellen Archäologie, der die heutigen Bräuche und Strukturen eines Volkes mit den Hinterlassenschaften aus der Vergangenheit vergleicht. Die Mayakultur ist durch ihr Fortbestehen besonders gut für dieses relativ junge Forschungsgebiet geeignet.

Die Ethnoarchäologen erforschen z. B. die Ernährungsgewohnheiten, die Methoden des Fischfangs oder die Formen der heutigen traditionellen Wohnweise. Von Interesse sind auch Hausbau, verwendete Baustoffe, die Aufteilung der Tätigkeiten und die Familienstruktur. Durch Vergleiche mit den archäologischen Funden können die Wissenschaftler die frühere Lebensweise besser rekonstruieren. Vor allem lässt sich daraus auf die Zahl der Bewohner eines Hauses, die Art ihrer Tätigkeiten oder die Beziehungen der verschiedenen Familienmitglieder untereinander

schließen. So wird auch eine grobe Schätzung der Gesamtzahl der Bevölkerung eines Dorfes möglich. Auf diese Weise gelangten einige Archäologen zu der Vermutung, dass die Gesellschaft der Maya nach Abstammungslinien strukturiert war, eine Theorie, die sicherlich auch den sozialen Zusammenhalt zwischen den Bewohnern einer Stadt erklären würde.

Trotzdem ist Vorsicht angebracht, und man darf nicht vergessen, dass die heutigen Gemeinschaften viele Veränderungen durchgemacht haben. Fremdeinflüsse aus der vorspanischen Zeit wie etwa in Yucatán, der Schock der spanischen Kolonisation, neue landwirtschaftliche Methoden und neue Produkte, die Bekehrung zum Evangelium – das alles sind Faktoren, die das Verhalten verändert haben. Doch die Ethnoarchäologie konnte Beweise liefern und den Forschern neue Perspektiven eröffnen.

Die Yucateken

Die Maya der Halbinsel Yucatán leben in den mexikanischen Bundesstaaten Campeche, Quintana Roo und Yucatán sowie im nördlichen Belize. Nach neuesten Schätzungen beläuft sich ihre Zahl auf 350 000. Ebenso wie bei den Tzotzil gründet sich ihre Wirtschaft auf den Maisanbau. Ihr Land ist ebenso flach wie das der Tzotzil hügelig ist. Außerdem werden Bohnen, Süßkartoffeln, Maniok, Wassermelonen und Flaschenkürbisse angebaut. Um den Gemüsegarten, der rund um das Haus angelegt wird, kümmern sich die Frauen, die hier Paprika, Zwiebeln, Tomaten und Kräuter kultivieren. Auch Obst wie Guaven, Stachelannonen, Annonen, Orangen und Bananen werden angebaut sowie Tabak und *henequen* (Sisal), aus dessen festen Fasern Netze und Säcke gewoben werden.

Zu den Haustieren der Yucateken zählen fast ausschließlich Hühner und Schweine, manchmal noch Puten und in einigen Dörfern Vieh. Es werden Hirsche, Wildschweine (Pekaris), Gürteltiere und fette Nagetiere gejagt, die sie *tepez-cuintle* nennen. Aus vorspanischer Zeit stammt noch der Brauch, Bienen zu halten, um Honig und Wachs zu gewinnen.

Die Siedlungen der Yucateken, die über die Kalksteinebene verstreut liegen, reichen von quadratischen Städten, die die Spanier gründeten, bis zu kleinen Weilern. Im Jahr 1936 erforschte Alfonso Villa Rojas das Dorf X-Cacal und berichtete „von etwa tausend Personen, die in acht Weilern leben, und von einem Heiligtum, das als Versammlungsplatz dient. Alle Hütten bestehen ausnahmslos aus Palmenblättern und Strohlehm und liegen rund um den Zenoten verstreut. Es gibt weder Straßen noch Zäune. Diese Dörfer zeichnen sich ebenfalls dadurch aus, dass die Hütten der einzelnen Familienmitglieder nahe beieinander liegen, denn nach ihrer Heirat bauen die Kinder ihre Hütten neben die der Eltern. Die *milpas* befinden sich in der Nähe der Wohnsiedlungen, sodass ihre Besitzer sie innerhalb eines Tages erreichen und am gleichen Tag auch wieder heimkehren können." Die leichte Zugänglichkeit der Felder ist charakteristisch für die Mayagemeinschaften.

Die Häuser Yucatáns bestehen zwar in der Regel nur aus einem einzigen Raum, verfügen jedoch auch über Nebengebäude, wie beispielsweise eine separate Küche, einen Getreidespeicher, einen Schweinestall, einen Hühnerstall und ein Waschhaus. Aus ausgehöhlten Holzscheiten gefertigte Bienenstöcke werden an einem geschützten Ort gestapelt.

Mit dem Niedergang des örtlichen Handwerks passt sich die Kleidung der Männer der westlichen Mode an und besteht meist nur noch aus Hemd und Hose, während die Frauen nach wie vor den langen *huipil* mit einem und manchmal auch mehreren Unterröcken tragen. Die Festtagskleidung fällt zwar aufwändiger aus, lässt aber nicht mehr die Unterscheidung der einzelnen Gemeinschaften zu, wie sie noch bei den Tzotzil möglich ist. Auch die regionalen Märkte sind verschwunden und in vielen Gemeinden sind die Yucateken zu so genannten „Maya des Industriezeitalters" geworden.

WOHNHAUS AUS HEUTIGER ZEIT
Die heutigen Wohnhäuser der Maya unterscheiden sich nicht wesentlich von den früheren Behausungen. Sie bestehen aus einem einzigen Raum, die meisten häuslichen Aktivitäten spielen sich in dem ausgedehnten Außenraum ab.

Die Maya – ein Volk?

ATLANT
Der Begriff Atlant verweist auf die toltekische Ikonographie, in der kleine Gestalten mit erhobenen Armen Plattformen oder Monumente abstützen. Die Art, in der die Skulptur bearbeitet wurde, lässt eindeutig Einflüsse vom zentralmexikanischen Hochplateau erkennen.

Die Maya teilten dieselben Mythen, dieselbe Schöpfungsgeschichte und hatten ähnliche Vorstellungen von einem Leben nach dem Tod. Dennoch gab es nie ein einheitliches Mayareich. In den verschiedenen Regionen des Mayalands hat sich im Lauf der Jahrhunderte jeweils ein eigener Stil in Kunst und Architektur herausgebildet. Vielleicht muss man aber auch von einer bereits ursprünglich angelegten kulturellen Verschiedenartigkeit ausgehen, die sich erhalten hat. Auf diese Weise könnte man beispielsweise die Unterschiede zwischen der Mayakunst der zentralen Tiefländer und der des Nordens erklären. Die in der protoklassischen Periode erfolgte Einführung fremder Elemente in die Tiefländer lässt auf die Ankunft einzelner, aus den südlichen Randgebieten stammender Gruppen schließen, die neue keramische Formen mitbrachten.

Interessant sind auch die tief gehenden Veränderungen, zu denen es im Spätklassikum kam. In der Río-Bec- oder der Puuc-Region entwickelten sich eigene Stilarten. Im Gebiet des Río Bec finden wir neben der Trompe-l'œil-Architektur überaus kunstvolle Verzierungen aus Steinmosaiken. Die Paläste gewannen plötzlich an Bedeutung, gleichzeitig verzichtete man darauf, Stelen als Ausdruck von Rang und Macht aufzustellen. Waren hier Änderungen in den Machtverhältnissen wie z.B. eine Dezentralisierung die Ursache des Wandels? In der Puuc-Region blühte eine einzigartige Bildhauerkunst auf: Statuen von Würdenträgern ersetzten die Stelen und legen auch hier die Vermutung nahe, dass sich die Macht veränderte.

Die Skulpturen in Stadtstaaten wie Palenque oder Toniná stellen Menschen mit gröberen Gesichtern dar, die sich von den üblichen Darstellungen der Maya unterscheiden. Einige Orte wie Seibal sind glorreiche Erinnerungen an das Werk fremder Herrscher. In Chichén Itzá, dann in Mayapán waren die Dynastien der Itzá, Cocom oder Xiu der Herkunft nach Maya, gleichzeitig aber waren sie stark mexikanisiert und Überträger fremder Einflüsse.

Die kulturelle Einheit der Maya schließt eine innere Vielfalt nicht aus. Ausdruck dafür sind die Unterschiede zwischen den Dialekten der Yucateken, Chol, Chorti und Tzetzal. Diese Vielfalt wird nicht nur auf dem Gebiet der Ethnologie deutlich, sondern auch in der Archäologie, wo es sich zeigt, dass die Inschriften von Region zu Region stark variieren.

GEFANGEN UND ZUM TODE VERURTEILT
Das Relief des gefesselten Gefangenen aus Toniná stellt das Gesicht des Todgeweihten mit groben Zügen dar, als wolle man damit seine fremde Herkunft andeuten.

EL GORDO AUS PUUC
Die Skulpturen Yucatáns sind vielfältig und entsprechen der klassischen Maya-Ikonographie. Oft sind sie vollplastisch ausgeführt und haben fleischige Gesichter mit ausgeprägten Wangenknochen.

DIE MAYA VON YUCATÁN
Die Bildhauerkunst von Yucatán unterscheidet sich deutlich von den Arbeiten aus dem Petén. Die Darstellungen sind gröber und die Gesichter zeigen härtere Züge. Auch die Aufstellung der Statue über der Fassade ist eigenartig.

DIE CHONTAL-MAYA UND DAS MEER

Die Maya waren kein Volk von Seefahrern. Die großen klassischen Ruinenstätten liegen im Landesinnern, allenfalls an Seen oder Flüssen. Dagegen betonen die nachklassischen Fresken von Chichén Itzá (oben) ausdrücklich die Bedeutung des Meeres für die Chontal-Maya, die sich auf der Halbinsel Yucatán niederließen. Geschmückt sind diese Fresken mit Schiffen, Booten und Meerestieren – eine Erinnerung daran, dass sich die Eindringlinge zunächst an den Küsten oder auf Inseln niederließen. Als kühne Navigatoren und Händler unternahmen sie weite Reisen, etwa nach Zentralamerika, und wagten sich auf das offene Meer. Christoph Kolumbus traf weit vor der Küste Yucatáns auf hoher See auf eines ihrer Schiffe. Auch Küstensiedlungen wie Tulúm oder Xel Há in der nachklassischen Periode bestätigen diese Neuorientierung der Maya.

KUNST UND BAUSTIL DER RÍO-BEC-REGION
Die Río-Bec-Region zeichnet sich durch einen eigenen Stil aus. Einzelne Gruppen von Bauwerken sind um Wohngebäude angeordnet und von Pyramidenattrappen umgeben. Skulpturen, vor allem Stelen, sind selten, stattdessen findet man Fassadenschmuck.

EINDRINGLINGE
Die auf dieser Stele verewigten Herrscher der Chontal-Maya (mexikanisierte Maya) waren Eindringlinge in Yucatán. Ihr in Glyphen angegebener Name belegt die Herkunft aus einem anderen Land.

KAPITEL 3

Aufstieg und Niedergang der Maya

Der Mayakalender

Die Ruinen und Monumente Copáns, Palenques und weiterer Orte, von denen Stephens, Catherwood und andere berichteten, stammen alle aus dem so genannten klassischen Zeitalter der Mayakultur, der Epoche, in der sie die höchste kulturelle und politische Entfaltung erlangte. In klassischer Zeit tragen die Monumente des Tieflands, insbesondere in der Zone der Tropenwälder, Inschriften, die auf einer Hieroglyphenschrift und einer Methode zur Zeitberechnung beruhen, die als *long count*, „lange Reihe" oder „lange Zählung", bezeichnet wird. Der *long count* ist allerdings nur einer von mehreren Bestandteilen des ausgesprochen komplexen Mayakalenders, der sich hauptsächlich dadurch auszeichnet, dass alle Ereignisse einem präzisen Datum zugeordnet werden. Mit der richtigen Zuordnung müsste man die Daten in unser System übertragen können.

Die meisten Fachleute gehen zurzeit von der Richtigkeit der von Joseph Goodman aufgestellten und von Juan Martínez Hernández und Eric Thompson weiter ausgefeilten so genannten Goodman-Martínez-Thompson-Korrelation aus, die das klassische Zeitalter auf den Zeitraum von 250–900 n. Chr. festlegt. Damit fällt das Aufblühen der Kultur der Maya in Mesoamerika zeitlich mit dem spätrömischen Reich, den ersten Byzantinern und dem Aufstieg des Islam zusammen. Die Blütezeit Tikals im 8. Jh. deckt sich zeitlich mit der Herrschaft Karls des Großen und der Sternstunde Xi'ans, der großen Hauptstadt der chinesischen Tang-Dynastie.

Um den chronologischen Ablauf des klassischen Zeitalters und die Gedankenwelt der Maya verstehen zu können, muss zunächst der Aufbau ihres Kalenders betrachtet werden, der zwei Hauptmerkmale besitzt. Er besteht aus sich wiederholenden Zyklen und aus einer kumulativen Berechnung der Tage, die zu einem bestimmten Zeitpunkt ihren Anfang genommen hat. Unser heute gültiges Kalendersystem verfügt zunächst über einen als Woche bezeichneten Zyklus; der Monat stellt einen weiteren Zyklus von 28–31 Tagen dar; die Monate des Jahres bilden einen dritten Zyklus. Parallel dazu werden die Tage ausgehend von Christi Geburt kumulativ gezählt; ein Jahr folgt auf das vorige. Durch die zyklische und kumulative Berechnung ist es möglich, einen präzisen Tag im Zeitverlauf zu benennen, etwa „Freitag, den 16. April 1982", und somit einen einzigartigen Bruchteil der Ewigkeit zu definieren.

Die Maya kannten mehrere Tageszyklen. Die beiden wichtigsten waren die „Heilige Runde" mit 260 Tagen und das Sonnenjahr mit 365 Tagen. Die Heilige Runde kombinierte den wiederkehrenden Zyklus der Zahlen 1 bis 13 mit 20 Tagesnamen, sodass die Ausgangskonstellation erst nach 260 Tagen (13 x 20) wieder erreicht wurde. Ähnlich unserer heutigen Zählweise (Montag, der 1., Dienstag, der 2. usw.) wechselten Tagesname und Zahl gleichzeitig: 1 Imix, 2 Ik, 3 Akbal… Das Sonnenjahr bestand aus 18 Monaten mit je 20 Tagen plus 5 Schalttagen und jeder dieser Monate verfügte über eine interne Sequenz aufeinander folgender Zahlen: 1 Pop, 2 Pop, 3 Pop…, vergleichbar mit unserem 1. Januar, 2. Januar, 3. Januar etc.

Die beiden Zyklen schritten parallel zueinander fort, sodass sich jeder Tag als eine Kombination der beiden darstellen ließ, beispielsweise 3 Akbal 1 Pop. Aufgrund der unterschiedlichen Länge der beiden Zyklen wiederholte sich jede Kombinationsmöglichkeit wie etwa 3 Akbal 1 Pop nur alle 52 Jahre. Diese Periode wird als Kalenderrunde bezeichnet. Dieser Kalender war im größten Teil Mesoamerikas verbreitet und der 52-Jahre-Zyklus spielte bei Azteken und Maya noch zur Zeit der spanischen Eroberung eine sehr große Rolle. Im Hochland von Guatemala und Chiapas hat er bis in die heutige Zeit überdauert.

Keinen Bestand hatte jedoch die laufende Fortzählung der Tage nach dem *long count*. Dabei wurden die Tage von einem fiktiven Beginn, nach heute gültiger europäischer Zeitrechnung vom 13. August 3114 v. Chr. an, gezählt. Dieses Datum galt in der Mayamythologie möglicherweise als Schöpfungstag der Welt. Die seither verflossenen Tage wurden gezählt, in verschieden lange Zeitabschnitte unterteilt und dann als fünfstellige Zahl dargestellt. An erster Stelle stand die Zahl der vollendeten *baktunob* (ein *baktun* entspricht 400 Jahren), darauf folgte die Zahl der vollendeten *katunob* (ein *katun* entspricht 20 Jahren), die Zahl der *tunob* (etwa ein Jahr), die Zahl der Monate mit 20 Tagen *(uinalob)* und schließlich die verbleibenden Tage von null bis neunzehn, die *kinob*. So kann etwa der 10. Juli 1981 folgendermaßen ausgedrückt werden: Seit unserem Referenzdatum, der Geburt Christi, sind 1 Jahrtausend, 9 Jahrhunderte, 4 Zyklen à 20 Jahre, 0 Jahre à 365 Tage, 6 Monate mit 28–31 Tagen und schließlich 10 Tage des 7. Monats vergangen (was durch die Zahl 1.9.4.0.6.10 wiedergegeben werden könnte).

Die Maya verwendeten danach ein vigesimales Zahlensystem, das auf der Zahl 20 basierte, sodass 20 *kinob* einen *uinal* ergaben, 20 *tunob* einen *katun* und 20 *katunob* einen *baktun*. Die Zahlen wurden folgendermaßen dargestellt: Ein Punkt bezeichnete die 1 und ein waagerechter Strich stand für die Zahl 5. Ein Strich mit zwei Punkten darüber oder mit zwei Punkten zur Linken symbolisierte die 7. Die größte Zahl, die die Maya so ausdrückten, war die 19, also drei Striche und vier Punkte. Heute geben Wissen-

AH SIKAB

Diese Skulptur aus dem Klassikum wurde im Gebäude I der Gruppe IV von Palenque entdeckt. Sie stellt Ah Sikab dar, eine bedeutende Persönlichkeit, deren Name auf dem Kopfputz eingemeißelt ist.

67

schaftler Zahlen und Daten der Maya in der Regel mit arabischen Ziffern wieder. Ein Zeitraum von 9 *baktunob*, 15 *katunob*, 7 *tunob*, 12 *uinalob* und 6 *kinob* schreibt sich somit 9.15.7.12.6.

Das älteste Datum, das bislang im Tiefland entschlüsselt werden konnte, findet sich auf Stele 29 in Tikal. Es lautet 8.12.14.8.15 und entspricht dem 6. Juli 292 n. Chr. Das jüngste Datum des *long count* ist möglicherweise 10.5.0.0.0, also das Jahr 928 n. Chr. Es wurde in einer Fundstätte im Campeche entdeckt. Innerhalb dieser sechs Jahrhunderte wurden von den Maya Hunderte solcher Monumente mit hieroglyphischen Inschriften und entsprechenden, fast auf den Tag genauen Zeitangaben aufgestellt. Diese willkürlich auf den Zeitraum zwischen 250 n. Chr. und 900 n. Chr. festgelegte Periode wird als klassisches Zeitalter bezeichnet. Auf sie folgt ein nachklassisches Zeitalter, das von 900 n. Chr. bis in die Zeit der spanischen Eroberung im 16. Jh. reicht. Die Epoche vor 250 n. Chr. wird als vorklassisches Zeitalter bezeichnet.

Darüber hinaus sind die Wissenschaftler auf die Zeitangaben angewiesen, die ihnen die Radiokarbon- oder C-14-Methode liefert. Allerdings können deren Angaben noch um 100 Jahre vom tatsächlichen Datum abweichen. In nachklassischer Zeit werden die C-14-Datierungen durch zahlreiche geschichtliche Überlieferungen ergänzt, von denen einige während der Zeit der spanischen Eroberung gesammelt wurden. Andere finden sich in einheimischen Chroniken wieder, den *Chilam-Balam-Büchern*.

Die Urgeschichte der Maya

Vor mehr als 11 000 Jahren müssen die ersten Bewohner Amerikas auf ihrem Weg von Nord- nach Südamerika das spätere Mayagebiet durchquert haben. Allerdings finden sich für das Pleistozän (Eiszeitalter) nur wenige Belege für die Existenz von Jägern und Sammlern, die möglicherweise an der Küste entlangzogen. Als sich der Meeresspiegel infolge der Gletscherschmelze hob, wurden die Zeugnisse ihrer Wanderung wohl von den Fluten hinweggespült.

Die älteste bekannte Fundstätte ist Los Tapiales, ein kleines Jägerlager im westlichen Hochland von Guatemala, dessen Alter mithilfe der C-14-Methode auf 11 000 Jahre festgelegt werden konnte. Fundstücke aus Obsidian belegen, dass die damalige Bevölkerung verstreut in den Bergen lebte. Hier wurde die Basis einer besonderen Projektilspitze gefunden, wie sie zur damaligen Zeit in Nord- und Südamerika verbreitet war.

CUELLO – DIE ÄLTESTE MAYASTÄTTE

Cuello hat bei den Archäologen viele Diskussionen ausgelöst. An der zufällig entdeckten Ruinenstätte wurden 1975 erstmals Grabungen durchgeführt. Man vermutete, auf uralte Siedlungen zu stoßen, doch die Datierungen ergaben lediglich ein Alter von 4000 bzw. 4500 Jahren. Damit verschoben sich die zeitlichen Grenzen des mayanischen Vorklassikums um fast zwei Jahrtausende. Aufgrund späterer Forschungsarbeiten wurden die Daten korrigiert und die Anfänge Cuellos auf 1200 v. Chr. datiert. Doch selbst nach dieser Korrektur birgt der Standort die ältesten aller bis heute bekannten Mayastätten, und die Theorie, dass es in der Nähe noch frühere Siedlungsplätze gab, ist nicht von der Hand zu weisen. Fest steht, dass sich Cuello bis zur Aufgabe der Stadt in der späten vorklassischen Zeit ständig weiterentwickelte. Auf vielen Gebieten nahm die Stadt eine Vorrangstellung ein. So gibt es dort das erste Beispiel für eine Massenopferung, das erste Dampfbad, den ersten belegten Fall einer Maske, die über einem menschlichen Schädel modelliert wurde. Nun gilt es, die Ursprünge Cuellos zu entdecken, die Vorgeschichte zu erforschen und die Überleitung von der Besiedlung Cuellos bis zur Errichtung des benachbarten Zentrums Nakbé zu definieren.

Bei neueren Grabungen im Quiché-Becken nördlich von Los Tapiales wurden mehr als 100 Fundstätten aus der Zeit von 1000–800 v. Chr. entdeckt. Hier wurden eine weitere kannelierte Projektilspitze und zahlreiche Werkzeuge gefunden, wie sie auch im Tal von Tehuacán in Mexiko verwendet wurden. Bei Forschungen im Küstengebiet von Belize wurden ebenfalls Dutzende von Fundstätten ausgemacht, die aus der Zeit vor 2000 v. Chr. stammen und vielleicht sogar bis ins Jahr 9000 v. Chr. zurückreichen. Dieser Sachverhalt belegt, dass das Gebiet bereits Tausende von Jahren, bevor sich eine klare kulturelle Tradition der Maya ausmachen lässt, von Menschen besiedelt war.

Als sich nach 5000 v. Chr. mit dem Anbau von Mais, Bohnen und anderen Pflanzen der Ackerbau zu entwickeln begann, wurden die Einwohner Mesoamerikas allmählich sesshaft. Durch den Feldbau wurde die Bevölkerung ortsgebunden, es entstanden Dörfer und die Menschen fertigten neuartige Alltagsgegenstände an. Sie begannen mit der Herstellung von Tongefäßen, die etwa als Koch- und Essgeschirr verwendet wurden. Solche Gefäße sind häufig ein Indikator für Sesshaftigkeit, da sie nur selten von Nomaden verwendet werden.

Die ersten bekannten Tongefäße der amerikanischen Ureinwohner wurden im Nordwesten Südamerikas gefunden und stammen mindestens aus der Zeit um 3500 v. Chr. In Mesoamerika entdeckten Archäologen im Tal von Tehuacán sowie an der Pazifikküste in der Nähe von Acapulco Keramiken, die um 2500 v. Chr. hergestellt wurden. Im Hochtal von Oaxaca und in den Küstenebenen von Chiapas und Veracruz wurden seit 2000 v. Chr. Tonwaren hergestellt.

Bis vor kurzem ging die Wissenschaft davon aus, dass das Mayagebiet an dieser Entwicklung höchstens am Rande teilhatte, da im Tiefland keine Fundstätte aus der Zeit vor 900 v. Chr. und im Hochland keine vor 1200 v. Chr. entdeckt worden war. Einige Anthropologen unterstellten zudem, dass der Tropenwald des Tieflands kein günstiges Terrain für die Herausbildung einer fortgeschrittenen Kultur darstellt, und interpretierten die Zivilisation der klassischen Maya als eine sekundäre Entwicklung der Fortschritte, die zu einem früheren Zeitpunkt auf den mesoamerikanischen Hochebenen erfolgt waren.

Doch neuere Datierungen nach der C-14-Methode, die für die Fundstätte von Cuello im nördlichen Belize vorgenommen wurden, weisen auf eine ununterbrochene Besiedlung seit 2500 v. Chr. hin. Kurz nach dieser Zeit finden sich Spuren von Holzbauten, die auf niedrigen, mit Gips verputzten Plattformen errichtet wurden. Größe und Anordnung dieser Strukturen sprechen dafür, dass sie nicht als Wohngebäude genutzt wurden, sondern vielmehr zeremoniellen Zwecken dienten.

CUELLO (BELIZE)
Ganz in der Nähe der Pyramide 350 (250 n. Chr.) liegt das Fundament des ältesten bekannten Mayahauses (Vordergrund links), das man als Struktur 326 bezeichnet.

Gegen 2000 v. Chr. wurden die Plattformen um einen mit Lehmstrich versiegelten Innenhof gruppiert, ein typisches Muster der mesoamerikanischen Siedlungszentren, das bis in die Zeit der spanischen Eroberung üblich war. Anhand der Löcher, welche die das Dach tragenden Pfosten hinterlassen haben, lassen sich Anlage und Größe der Gebäude rekonstruieren. Ähnlich wie die heutigen Mayahäuser hatten wohl auch die damaligen Hütten ein Dach aus Palmstroh.

Die Gräber einiger Bewohner Cuellos fand man ganz in der Nähe. Besonders erwähnenswert ist die Grabstätte einer jungen Frau, deren Zähne durch die in der Nahrung enthaltenen scheuernden Mineralpartikel bereits stark abgenutzt waren. Ihr Schädel scheint durch den *mecapal*, einen schmalen Riemen, deformiert worden zu sein, den übrigens auch noch die heutigen Maya um die Stirn legen, um schwere Lasten zu tragen. Das Grab der Toten lag in geringer Tiefe im Kalksteinsockel. Auf ihrem Gesicht befand sich eine Schale aus gebranntem Ton und eine weitere stand zu ihren Füßen. Um ihren Hals lag eine Kette aus Perlmuttperlen.

In den Grabstätten aus der Zeit um 1500 v. Chr. fanden Archäologen kleine Jadeperlen, Beweise für die erste Verwendung dieser Halbedelsteine auf dem Gebiet der Maya. Jade wurde 400 Kilometer weiter südlich abgebaut. Dies beweist, dass bereits damals Güter erworben werden konnten, die aus weit entfernt gelegenen Gebieten stammten und vermutlich mithilfe von Kanus transportiert wurden. Der Einsatz von Kanus dürfte bereits 2200 v. Chr. üblich gewesen sein, denn zu dieser Zeit deckten sich die Bewohner Cuellos mit rosafarbenem Sandstein ein, der aus den Mayamountains 150 Kilometer weiter im Süden stammte.

In Cuello stießen Archäologen auf Bruchstücke von verkohlten Maiskolben und -körnern. Die ältesten Maiskolben waren noch sehr klein, doch bis in die Vorklassik nahm ihre Größe immer weiter zu. Die erste Siedlungsphase Cuellos reicht von 2500 bis 1300 v. Chr. und wird durch Keramiken vom frühen vorklassischen Typ gekennzeichnet. Cuello stellt daher eines der ältesten Zeugnisse der Kultur der Maya dar.

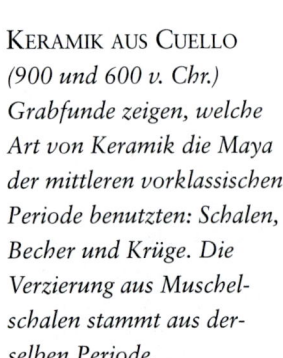

KERAMIK AUS CUELLO
(900 und 600 v. Chr.)
Grabfunde zeigen, welche Art von Keramik die Maya der mittleren vorklassischen Periode benutzten: Schalen, Becher und Krüge. Die Verzierung aus Muschelschalen stammt aus derselben Periode.

Die Wechselbeziehungen zwischen Maya und Olmeken

Über die Phase, die auf die Urgeschichte der Maya folgte und die gemeinhin als mittlere formative Periode bezeichnet wird, liegen mehr Informationen vor. Keramiken aus dieser Epoche finden sich im Norden Yucatáns, in Chiapas und El Salvador. Erstmals war das Mayagebiet komplett besiedelt und die Einheitlichkeit des Keramikstils deutet auf starke wechselseitige Einflüsse zwischen den verschiedenen Regionen hin. Seit Beginn dieser Periode wurden zahlreiche Städte gegründet, die in der Folgezeit große Bedeutung erlangen sollten, wie etwa Tikal und Uaxactún im Nordwesten des Petén, Dzibilchaltún in Nordyucatán und Altar de Sacrificios und Seibal am Río de la Pasíon.

In den ältesten Schichten Seibals wurden rituelle Jadedepots, unter anderem ein olmekisches Stilett, entdeckt. Die Olmeken waren die erste Kulturgruppe Amerikas, die ein so hohes Niveau an gesellschaftlicher Komplexität entwickelte, dass sie als Zivilisation bezeichnet werden kann. Seit 1300 v. Chr. entfalteten sie in der Tiefebene am Golf von Mexiko, in Südveracruz und in Westtabasco eine recht fortschrittliche Gesellschaft.

Ihre Handwerker meißelten Kolossalköpfe in Felsbrocken, die über mehrere Kilometer herantransportiert wurden, und ihr Versorgungsnetz erstreckte sich bis in das Hochbecken von Oaxaca. Die in Seibal entdeckten Opfergaben bezeugen, dass Olmeken und Maya gegen 900 v. Chr. Kontakte miteinander pflegten, doch es ist nicht bekannt, ob die Maya vor diesem Zeitpunkt einen Beitrag zur olmekischen Kultur leisteten oder ob die Olmeken einen Einfluss auf die Mayagesellschaft ausübten.

Zwischen 1300 und 450 v. Chr. beherrschte die olmekische Kulturtradition die westlich von Tehuantepec gelegene Region und drang in das zentrale Becken Mexikos ein, bevor sie ihren Einfluss nach Osten entlang der Pazifikküste des Mayagebiets ausdehnte. Erste öffentliche Massivbauten und monumentale Skulpturen finden sich in San Lorenzo und in La Venta. Sie zeugen von der Existenz einer organisierten und mehrschichtigen Gesellschaft. Die Werke der olmekischen Töpfer und Bildhauer bekräftigen das Vorhandensein einer „Diaspora". An den Hängen der Pazifikküste, im südlichen Teil des Mayagebiets und insbesondere in Tzutzuculi finden sich olmekische Skulpturen. Mehrere Siedlungen wurden nach einem einheitlichen Muster angelegt; das Vorhandensein von Ballspielplätzen gegen Mitte des 1. Jt. v. Chr. spiegelt unter anderem den Beginn einer mesoamerikanischen Tradition wider, die bis in die Kolonialzeit Bestand haben sollte. Die jüngste Entdeckung ist die Miniaturausgabe eines olmekischen Kolossalkopfs auf einer sitzenden Figur, die in einer Nische in Abaj Takalik, im guatemaltekischen Piemont gemacht wurde. Das am weitesten östlich gefundene Beispiel für eine olmekische Skulptur ist ein behauener Fels in Las Victorias, das zur Fundstätte von Chalchuapa im westlichen El Salvador gehört.

Die Olmeken sind auch bis in das Tiefland des Mayagebiets vorgedrungen. Am Jataté in Chiapas stießen Forscher 1968 auf ein wundervolles Flachrelief. Es stellte eine zwei Meter große Person mit einer grotesken Maske und krallenbewehrten Füßen dar, die in ihren Armen ein dickes Bündel hält.

Die mittlere Vorklassik

Die mittlere Vorklassik wird von den Mamom-Keramiken repräsentiert, die gegen 1000 v. Chr. insbesondere in Cuello und Barton Ramie entstanden und sich nach 600 v. Chr. nach Westen quer durch Chiapas verbreiteten. Sowohl die Einheitlichkeit als auch die Verbreitung der Mamom-Keramik lassen sich durch die Entwicklung und nachfolgende Spaltung der Stammesgesellschaften erklären, als das Bevölkerungswachstum die Maya zur Erschließung neuer Gebiete zwang.

Die Mamom-Keramik ist zwar einheitlich, doch die Architektur lässt eine gewisse Vielfalt erkennen. In Altar de Sacrificios befindet sich eine vier Meter hohe Plattform. Andere Plattformen, die breiter als Fundamente für ein normales Wohnhaus sind, wurden im Tal des Flusses Belize und in Dzibilchaltún in Nordyucatán entdeckt.

In Cuello wurden einige aus der frühen Vorklassik stammende Höfe während der mittleren formativen Periode durch etwas breitere Innenhöfe ersetzt, an deren Ende sich ein rechteckiges Gebäude erhob. Eine unter der Schwelle entdeckte Grabstätte und Anzeichen für eine rituelle Zerstörung des Gebäudes um 450 v. Chr. deuten darauf hin, dass es sich hierbei nicht um ein Wohnhaus, sondern vielmehr um ein öffentliches Gebäude gehandelt haben dürfte. Diese Stätte scheint das Zeremonie- und Residenzzentrum der Dorfelite gewesen zu sein. Falls die architektonischen Unterschiede gesellschaftliche Abstufungen widerspiegeln, existierte bereits in der Vorklassik eine Klassengesellschaft.

BEIL AUS SIMOJOVEL
Das im Bundesstaat Chiapas gefundene Votivbeil aus fein poliertem Stein stammt aus dem mittleren Vorklassikum und stellt einen Olmeken dar.

71

Die Verkehrswege des Südens, über die seit 1300 v. Chr. Jade transportiert wurde, wurden während der mittleren Vorklassik bis ins Hochland Südguatemalas verlängert, von wo Obsidian, ein vulkanisches Gesteinsglas, erstmals in großen Mengen in Richtung Tiefland ausgeführt wurde. Die erste ausgebeutete Obsidianlagerstätte liegt in San Martín Jilotepeque, nordwestlich von Guatemala-Stadt. Obsidian wurde über die Berge bis in den Petén transportiert, auf Boote verladen und flussabwärts geschickt.

In Cuello stießen Archäologen in Grabungsschichten aus der Zeit von 1200–1000 v. Chr. auf Perlen und Gehänge aus blauer Jade. Dies spricht für direkte Kontakte zur olmekischen Welt, denn blaue Jade ist im Mayagebiet ausgesprochen selten. Die Olmeken hingegen fertigten zu dieser Zeit herrliche Schmuckstücke aus diesem Material. Der Austausch von Jade und Obsidian im Verlauf der mittleren Vorklassik beweist, dass bereits zu dieser Zeit in einem großen Teil Mesoamerikas ein sehr komplexes Kommunikations- und Handelsverkehrsnetz existierte. Obgleich das Mayagebiet an der östlichen Grenze dieser Sphäre lag, kann doch keinerlei Zweifel daran bestehen, dass es an diesem Netz teilhatte. Die zahlreichen geistigen und religiösen Charakteristika, die die mesoamerikanische Kulturzone verbinden, wurzeln vermutlich in dieser Epoche.

Die späte Vorklassik

Kennzeichnend für die späte Vorklassik (ab 450 v. Chr.) ist die Chicanel-Keramik, die eine gewisse Standardisierung in Form, Endbearbeitung und Dekor erkennen lässt. Hierbei handelt es sich zumeist um einfache Keramiken, bei denen ein leuchtendes Rot vorherrscht. Die Gefäßformen dagegen waren kühner gestaltet – unter ihnen finden sich wahre Meisterwerke. In fast allen Mayastätten fand man Chicanel-Keramiken.

Die aus dieser Zeit stammenden Fundstätten weisen zudem eine innere Gliederung auf. In einigen Orten ist nunmehr eine klare Trennung der zeremoniellen Stätten von den Wohnzonen zu erkennen.

In den Begräbnisstätten finden sich Grabbeigaben wie Rochenstacheln, die für rituelle Aderlässe verwendet wurden, sowie dekorative Muscheln. Die unterschiedlichen Beigaben lassen darauf schließen, dass es innerhalb der Gesellschaft mittellose Men-

NAKBÉ UND DAS MITTLERE VORKLASSIKUM

Das mittlere Vorklassikum (900–400 v. Chr.) galt lange Zeit als Periode der Besiedlung des Tieflands durch verstreut lebende bäuerliche Gemeinschaften. Die ersten Städte wie El Mirador, Tikal oder Uaxactún entwickelten sich erst im späten Vorklassikum.

Aufgrund jüngerer Forschungsergebnisse weiß man jedoch heute, dass es in Nakbé seit der ersten Besiedlung zu einer raschen Entwicklung kam, die sich gleichzeitig mit dem Wachstum der olmekischen Städte vollzog. Der Bau großer öffentlicher Gebäude (Pyramiden mit monumentalen Masken, Ballspielplätze) ist schon aus der Zeit von 700–600 v. Chr. belegt. Daraus lässt sich auf eine einheimische Elite schließen, die in der Lage war, die Bauarbeiten zu koordinieren und ihrem Ansehen Ausdruck zu verleihen. Wir haben es also bereits hier mit einer sozialen Hierarchie zu tun. Auch scheinen sich weitere kleine Zentren, etwa Tintal, in

der Nähe des Einflussbereichs der Hauptstadt befunden zu haben. Es gab damals bereits Monumentalskulpturen, doch waren sie noch recht grob ausgeführt. Einige seltene Gegenstände, wie z. B. eine olmekische Figurine, Muscheln oder Perlen, bestätigen, dass die Stadt in ein Fernhandelsnetz einbezogen war. Da die Grabungen noch nicht abgeschlossen sind, ist es zu früh, Schlussfolgerungen zu ziehen. Sicherlich ist jedoch Nakbé ein Beweis, dass die Zivilisation der Maya früher begonnen hat, als man zuvor vermutete. Auch belegt Nakbé die Existenz einer größeren Bevölkerung.

Letztendlich zeigt diese Stätte die Eigenständigkeit der Mayakultur, die sich parallel zur Kultur der Olmeken entwickelte, während man zunächst davon ausging, dass das Maya-Tiefland zur Zeit der olmekischen Blüte von einfachen bäuerlichen Gemeinschaften besiedelt war.

schen gab und solche, die sich seltene und begehrte Güter leisten konnten. Besonders Menge und Qualität der verwendeten Jade kennzeichnete die gesellschaftliche Stellung des Toten.

Tikal ist ein ausgezeichnetes Beispiel für eine Mayasiedlung, in der am Ende der Vorklassik Veränderungen einsetzten. Nach 250 v. Chr. dehnte sich Tikal zusehends aus und die Entwicklung des zeremoniellen Sektors der nördlichen Akropolis setzte ein, wo zugeschnittene Steine an die Stelle unbehauener Felsen traten. Das beeindruckendste Bauwerk ist eine mehr als 30 Meter hohe und 80 Meter lange Pyramide, die über vier von riesigen Masken flankierte Treppen verfügt. In Lamanai in Nordbelize stießen Archäologen auf eine weitere Kolossalpyramide aus der gleichen Zeit. Auch der größte Teil des riesigen Stadtkomplexes El Mirador im nördlichen Petén, wo sich eine der gigantischsten Pyramiden des Mayagebiets findet, dürfte nach Meinung von Experten aus der späten Vorklassik stammen. Die kleine Mayastätte Cerros an der Nordküste Belizes geht komplett auf die späte Vorklassik zurück. All diese Funde werden jedoch von dem bekanntesten aus der späten Vorklassik stammenden Bauwerk in den Schatten gestellt, der Struktur E VII sub in Uaxactún, die bereits das große Können der vorklassischen Baumeister, Bildhauer und Stuckgraveure bezeugt, sowie das organisatorische Geschick, das zu ihrer Erbauung notwendig war.

In Tikal sind an den Wänden von Grab 166 der nördlichen Akropolis möglicherweise die Mitglieder der herrschenden Oberschicht abgebildet,

FIGURINE AUS CUELLO
Bei dieser Figurine aus dem mittleren Vorklassikum handelt es sich wohl um einen Herrscher von Cuello, der mit Ohrringen und Diadem verewigt wurde.

die in kostbare Gewänder gekleidet einem von Grabbeigaben umgebenen Verstorbenen das letzte Geleit geben. Die Grabkeramik zeichnet sich häufig durch eine spezifische Form aus. Ganz allgemein ist festzuhalten, dass die Gesellschaft der späten Vorklassik sehr komplex war, und zwar sowohl hinsichtlich ihrer Schichtung und Gemeinschaftsorganisation als auch hinsichtlich ihrer verschiedenen beruflichen Spezialisierungen.

Im letzten Jahrhundert der Vorklassik und zu Beginn der Klassik kam es im Tiefland zu kuriosen Veränderungen. Zahlreiche wohlhabende vorklassische Städte wurden aufgegeben oder verkamen, während sich andere entwickelten und wie etwa Tikal zu großen Zentren der klassischen Zeit wurden. Seibal durchlief eine schwere Rezession und Cerros in Nordbelize wurde praktisch aufgegeben. Denn der extreme Wettbewerb zwischen den Zentren, in denen die Bevölkerung immer weiter anwuchs, sowie die gesellschaftliche Differenzierung hatten Krieg, Eroberungen und Entvölkerung zur Folge. Welche Be-

STRUKTUR 5C IN CERROS
Rechts von der Treppe überragt die Stuckmaske der Venus diejenige des Sonnengottes – ein frühes Beispiel der spätvorklassischen Monumentalkunst der Maya.

deutung der Krieg gewann, lässt sich in Becán ablesen, das im Zentrum des Tieflands liegt. Hier wurde ein enorm breiter und tiefer Graben rund um den Sakralbezirk in den Fels gehauen; die Bewohner errichteten zudem eine hohe und breite Befestigungsanlage. Die Erdaufschüttungen setzten dem Feind ein mehr als sechs Meter hohes Hindernis entgegen, das durch eine Holzpalisade noch um ein Drittel höher wurde. Diese massive Befestigungsanlage, für deren Errichtung wohl die Arbeitskraft mehrerer hundert Männer nötig war, wurde höchstwahrscheinlich zwischen 100 und 250 n. Chr. erbaut.

Ausdehnung und Veränderungen am Ende der Vorklassik

Obwohl einige Mayastädte in dieser Periode eine Blüte erlebten, wurden nur an wenigen Orten innovative Keramiken entwickelt, die als für die Frühklassik charakteristisch gelten. Zu ihrer Verzierung wurden nacheinander mehrere feine Tonschichten aufgetragen oder sie wurden vor dem Brennen mit Wachs oder Honig bemalt, wodurch Farbkontraste erzielt wurden. Diese Art der Oberflächenglasur sowie vielfarbige Zeichnungen finden sich auf diversen Keramiken. Zudem wurden neue Formen entwickelt.

In Guatemala entfaltete sich gegen 500 v. Chr. das in einem Tal auf der Linie der kontinentalen Wasserscheide gelegene Kaminaljuyú zu einem imposanten Zentrum, das sich auch während der ausgehenden Vorklassik weiter ausdehnte. Exakt nördlich eines kleinen Sees wurde ein Sakralbezirk errichtet. Die Kartographie des Ortes und die zwischen 1936 und 1942 durchgeführten Grabungen belegen, dass mindestens etwa hundert dieser zum Teil auch größeren Hügel aus der Vorklassik stammen. Archäologen stießen ebenfalls auf zahlreiche Skulpturen und obwohl nur einige von ihnen Inschriften tragen, weisen sie unbestreitbar Ähnlichkeiten mit dem klassischen Mayastil auf.

Merkmale der ausgehenden Vorklassik und der beginnenden Klassik sind: Gewölbe in der Baukunst, Inschriften auf Monumenten und mehrfarbige Keramiken. Im Mayatiefland verbreiteten sich die Monumentinschriften erst ab dem 4. Jh. Zwar wurden bereits in früherer Zeit Zahlzeichen auf Siegeln verwendet, doch erst zu Beginn der Klassik kam es zu einer Kodifizierung des Zahlen- und Schriftsystems. Sie prangten auf öffentlichen Monumenten, um die Macht der herrschenden Dynastie zu festigen.

Das älteste heute bekannte Monument des Tieflands ist die gegen 292 n. Chr. in Tikal errichtete Stele 29. Es weist jedoch nichts darauf hin, dass sie das erste Bauwerk dieser Art war. In den Ruinen von Abaj Takalik an den pazifischen Hängen findet sich eine Datumsangabe des *long count,* die 126 n. Chr. entspricht. Voraussichtlich werden Archäologen in Zukunft auf noch ältere Monumente und Inschriften stoßen.

Aus der Bevölkerungsdichte der späten Vorklassik, dem Vorhandensein von Verteidigungsanlagen in Becán und dem Verschwinden von Siedlungen wie etwa Cerros lässt sich der Schluss ziehen, dass das durch das Bevölkerungswachstum ausgelöste Ausdehnungsbedürfnis zu Kriegen führte. Dabei bildete sich die gesellschaftliche Organisation, die zur Errichtung eines wirksamen Angriffs- und Verteidigungssystems notwendig ist, zu einer herrschenden politischen und kriegerischen Klasse aus. Ähnliches hatte sich 2000 Jahre zuvor im Mittleren Orient bei der Entstehung von Sumer und Akkad abgespielt.

Die zunehmende Bevölkerungsdichte sowie die wachsende Komplexität der Dörfer und der Sakralbezirke spiegeln die zeitgleich ablaufenden Veränderungen in der Organisation der Mayagesellschaft wider. Archäologische Funde belegen, dass sich parallel dazu Handelsnetze entwickelten, die zur Folge hatten, dass sich die Stile in den unterschiedlichsten Handwerksbereichen, etwa in der Töpferei, der Jadebearbeitung und der architektonischen Bildhauerei, mischten. Und eine wachsende Zahl hochbegabter Künstler arbeitete für gebildete Auftraggeber. Doch nach wie vor ist unklar, wie es zu den Veränderungen kam, die letztlich den Eintritt der noch in den Anfängen steckenden Zivilisation der späten Vorklassik in das klassische Zeitalter kennzeichnen.

STELE 11 VON KAMINALJUYÚ
Die heute im Nationalmuseum für Archäologie in Guatemala ausgestellte Granitstele aus dem späten Vorklassikum veranschaulicht die komplexe Glaubenswelt der damaligen Zeit. Die Gottheit ist von Voluten und anderen Motiven umgeben, deren Symbolik noch nicht enträtselt ist.

Das klassische Zeitalter

Das klassische Zeitalter lässt sich in vier Perioden, in Frühklassik (250–400 n. Chr.), Hochklassik (400–700 n. Chr.), Spätklassik (700–800 n. Chr.) und Endklassik (800–900 n. Chr.) unterteilen. Während der Hochklassik dehnte die bedeutende Stadt Teotihuacán im zentralen Becken Mexikos ihren Einfluss auf den gesamten südlichen Teil Mesoamerikas aus. Von 400 bis 550 n. Chr. knüpfte Teotihuacán Kontakte zu zahlreichen Zentren des Mayagebiets, wie etwa Tikal, Copán und Kaminaljuyú, wovon deren Skulpturen, Keramiken, bildliche Darstellungen und die Baukunst zeugen. Einige Wissenschaftler deuteten dies sogar dahingehend, dass es zu einer faktischen Machtübernahme Teotihuacáns über die stark beeinflussten Städte wie Kaminaljuyú kam.

GEFÄSS MIT BILDNIS
Mit den umrandeten Augen, den nach unten gezogenen Mundwinkeln und der vorspringenden Nase erinnert die auf diesem Mayagefäß dargestellte Gestalt an das aus Zentralmexiko stammende Bild des Tlaloc.

Der nachhaltige Einfluss Teotihuacáns, das bereits zu Beginn der Hochklassik zwischen 125 000 und 200 000 Einwohner zählte, ist erst seit kurzem bekannt. In Tikal zeigt Stele 31, wie sein Herrscher „Sturmhimmel" von Kriegern flankiert wird, die für Teotihuacán charakteristische Merkmale aufweisen. Auf verzierten Keramiken entdeckten Forscher die Glotzaugen Tlalocs, der Teotihuacáner Entsprechung des Maya-Regengotts Chac. Sie finden sich ebenfalls auf dem Bauwerk mit der Bezeichnung Struktur 5D-43, dessen Baustil eine Mischform aus dem Stil der Maya und dem Stil Teotihuacáns darstellt. Dieses Gebäude, das manchmal scherzhaft „Botschaft von Teotihuacán" genannt wird, befindet sich an einem strategisch wichtigen Ort im Zentrum Tikals. Seine Lage ist hervorragend dazu geeignet, alle zeremoniellen Aktivitäten und den Großteil des wirtschaftlichen und politischen Lebens dieses großen Mayazentrums zu steuern. Einige Wissenschaftler stellten die Hypothese auf, dass der Herrscher „Hakennase" seine Thronbesteigung durch die Eheschließung mit einer Tochter aus altem Tikaler Adel legitimierte. Die auf Stele 31 dargestellten Krieger legen die Vermutung nahe, dass „Hakennase" durch militärisches Eingreifen an die Macht gelangt sein könnte.

DER NIEDERGANG VON TEOTIHUACÁN

In der klassischen Periode kamen die bedeutendsten Fremdeinflüsse sicherlich aus Teotihuacán, der mächtigen Metropole in Zentralmexiko. Das belegen Bauwerke in Talud-Tablero-Technik, die damals in einigen Mayastädten entstanden. Aber es gibt auch andere Hinweise, so etwa die häufig auftretenden Darstellungen Tlalocs, die Verwendung von grünem Obsidian aus Teotihuacán sowie die Anfertigung bzw. die direkte Einfuhr von Keramik im Teotihuacán-Stil. Unübersehbar ist dieser Einfluss in Tikal, der bedeutendsten Stadt des Tieflands, und in Kaminaljuyú im Hochland. In Fachkreisen wurde der Niedergang Teotihuacáns lange auf 650 n. Chr. datiert. Die Überprüfung der Chronologie der Stadt führte jedoch zu dem Schluss, dass der Zusammenbruch vermutlich schon um 550 stattfand. Diese Korrektur hat wichtige Folgen für das Gebiet der Maya, denn das Datum entspricht dem Hiatus von 534 bis 593 n. Chr., d. h. einer Periode, in der ein eindeutiger Stillstand aller Aktivitäten zu erkennen ist. In Tikal wurden keine Stelen mehr errichtet, und die Mayametropole wurde von der Koalition aus mehreren Städten besiegt. In Anbetracht der starken Bindungen zwischen dem Mayagebiet und Teotihuacán liegt es nahe, dass der Niedergang Teotihuacáns zu erheblichen Veränderungen in der Region führte.

Archäologen konnten den Einfluss Teotihuacáns auch an mehreren anderen Orten des Tieflands nachweisen. In Altun Ha, einer kleinen Siedlung in der Küstenebene von Belize, entdeckten sie eine Grabstätte, in der sich eine Maske aus Obsidian, einem vulkanischen Gesteinsglas, befand. Dieser Obsidian stammt nachweislich aus einer Lagerstätte bei Teotihuacán und auch die Disposition der Maske erinnert an die für Teotihuacán üblichen Opfergaben.

Die Entdeckung eines Tongefäßes in Becán führte zu dem Schluss, dass im Zuge der Kontakte zwischen den beiden Kulturen auch Kenntnisse der Rituale vermittelt wurden. Auch hier fand sich ebenso wie in mehreren anderen Fundstätten grüner Obsidian. Dies ist zwar ein Beweis für die Handelsbeziehungen, die zu Zentralmexiko unterhalten wurden, sagt jedoch nichts über den Einfluss aus, den Teotihuacán auf die Mayakultur ausgeübt haben muss.

Im Hochland sind die Beweise für die kulturelle Präsenz Teotihuacáns noch eindeutiger. Neuere Forschungsarbeiten in Kaminaljuyú weisen diese Siedlung als Sitz eines Stammes aus, der fünf Unterstämme umfasste. Einer dieser Unterstämme hatte vermutlich eine Gruppe Teotihuacanos aufgenommen, die wahlweise als Aristokratie kampflustiger Krieger oder Ansiedlung mächtiger Kaufleute eingeschätzt wird. Die Lage Kaminaljuyús auf der kontinentalen Wasserscheide, Lagerstätten, etwa von Obsidian, sowie die Nähe zu einer Region, die für den Kakaoanbau geeignet war, sprechen dafür, dass sein Wohlstand ebenso wie die Anziehungskraft, die es auf Teotihuacán ausübte, wirtschaftlich begründet waren.

Einige Geschichtswissenschaftler sehen in dem Abbruch der direkten Beziehungen zu Teotihuacán den Grund dafür, dass zwischen 534 und 593 n. Chr. in der zentralen Region des Tieflands keine Stelen errichtet wurden. Dieser wirtschaftliche Schock hatte wohl politische Auswirkungen, und die endgültige Zerstörung Teotihuacáns im 8. Jh. dürfte noch katastrophalere Auswirkungen auf die Mayazivilisation der späten Klassik gehabt und nach Einschätzung der Wissenschaft den Niedergang und die Aufgabe zahlreicher großer Städte nach sich gezogen haben.

Nach dieser Unterbrechung gewann der Stelenkult wieder an Geltung und mit dem Beginn der spätklassischen Phase trat die Zivilisation der Maya in ihre spektakulärste Periode ein. In Tikal kam es nach der Thronbesteigung einer neuen Dynastie zur Errichtung von Kolossalbauten – sechs große Tempel und zahlreiche Gruppen von Zwillingspyramiden, die mit dem Tempel der nördlichen Akropolis und den Palästen der zentralen Akropolis einen beeindruckenden Sakralbezirk bilden.

STELE 31 VON TIKAL
Diese frühklassische Stele bezeugt den Einfluss Teotihuacáns auf Tikal. Die hier dargestellte Gestalt trägt eine Tlaloc-Maske auf dem Arm und ist von den Attributen Teotihuacáns umgeben.

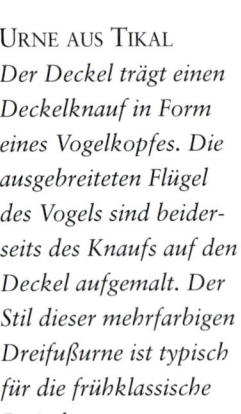

Ende des 8. Jh. erreichte der Stelenkult seinen Höhepunkt. Zwischen 9.15.0.0.0 (731 n. Chr.) und 9.18.0.0.0. (790 n. Chr.) wurden mehr Stelen errichtet als je zuvor. Im 9. Jh. erlebte dieser Kult jedoch einen raschen Niedergang – die großen Sakralbezirke wurden aufgegeben und vom tropischen Wald überwuchert. Wissenschaftler können jedoch nicht definitiv sagen, ob dieses Phänomen bereits unmittelbar nach der Errichtung der letzten Monumente einsetzte. In manchen Städten scheinen der Sakralbezirk und die Wohnbezirke auch noch mehrere Jahrhunderte nach Errichtung der letzten Stele genutzt worden zu sein. Hierfür ist Pusilha in Südbelize ein typisches Beispiel. Die letzte datierte Stele trägt das Datum 9.15.0.0.0, aber die Siedlung wurde noch etwa ein Jahrhundert lang genutzt, und so lange waren hier auch noch Töpfer tätig. Pusilha führte ebenfalls Keramikfigurinen aus Lubaantun ein. Diese Stätte erblühte von 700 bis 850 n. Chr., ohne dass hier in diesen anderthalb Jahrhunderten eine einzige Stele errichtet wurde. Infolge der Entvölkerung und des Aufgebens der Städte wurden keine Stelen mehr errichtet.

URNE AUS TIKAL
Der Deckel trägt einen Deckelknauf in Form eines Vogelkopfes. Die ausgebreiteten Flügel des Vogels sind beiderseits des Knaufs auf den Deckel aufgemalt. Der Stil dieser mehrfarbigen Dreifußurne ist typisch für die frühklassische Periode.

Der rätselhafte Niedergang einer Zivilisation

Der Niedergang der klassischen Zivilisation im 9. Jh. ist vermutlich der bekannteste Aspekt der Mayageschichte. Seit sich Stephens in Palenque über den „Anblick dieser einst so bedeutenden und wundervollen, nun eingestürzten, verlassenen und vergessenen Stadt [wunderte], die nur durch Zufall entdeckt wurde, die in kilometerweitem Umkreis von Urwald überwuchert wird und die nicht einmal einen Namen besitzt, mit dem man sie hätte bezeichnen können", beschäftigt die Frage, warum diese einstmals so blühenden und von Leben erfüllten Städte aufgegeben wurden, Fachleute und Laien gleichermaßen.

IMPULSE DER METROPOLE TEOTIHUACÁN

Teotihuacán beherrschte das gesamte zentralmexikanische Hochland und beeinflusste auch das Mayaland. Die Dynastie von Tikal unterhielt Beziehungen zu Teotihuacán, und man findet zahlreiche Belege für Handelsbeziehungen. Am stärksten wurde die Macht Teotihuacáns im Hochland von Guatemala spürbar.

In Kaminaljuyú, einer Ruinenstätte am Rand der heutigen Guatemala-Stadt, gibt es viele Hinweise auf den Einfluss Teotihuacáns. Hierzu zählen die Talud-Tablero-Architektur (Fassadengliederung mit vertikalen, von Schrägen begrenzten Rechteckflächen), die von Motiven der Metropole inspirierten Skulpturen, die Keramik sowie der grüne Obsidian. Außerdem lassen verschiedene Grabstätten vermuten, dass in Kaminaljuyú eine auf Dauer niedergelassene Gemeinschaft aus Teotihuacán lebte.

Kaminaljuyú lag am Endpunkt einer echten Straße, die von Matacapan bis Veracruz verlief, vielleicht Horcones und Chiapas einschloss. An dieser Verkehrsachse, die Kaminaljuyú so empfänglich für fremde Einflüsse machte, lagen auch andere Städte, wo sich der Aufstieg der Metropole Teotihuacán ähnlich äußerte. Vielleicht findet man in Kaminaljuyú und im Hochland auch den Ursprung der mayanischen Merkmale, die in Teotihuacán festzustellen sind.

Zahlreiche Theorien betrachten ungünstige, von Natur und Menschen ausgehende Einflüsse als möglichen Grund für den Niedergang. So wurde beispielsweise die Hypothese aufgestellt, dass sich die Anbaubedingungen aufgrund des intensiven Ackerbaus verschlechterten, dass der Boden ausgelaugt und die Krume weggespült worden war. Zudem soll das Unkraut so stark gewuchert haben, dass die Maya das Land nicht mehr bestellen konnten.

Andere Theorien erklären das Phänomen mit gesellschaftlichen Gründen. Demnach hätten Unzulänglichkeiten im Gesellschaftsaufbau der Maya zu einer inneren Auflösung geführt oder eine von außen kommende Invasion begünstigt. Eric Thompson denkt, dass die Bauern gegen übermäßige Steuern und die immer zahlreicher und exotischer werdenden Kulte, die sie finanzieren sollten, rebellierten. Die sich öffnende Kluft zwischen Herrschern und Beherrschten löste eine blutige Revolution aus, die die Vernichtung der Elite, ihrer Tempel und Paläste und damit die Rückkehr zu einer weniger organisierten bäuerlichen Gesellschaftsform zur Folge hatte. Es gibt die Hypothese, dass von Yucatán oder vom Golf von Mexiko aus Krieger in das Mayagebiet eindrangen, die indirekt den Zusammenbruch auslösten.

Vor kurzem wurde eine sehr viel komplexere Erklärung für die Auflösung der Mayazivilisation vorgebracht, die folgendes Szenario entwirft: Mit dem Niedergang Teotihuacáns endete auch dessen Einfluss auf die lokalen Eliten der Maya, wodurch diese immer größere Selbstständigkeit erlangten. Sie begannen damit, ihre Macht gegenüber ihren Untergebenen sowie ihren Nachbarn und Rivalen immer stärker zu behaupten, was sie durch immer vollkommenere Tempel erreichten. Die gesellschaftliche Kluft zwischen der Elite und dem Volk verbreitete sich zusehends. Die Zugehörigkeit zur Elite wurde erblich und dem Volk wurden erdrückende Abgaben auferlegt.

TAFEL AUS TONINÁ
Für die Einwohner Toninás, einer Kriegerstadt, gehörte die Gewalt zum Alltag – dies verrät der auf dieser Tafel dargestellte Gefangene. Die Eroberungen Toninás reichten bis zum Usumacinta-Tal.

Die Bevölkerungsdichte nahm zu, wodurch die Nahrungsreserven erschöpft wurden, was intensivere Anbaumethoden erforderlich machte. Um dem wachsenden Bedarf an neuen Ackerflächen gerecht zu werden, wurden die Gebiete, die zwischen benachbarten Gemeinschaften lagen, gerodet. Der Nahrungsmangel, der sich anhand von Skeletten aus der späten Klassik belegen lässt, schwächte die Widerstandsfähigkeit der Bevölkerung gegenüber einheimischen Krankheiten, die sich epidemieartig ausbreiteten. Der allgemeine Bevölkerungsrückgang wäre somit auf Krieg, Mangelernährung und Krankheit zurückzuführen.

Es entwickelte sich ein Teufelskreis: Wurde das Nahrungsangebot knapper, führte die daraus resultierende Mangelernährung zu einem Absinken der Arbeitseffizienz. Die Elite war davon zunächst ausgenommen, da ihre Lebensmittelversorgung gesichert war (was sich wiederum an entsprechenden Skelettfunden ablesen lässt). Auch die Bauern waren nicht betroffen, da sie ihre Nahrung mit Erzeugnissen des Waldes aufbessern konnten. Die Ersten, die unter der Mangelernährung zu leiden hatten, waren daher die Verwaltungsbeamten und die Handwerker, die Schreiber und die Boten, von denen die Verteilung der Lebensmittel und die Organisation der Gesellschaft abhingen. Laut Eric Thompson haben solche Bedingungen einen Volksaufstand gegen die Herrschenden ausgelöst, in dessen Verlauf das Mayagebiet eine leichte Beute für seine Nachbarn war, die sich in einer ähnlichen Situation befanden.

Selbst in der Zeit nach dem Niedergang, der den archäologischen Spuren zufolge mit einer massiven Entvölkerung und dem anschließenden Verfall des künstlerischen, politischen und geistigen Lebens endete, lebte das Volk auch weiterhin in den tropischen Wäldern, insbesondere in der Nähe von Seen und entlang der Küste. In Nordyucatán wurde ein höheres Bevölkerungs- und Organisationsniveau aufrechterhalten als in anderen Regionen.

CALAKMUL – EINE GEWICHTIGE RIVALIN

Tikal war zweifellos die größte Mayametropole der klassischen Periode. Im zentralen Tiefland teilte sich die Stadt jedoch die Macht mit Calakmul. Beide waren Hauptstädte expansionsorientierter Staaten, die sich über Tausende von Quadratkilometern erstreckten. Dort befanden sich auch mehrere andere Großstädte, die man heute als Regional- oder Mittelzentren bezeichnen würde. Mit einer über 1500-jährigen Besiedlungsgeschichte, die vom mittleren Vorklassikum bis zum späten Nachklassikum reicht, hat die riesige Stadt Calakmul die umliegenden Gebiete, das Petén-Gebiet in Guatemala, das Gebiet des Río Bec sowie den Süden von Quintana Roo stark beeinflusst. Verschiedene wissenschaftliche Erkenntnisse aus dem Kerngebiet des Petén lassen vermuten, dass die regionale Bedeutung Calakmuls im 6./7. Jh. n. Chr. wuchs. Zu Beginn der spätklassischen Periode verbündeten sich mehrere von Tikal unterworfene Städte mit Calakmul. Das verblüffendste Beispiel ist Dos Pilas mit seiner aus Tikal stammenden Dynastie, die sich lange loyal verhielt und doch schließlich zu Calakmul überlief. Eine Stele in Calakmul bezeugt außerdem die Anwesenheit des Herrschers von Dos Pilas bei der Krönung eines Gouverneurs von Calakmul.

Die Nachklassik

Als Nachklassik wird die Periode bezeichnet, die auf die Aufgabe der Zentren im tropischen Wald folgte. Sie endete mit der durch die spanische Eroberung verursachten Katastrophe. Zwar wurde der zyklische Kalender zu dieser Zeit nach wie vor verwendet, doch der *long count* kam in nachklassischer Zeit außer Gebrauch. In dieser Periode finden sich auch keine in Stein gemeißelten Monumentinschriften mehr. Die Forscher sind für diese Epoche wiederum auf die Datierung nach der C-14-Methode angewiesen.

Die Nachklassik wird in eine frühe (900–1250 n. Chr.), eine mittlere (1250–1450) und eine späte Periode (1450 bis zur Zeit der spanischen Eroberung) unterteilt.

Die frühe Nachklassik wird durch das Aufkommen toltekischer Bauten im Nordsektor des Sakralbezirks von Chichén Itzá, der wichtigsten Stadt dieser Epoche, gekennzeichnet. Wie sich das Eindringen der Tolteken genau abspielte, bleibt ungewiss. Möglicherweise hatte eine Gruppe von Mexikanern aus dem Hochland die zentrale Hochebene verlassen, um in Yucatán einen neuen Staat zu gründen. Eventuell ging der mexikanische Einfluss auch von den Putún-Maya der Tabascoküste aus, die eine Ausdehnung ihres wirtschaftlichen und politischen Herrschaftsgebiets anstrebten. Die plausibelste Antwort ist die, dass tatsächlich Mexikaner in das Mayagebiet eindrangen. Dies hatte einen kulturellen Wandel in Chichén Itzá und den Machtantritt einer neuen Regierung zur Folge.

In Chichén Itzá werden die Architektur und die Kunst des Nordsektors nun von anderen Traditionen als denen der Maya beherrscht. Der neue Stil weist zahlreiche Parallelen zu Tula, der toltekischen Hauptstadt nördlich des mexikanischen Beckens, auf. So-

DIE TOLTEKEN IN CHICHÉN ITZÁ Chacmools *und gefiederte Schlangen sind ein Beweis für den toltekischen Einfluss auf Chichén Itzá, die bedeutendste Stätte der frühen nachklassischen Periode.*

wohl die vier Treppen des *Castillo* als auch der Wald aus viereckigen Säulen rund um den Marktplatz und den Kriegertempel, die mit Totenköpfen verzierte Plattform des *tzompantli* und der Akzent, der auf die Menschenopfer gesetzt wird, die auf den Skulpturen des Ballspielplatzes dargestellt werden, zeugen von fremden Einflüssen, die im 9. Jh. und vielleicht sogar noch früher eingesetzt haben könnten.

Zumindest eine Episode dieser Expansion kann ganz genau datiert werden, und zwar der Zug der yucatekischen Völker nach Süden um das 10. Jh., nämlich während der Periode, die auf den Zusammenbruch im Süden folgte. In Nohmul im Norden Belizes bedecken die Steingebäude nördlichen Stils direkt den gegipsten Boden der Häuser aus der spätklassischen Zeit des 8. und 9. Jh. und die Grabstätten, die yucatekisch inspirierte Keramiken enthalten, weisen Merkmale beider Baustile auf. Der Sakralbezirk von Nohmul birgt neue Gebäude. Einige wurden vor die Treppen der verlassenen Bauwerke aus der klassischen Zeit gesetzt, darunter auch eine runde Struktur, die dem Caracol in Chichén Itzá ähnelt, und ein viereckiges Bauwerk, das an die ebenfalls in Chichén Itzá verbreiteten klosterförmigen Bauten erinnert. Diese Fundstätte zeugt davon, dass sie während der gesamten Periode des Niedergangs und der Zeit, als neue Eliten aus dem Norden eindrangen, bewohnt war. Wie lange blieben die Häuser der klassischen Zeit bewohnt? Darüber können nur weitere Grabungen Aufschluss geben.

Die Archäologen konnten etwa beweisen, dass das im Tal des Flusses Belize gelegene Barton Ramie auch während der frühen Nachklassik weiterhin bewohnt war. In dem Jahrhundert, das auf den allgemeinen Niedergang folgte, nahm die Bevölkerungsdichte in dieser Stadt nur geringfügig ab, auch wenn sie dann schließlich aufgegeben wurde.

Etwa 1250 n. Chr. vollzogen sich in Nordyucatán tief greifende Veränderungen. Das Machtzentrum verlagerte sich von Chichén Itzá in das südöstlich von Mérida gelegene Mayapán, das zur neuen Mayahauptstadt aufstieg. Die Dokumente der Maya enthalten Hinweise darauf, dass in dieser Stadt die politische Macht konzentriert wurde. Unter der Oberherrschaft der Cocom-Dynastie wurde die lokale Aristokratie dazu gezwungen, in Mayapán wie in einem goldenen Käfig zu leben. Obwohl der Haupttempel Mayapáns eine kleinere Kopie des Castillo von Chichén Itzá darstellt, ist der Grundriss der Siedlung auf dem gesamten Mayagebiet einzigartig. Die Häuser standen eng aneinander gedrängt und wurden von einer Verteidigungsmauer umgeben. Mauern innerhalb der Stadt trennten den Sakral- vom Wohnbezirk. Auf gewisse Weise wurde in Mayapán bewusst ein Bezug zur jüngsten Mayavergangenheit hergestellt. Beispielsweise wurde der Stelenkult wieder eingeführt und es wurde wieder üblich, Gebäude um einen geschlossenen Innenhof zu gruppieren. Die Schlangensäulen und die Säle mit Kolonnadenreihen spiegeln jedoch den architektoni-

DER MAYAGOTT KUKULKÁN

Kukulkán, im Nachklassikum der oberste Gott der Maya, war gleichzeitig Schöpfergott, Herrscher über die vier Elemente sowie die Gottheit der Auferstehung und Reinkarnation.

Sein Ursprung geht auf die Tolteken zurück, die zwischen 950 und 1168 n. Chr. ein Gebiet besetzt hielten, das in etwa dem heutigen Bundesstaat Hidalgo entspricht. Die Attribute von Kukulkán sind denjenigen des toltekischen Gottes Quetzalcóatl (Gefiederte Schlange) entliehen. *Quetzal* ist der Nahuatl-Ausdruck für einen Vogel mit kostbarem Gefieder, und *cóatl* bedeutet Schlange. Diese Doppelbezeichnung hat einen Sinn, denn Quetzalcóatl symbolisierte die Verschmelzung von Erde (Schlange) und Himmel *(Quetzal)*. Als Kulturbringer soll dieser toltekische Gott seinem Volk unzählige Kenntnisse vermittelt haben, so etwa über die Landwirtschaft und den Kalender.

Die Einführung des Quetzalcóatl-Kults in Yucatán geht angeblich auf die Itzá, ein Mayavolk aus Chontalpa im heutigen Bundesstaat Tabasco, zurück. Diese stark mexikanisierte Gruppe hatte ihn übernommen und der übrigen Mayawelt aufgezwungen. Doch der bei den Tolteken so friedfertige Gott wurde bei den Maya zum Krieger. Ihm ist die Einführung blutiger Kulte und Menschenopfer zuzuschreiben.

MAYAPÁN
In der nachklassischen
Periode machten Wander-
bewegungen und Konflikte
Yucatán unsicher. In dieser
Region war die Festungs-
stadt Mayapán nur ein
schwacher Abglanz von
Chichén Itzá.

schen Einfluss des toltekischen Chichén Itzá wider. Entlang der Ostküste Yucatáns wurden mehrere weitere befestigte Städte errichtet. Tulúm und Ichpaatún werden im Osten
vom Meer geschützt. Auch in diesen beiden Städten wurden Stelen errichtet, allerdings
scheinen hier alte Monumente wieder verwendet worden zu sein, die aus anderen Orten
stammten. Dies lässt sich an ihren wesentlich älteren hieroglyphischen Datumsangaben
ablesen. Unlängst entdeckten Archäologen einen weiteren Fall von „Recycling" in einer
kleinen Fundstätte in Nordbelize. Diese Bauten wurden vielleicht aus einer verlassenen
Stadt im Petén über den Río Hondo herantransportiert, um die Mayakultur der Nachklassik mit der verlorenen klassischen Vergangenheit zu verbinden. Ein weiteres Beispiel
für dieses Erbe zeigt sich darin, dass die verlassenen Städte der klassischen Zeit zu Pil-
gerzentren wurden. In Nordbelize entdeckten Archäologen bei fast allen großen klassischen Pyramiden Überreste von Räuchergefäßen, die die Pilger verwendet hatten.

Eine Einheit voller Kontraste

Die vor der Halbinsel Yucatán gelegene Insel Cozumel war ein bedeutendes Zentrum der
Nachklassik. Zur Zeit der spanischen Eroberung befanden sich hier das Hauptheiligtum
der Göttin Ixchel, ein Pilgerzentrum und ein wichtiger Handelshafen. Der größte Teil der
Insel war von einem Netz von Einfriedungsmauern überzogen, ein Beleg dafür, dass der
Grund und Boden nach einem allgemeinen Plan in Parzellen aufgeteilt war. Dies war eine
in großem Maßstab ausgeführte Version der Parzelleneinteilung Mayapáns. In Küstennähe stießen Archäologen auf massive Plattformen, die dazu gedient haben könnten,

TEMPEL DER FRESKEN
Die architektonisch einfach gehaltenen Tempel von Tulúm spiegeln eine neue Form des Städtebaus.

Handelsgüter zu lagern, bevor sie auf Schiffe verladen wurden. Um diese Plattformen anzulegen, war ein enormer Arbeits- und Materialaufwand nötig, und ihr Vorhandensein bekräftigt die Theorie, laut der die Nachklassik den Siegeszug einer neuen Handel treibenden Elite erlebte. Es war gewiss etwa zu dieser Zeit, als die neuen Keramikgefäße immer mehr die Form von Verpackungen annahmen und der Massenhandel entstand. Möglicherweise wurde die Umschiffung der Insel mit dem Kanu von den Stämmen der Putún erschlossen, doch erst im 8. Jh. machten die Bewohner Cozumels aus dieser Strecke eine Pflichtpassage.

Die Siedlungsfläche der Maya erstreckte sich damals von der Küste Quintana Roos bis nach Belize. Nach dem Niedergang Mayapáns Mitte des 15. Jh. zergliederte sich die Halbinsel in kleine Staaten, die häufig miteinander in Streit lagen. Trotz dieser politischen Spaltung blieb die kulturelle Einheit der Maya gewahrt und vermutlich dank der langen Handelsrouten wurden ihre Kontakte zu anderen Gebieten aufrechterhalten. In Santa Rita in Belize findet sich ein Bauwerk, dessen Wandmalereien einen teilweise von den zentralen Hochebenen Mexikos entlehnten Stil aufweisen. Ähnliches ist auch weiter die Küste hinauf in Tulúm anzutreffen. Die Azteken Zentralmexikos trieben mit der Westküste der Halbinsel Handel und zu der Zeit, als die spanische Eroberung einsetzte, scheinen sie eine Eingliederung des Mayagebiets in ihr Reich geplant zu haben. In entgegengesetzter Richtung fuhren Kanus nach Südosten bis nach Costa Rica und Panama.

Auch in der Nachklassik bestanden Kontakte zu den Maya des Hochlands, doch kulturell gesehen durchlief dieses Gebiet eine gesonderte Entwicklung, die mehr mit Zentralmexiko verbunden war. Menschen, die zur Nahua-Sprachgruppe gehörten (*nahuatl* war die Sprache des Aztekenreichs) begaben sich auf Wanderungen und drangen bis nach El Salvador vor. Diese Einwanderer stellten eine Komponente der Beziehungen zwischen Zentralmexiko und dem Mayahochland dar und dürften zur politischen Zersplitterung der Hochebene und zur Schaffung einer Vielzahl miteinander streitender Reiche beigetragen haben.

Aus archäologischer Sicht zeigt sich dies in den Städten der Nachklassik. Sie liegen auf Bergkämmen und sind nur über schmale Straßen zu erreichen. Ein charakteristisches Beispiel für eine solche Stadt ist Iximché. Sie war die Hauptstadt der Cakchiquel, bis die Spanier sie 1524 im Sturm eroberten und zur ersten kolonialen Hauptstadt Guatemalas machten. In diesen Städten flankieren massige Tempelpyramiden und lange Gebäude mit Galerien kleine Plätze, während sich an einer der beiden Stirnseiten Herrscherpaläste erheben. Archäologen legten mehrere dieser Metropolen frei, so etwa Utatlán und Zaculeu. Diese Städte und ihre Zivilisation scheinen kulturell eher ein östlicher Ausläufer des mexikanischen Hochlands als Erben der klassischen Mayatradition gewesen zu sein.

Im Jahr 1513 war Ponce de León der erste Europäer, der Yucatán entdeckte. Am 1. März 1517 wurden circa 30 Maya an Bord des Flaggschiffs von Hernández de Córdoba gebracht, das vor Cabo Catoche nordöstlich von Yucatán vor Anker lag. Im Jahr 1542 gründete der Gouverneur Don Francisco de Montejo Mérida und machte daraus die spanische Hauptstadt Yucatáns. Im Jahr 1697 mussten sich die Maya von Tayasal im Herzen des Petén Martín de Ursua ergeben. Die spanische Eroberung dauerte 180 Jahre. Allerdings gelang es der spanischen Krone in dieser Zeit nicht, das östliche Quintana Roo und diverse Teile Belizes unter ihre Kontrolle zu bringen. Die letzte Schlacht zwischen Maya und Briten, die Belize kontrollierten, fand 1872 in Orange Walk statt. Der Krieg der Kasten, in dessen Verlauf die Maya beinahe die Armee der mexikanischen Föderation schlugen, wurde 1855 offiziell beendet.

Die Cruzob-Maya blieben de facto noch fast ein Jahrhundert lang unabhängig. Während der Kolonialzeit überlagerte sich die nominelle Oberherrschaft der Europäer häufig mit der kulturellen Unabhängigkeit. So blieb

EROBERUNG DER MAYA
Diese Radierung von Théodore de Bry vermittelt eine Vorstellung von der Gewalt, die Pedro de Alvaro zur Unterwerfung der Maya im Hochland von Guatemala einsetzte.

beispielsweise in Lamanai, an der New River Lagoon in Nordbelize, eine große klassische Siedlung bis in die Nachklassik bewohnt, bevor hier eine spanische Kirche errichtet wurde. Als die Mönche sie 1644 aufgaben, bestatteten die Maya ihre Toten weiterhin hier. Die Grabkeramiken waren dabei identisch mit denen, die vor der Invasion verwendet worden waren. Abgesehen von der immer noch vorhandenen Kirchenruine finden sich hier keine Anzeichen dafür, dass die spanische Eroberung jemals stattgefunden hat.

Heute haben sich nahezu alle der zwei Millionen Maya in die modernen Staaten, in denen sie leben, integriert, obwohl die Gemeinschaften im Hochland ihre Traditionen bewahren und nur auf dem Umweg über die Ladino-Beamten und -Händler mit der Außenwelt in Kontakt treten. In Yucatán und in Belize sind die Maya stärker in die politischen und wirtschaftlichen Prozesse der modernen Welt eingebunden.

Der Mythos vom Zerfall

Nur wenige Themen waren so umstritten wie der geheimnisvolle Niedergang der klassischen Mayastädte. Trockenheit, Umweltkatastrophen, die Erschöpfung des Bodens, Kriege, Aufstände – alle diese Theorien wurden heftig diskutiert. Doch der Fortschritt des Wissens hat die Sichtweise langsam verändert.

So wissen wir heute, dass viele Städte im Zentrum des Petén wie Tikal, Calakmul, Copán und Palenque im 9. Jh. einen allmählichen Niedergang bzw. einen brutalen Zusammenbruch erlebten. Am deutlichsten äußerte sich diese Krise durch den Stillstand beim Errichten von Monumenten. Die Ursachen für diesen Zusammenbruch waren nicht überall gleich. So fiel Dos Pilas oder Toniná Überfällen zum Opfer; Copán dagegen erholte sich nicht von der Gefangennahme seines Herrschers 18-Kaninchen. Dasselbe galt für Calakmul, ggf. auch für Palenque.

Da das Phänomen des Niedergangs eine große Anzahl von Städten betrifft, kommt man nicht umhin, allgemein gültige Erklärungsmodelle zu suchen. So waren die Städte offenbar aufgrund ihres (zu) raschen Wachstums geschwächt. Durch den Mangel an Ressourcen waren sie nicht mehr in der Lage, Staatsgeschäfte zu bewältigen, die prestigeträchtige Arbeiten beinhalteten. Außerdem waren sie in ständige Konflikte verwickelt und beim kleinsten Zwischenfall verwundbar. Hinzu kam das komplizierte Beziehungsgeflecht, das die Städte untereinander hatten. Hatte eine Stadt mit Problemen zu kämpfen, so griff die Krise mitunter rasch auf die anderen über.

Andere Regionen dagegen nutzten die Katastrophen, die das Gebiet des Petén heimsuchten. Die Entfaltung und die Blütezeit des Río-Bec-, Chenes- und Puuc-Stils erfolgten zu derselben Zeit wie der Niedergang der Zentralregion. Die genannten Gebiete hatten über das 10. Jh. hinaus Bestand, wobei sich in Chichén Itzá andere Formen der Macht entwickelten. Auch erlebten die Putunes und die Chontales, die Mayavölker von Tabasco und Campeche, keinen Niedergang, sondern versuchten, zerfallende Städte wie Seibal neu zu beleben. Schließlich blieben auch etliche Zentren, vor allem in Belize, ohne größere Probleme bestehen, vielleicht wegen ihrer Randlage oder der geringeren Einbindung in das System der Großstädte. Das galt für Nohmul oder Lamanai, aber auch für die Städte am Rand des Hochlands oder in Yucatán.

DIE LETZTEN HERRSCHER
Während viele Städte in eine Krise gerieten, nutzten andere die Lage und festigten ihre Macht. In Toniná beherrschte der letzte bekannte Souverän die Region noch im Jahr 909, bis er nach einem Überfall unterlag.

STATUE AUS YUCATÁN

Die Städte in Yucatán waren von den Orten des Zusammenbruchs weit entfernt. Sie führten sogar Neuerungen ein und entwickelten eigene Stilarten, ohne ihre Identität als Maya zu verlieren, wie diese vollplastische Statue aus Cumpich zeigt.

RENAISSANCE DES PETÉN-GEBIETS

Einige Städte im Petén waren nie ganz verlassen worden. Kleine Bevölkerungsgruppen führten ihre Aktivitäten fort, was an Orten wie Topoxté zu einer Renaissance führte. Durch die Ankunft der vor Auseinandersetzungen flüchtenden Maya aus Yucatán gewannen diese Zentren erneut an Ansehen, ein Prozess, der erst in der Kolonialzeit ein Ende fand.

KONTINUITÄT TROTZ KRISE

Selbst in den Städten, die der im Petén herrschenden Krise zum Opfer fielen, ging das Leben weiter. Eingeführte Keramikwaren, die ersten Spuren der Metallverarbeitung oder handwerkliche Tätigkeiten wie diese in Tikal bearbeiteten Muscheln bestätigen die Kontinuität.

URALTE TRADITIONEN

Anders als im zentralen Tiefland bestanden die Städte im Hochland weiter. Bei einigen ist keine Unterbrechung der Besiedlung in der klassischen und nachklassischen Periode erkennbar. Orte wie Nebaj oder Chama ließen die althergebrachten Traditionen der Figurinen oder Räuchergefäße (unten) fortbestehen.

VERSUCHE EINER WIEDERHERSTELLUNG

Die vom Zusammenbruch ihrer Städte getroffenen Einwohner der Großstädte versuchten mitunter, an den Glanz vergangener Tage anzuknüpfen. Einige setzten ihr friedliches Leben fort, beispielsweise in Copán, andere bauten alte Bauwerke und Skulpturen wieder auf und nutzten sie erneut, beispielsweise die hier gezeigte Tafel in Toniná, um ihrem Leben wenigstens eine Zeit lang das vorherige Ansehen zurückzugeben. Einige stellten sogar Stelen wieder auf und brachten dort Opfergaben dar.

MISCHKUNST

Die Orte in der Puuc-Region erlebten ihre Blütezeit erst spät. In Orten wie Uxmal und Chichén Itzá treffen wir auf ein Nebeneinander reiner Maya-Elemente und fremder Einflüsse. Dies verdeutlicht diese Fassade im Puuc-Stil, auf der Schlangen zu erkennen sind.

Kapitel 4

Landwirtschaft und Siedlungswesen

Der Brandrodungsfeldbau

Weder der Tropenwald des Petén noch die Dornensavanne Yucatáns bieten ideale Voraussetzungen für den Ackerbau. Dennoch ergaben archäologische Studien, die sich mit Bevölkerungsdichte und halbstädtischen Siedlungen beschäftigen, dass die landwirtschaftliche Produktivität insbesondere in der späten Vorklassik und der Spätklassik relativ hoch gewesen sein muss. So zählte Tikal im 8. Jh. n. Chr. schätzungsweise 50 000 Einwohner.

Lange Zeit waren die Forscher der Meinung, es wäre der Mayazivilisation gelungen, den ökologischen Gegebenheiten zu trotzen. Denn die Form des Ackerbaus, die auch heute noch in zahlreichen Regionen der Welt auf den Böden der Tropenwälder betrieben wird, kann lediglich eine kleine Zahl Menschen ernähren. Vor kurzem kam die Wissenschaft überein, diese Anbaumethode mit dem Begriff „Brandrodungsfeldbau" zu bezeichnen, während für das bestellte Feld selbst die Bezeichnung *milpa* gewählt wurde.

Beim Brandrodungsfeldbau wird zunächst die zu kultivierende Zone von Gestrüpp befreit. Dies geschieht im Mayagebiet während der ersten Hälfte der Trockenzeit, also zwischen Dezember und März. Die heutigen Maya verwenden hierzu Stahlmacheten, doch in vorspanischer Zeit bestanden die Klingen, die an hölzernen Schäften befestigt wurden, aus weichem Feuerstein oder Vulkangestein. Im Tiefland wurden Tausende solcher Äxte gefunden. Sie waren bis zu 30 Zentimeter lang und wogen zwischen 500 und 1000 Gramm, sodass für ihre Handhabung sehr viel Kraft aufgewendet werden musste. In Colha, einer Fundstätte in Nordbelize, entdeckten Archäologen auf mehreren Quadratkilometern Werkstätten; eine davon barg mehr als 200 unfertige oder ausrangierte Äxte.

AUF DEM MAISFELD
Mit einem Sack Maiskörner geht der Bauer über sein Feld. Zum Säen benutzt er einen Pflanzstock und greift damit auf eine sehr alte Methode zurück.

Um die großen Waldbäume leichter fällen zu können, schälten die Maya vermutlich zunächst deren Rinde ab. Das Gestrüpp steckten sie erst kurz vor Beginn der Regenzeit in Brand. Dabei wurde zunächst der äußere Feldrain angezündet. Dadurch wurde verhindert, dass die Flammen auf den Wald übergriffen. Es war wichtig, den richtigen Zeitpunkt für die Brandrodung zu wählen: Das Gestrüpp durfte nicht allzu lange vor Beginn der Regenzeit verbrannt werden, da das Feld sonst von Unkraut überwuchert worden wäre. Das Feuer durfte aber auch nicht zu spät gelegt werden, da sonst das Gestrüpp eventuell feucht würde. Folglich befassen sich zahlreiche Voraussagen der erhaltenen Mayakodizes mit der Regelung des landwirtschaftlichen Jahres.

Im 16. Jh. beschreibt Landa die Anpflanzung von Mais wie folgt: „Sie bestellen den Boden von Mitte Januar bis April und säen während der Regenzeit. Dabei tragen sie einen kleinen Sack auf den Schultern und mithilfe eines spitzen Pflanzstocks graben sie Löcher in die Erde, in die sie fünf bis sechs Körner legen (…) Wenn es regnet, ist es eine wahre Pracht zu sehen, wie schnell diese Pflanzen wachsen." Die ersten Maistriebe zeigen sich in der Tat bereits kurz nachdem der Regen die Körner zum Keimen gebracht hat.

Anschließend muss das Feld gejätet werden. Am Ende des Sommers werden die Stiele der Maiskolben gebrochen, um zu verhindern, dass die Maiskörner durch eindringendes Regenwasser verfaulen. Im Herbst wird geerntet und nach einer kurzen Pause beginnt der Kreislauf wieder von vorn. Nach etwa zwei Jahren sind auf der *milpa* nur noch minimale Erträge zu erzielen, da der Boden stark von Unkraut überwuchert wird. Also lassen die Mayabauern die *milpa* für einige Jahre brach liegen, sodass ein Sekundärwald nachwachsen kann. Sein Kronendach hält das meiste Sonnenlicht vom Boden fern und das hier wachsende Unkraut kann sich kaum noch vermehren. Die Waldpflanzen regenerieren den Boden und schließlich ist das Feld wieder bebaubar. In der Zwischenzeit werden neue *milpas* gejätet und bestellt.

Bis vor etwa 50 Jahren gingen die Mayaforscher von einem Siedlungsmodell aus, das auf einem engen räumlichen Zusammenhang zwischen Siedlungs- und Ackerfläche beruhte. Doch als Archäologen in den 50er-Jahren des 20. Jh. die Zone rund um den Sakralbezirk Tikals kartographierten, stießen sie auf die Überreste dicht besiedelter Vorstädte. Der geringe Abstand zwischen den einzelnen Wohnhäusern schloss die Existenz unmittelbar in der Nähe gelegener *milpas* aus. Folglich mussten sich die Felder außerhalb der Vorstädte befunden haben. Das ursprüngliche Siedlungsmodell wurde zusätzlich infrage gestellt, als Forscher herausfanden, dass unweit von Tikal noch weitere große Zentren existierten, beispielsweise Uaxactún. Die Wissenschaft musste erkennen, dass der Raum zwischen den Mayastädten in Wirklichkeit von einer großen Anzahl von Menschen bewohnt worden war, die es zu ernähren galt.

MAIS IN KULT UND RITUS
Diese Keramikpfeife aus Alta Verapaz stellt eine Gestalt dar, die dem Mais zu Ehren einen Ritualtanz vollführt (spätes Klassikum).

Eine abwechslungsreiche Kost

Das radikal neue Bild, das sich den Wissenschaftlern nunmehr von den wahren Ausmaßen und der Dichte der klassischen Mayastädte bot, erforderte eine Neubewertung der wirtschaftlichen Basis der Maya. Die Hypothese, dass die Maya auf unbegrenzten Flächen Brandrodungsfeldbau betrieben hatten, war nicht länger haltbar. Jetzt wurden andere Vermutungen laut. Möglicherweise wurden Knollengewächse wie Maniok, Süßkartoffel und Jamswurzel auf ebensolchen *milpas* angebaut wie Mais und Bohnen. Auch durch den Anbau von Brotfruchtbäumen, die im gesamten Petén stark verbreitet sind, hätte die Bevölkerung mit essbaren und nahrhaften Früchten versorgt werden können. Laut neueren Schätzungen wäre es möglich gewesen, durch einen gemischten Anbau von Brotfruchtbäumen und Knollengewächsen in Kombination mit den Erträgen der Gemüsegärten in Tikal zwischen 70 000 und 77 000 Menschen zu ernähren, ohne dabei auf Mais zurückgreifen zu müssen. Der Schwachpunkt dieser Theorie besteht allerdings darin, dass laut den Mayaquellen zumindest im nachklassischen Yucatán die Früchte des Brotfruchtbaums nur in Zeiten von Hungersnöten verzehrt wurden.

NAHRUNGSMITTEL
IN MESOAMERIKA
Grundlagen der Kost der Maya sind Bohnen, Mais und Flaschenkürbis. Später wurde der Speisezettel der mesoamerikanischen Völker mit einer Reihe anderer Pflanzen, Früchte und Gemüse angereichert.

Mais, Knollengewächse und Brotfruchtbaum liefern Kohlenhydrate und Eiweiße. Insbesondere schwarze Bohnen haben einen hohen Proteingehalt. Dennoch nahmen die Maya hin und wieder auch tierisches Eiweiß zu sich und griffen – hauptsächlich in den Küstenregionen – möglicherweise auf Seefisch und Meeresfrüchte zurück. Fisch ließ sich im tropischen Klima nicht über weite Strecken transportieren. Auch gefundene Muschelschalen weisen weniger auf Ernährung als auf Dekoration hin.

REKONSTRUKTION DER BEVÖLKERUNGSZAHLEN

Im Gegensatz zu vielen anderen untergegangenen Zivilisationen kann man die Kultur der Maya unter demographischen Gesichtspunkten untersuchen. Wie auch an anderen Orten erlauben die Untersuchungen der Grabstätten Rückschlüsse auf Lebensdauer, Krankheiten und Ernährungsgewohnheiten. Doch es ist der noch weitgehend traditionelle Charakter vieler heutiger Mayasiedlungen, der einzigartige Möglichkeiten für die Schätzung der Bevölkerungszahl bietet. In einem heutigen Dorf kann man die Anzahl der Häuser zählen und damit die durchschnittliche Zahl der Bewohner bestimmen. Mit viel Fingerspitzengefühl können die Archäologen diese Schätzung der Einwohnerzahl auf frühere Mayastädte übertragen. So kam man für Tikal auf eine Zahl von 50 000 Einwohnern. Den Forschern geht es hierbei nicht um absolute Genauigkeit, sondern um eine Durchschnittsschätzung, die Raum für unterschiedliche Auslegungen lässt: Wenn es in Tikal eine solche Bevölkerungszahl gab, kann man davon ausgehen, dass nicht alle Einwohner in der Landwirtschaft tätig waren. Ein großer Teil der Bevölkerung muss sich mit anderen Tätigkeiten wie Handwerk, Handel und Verwaltung beschäftigt haben. Hieraus kann man folgern, dass die Gesellschaftsstruktur der Maya schon früh recht komplex gewesen sein muss.

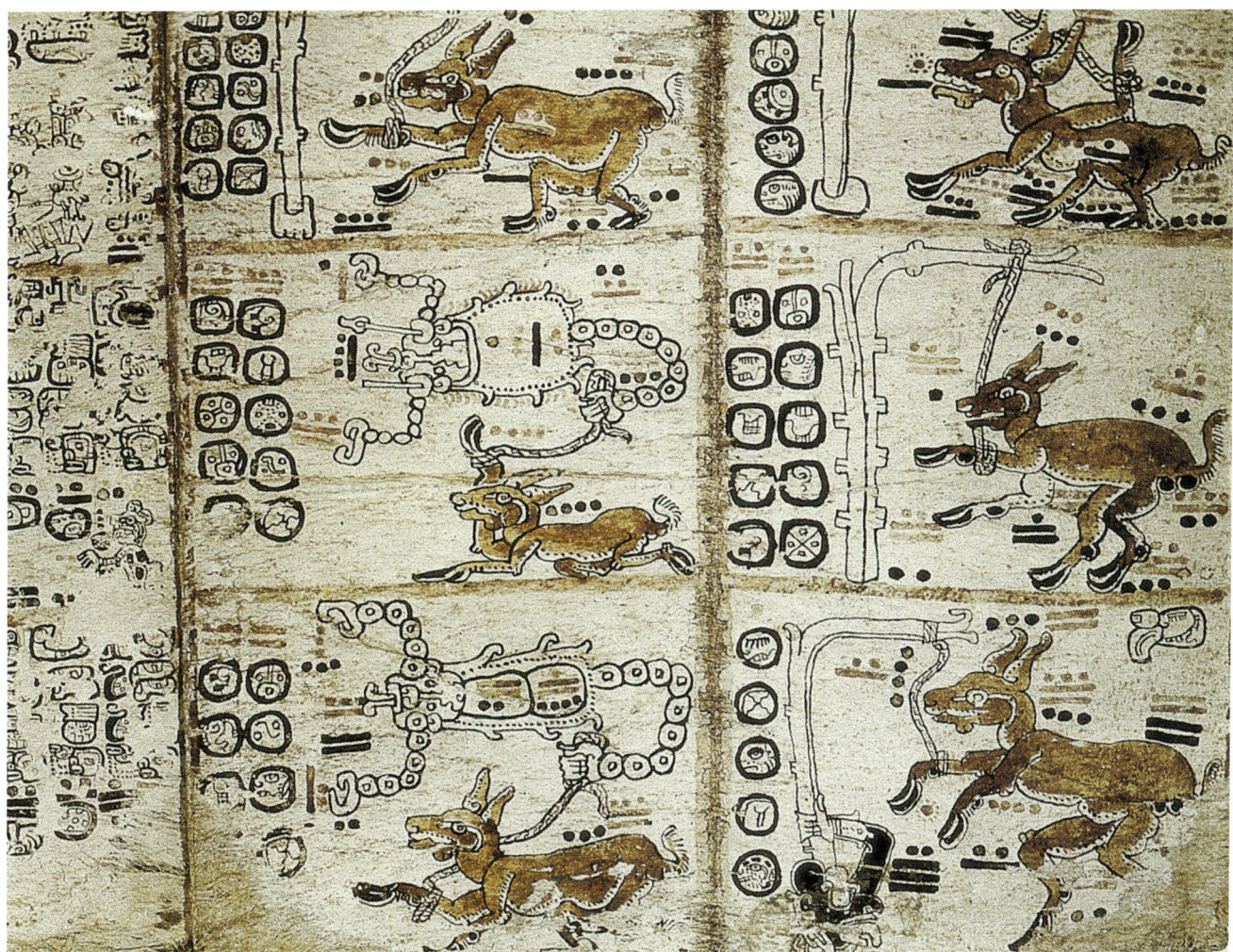

Um sich mit tierischem Eiweiß zu versorgen, gingen die Maya auf die Jagd. Das beliebteste Beutetier war der Weißschwanzhirsch. Andere Hirscharten standen ebenso auf dem Speiseplan wie Pekaris (Nabelschweine). In zwei Fundstätten in Nordbelize, in Cuello und Nohmul, die von 2500 v. Chr. bis 1000 n. Chr. besiedelt waren, stießen die Archäologen auf Hinweise, dass der Hirsch das am häufigsten gejagte Wild war, gefolgt von zwei Schildkrötenarten; eine andere Fleischquelle war der Hund.

Über die Jagdmethode der Maya kann nur spekuliert werden. Wurden die Tiere, wie die Maya es heute tun, einfach ins Dickicht getrieben, wurden Fallen aufgestellt oder brachte der Mensch sie durch irgendeine List dazu, in seiner Nähe zu leben, um sie leichter erlegen zu können? Einige Quellen lassen den Schluss zu, dass die Hirschtiere zum Teil gehütet wurden. Keramikfigurinen aus Lubaantun stellen einen kauernden Hirsch dar, der mithilfe eines Steinmessers getötet wird. Es wird vermutet, dass die Szene einen Hirsch zeigt, nachdem er durch eine Waffe verletzt wurde. Es ist aber auch denkbar, dass die gezähmten Tiere auf die gleiche Weise getötet wurden wie die heutigen Samen ihre Rentiere töten – mit einem kräftigen Lanzenschlag aus nächster Nähe, ohne dass das Opfer oder die übrigen Tiere der Herde in Panik ausbrechen. Im Vergleich zu anderen Wildtieren wie Gürteltier, Nasenbär und *tepez-cuintle*, einem fetten Nagetier, war der Anteil der Hirschtiere dermaßen hoch, dass Forscher daraus den Schluss ziehen, dass die Maya über mehrere Methoden verfügten, sich mit dem Fleisch dieser Tiere zu versorgen.

WILD UND JAGD
Wie dieses beeindruckend illustrierte Detail aus dem Codex Tro-Cortesiano *verrät, deckte Wild einen wichtigen Teil des Eiweißbedarfs. Vermutlich wurden bei den Maya sogar Hirsche gezähmt.*

Nach eingehender Untersuchung der verschiedenen Nahrungsquellen stand für die Mayaforscher nach wie vor fest, dass die Bevölkerungsdichte in einigen Teilen des Tieflands die Produktionskapazitäten des Brandrodungsfeldbaus bei weitem überstieg. Die Forscher suchten nach neuen tierischen oder pflanzlichen Nahrungsquellen und forschten nach Methoden, wie die Ausbeute der bekannten Kulturen hätte intensiviert werden können. Dabei stellte sich zunächst heraus, dass es möglich ist, die Erträge des Brandrodungsfeldbaus, wie er seit der Kolonialzeit betrieben wird, von Jahr zu Jahr zu steigern, und dass die Ertragzeit einer *milpa* durch intensives Jäten verlängert werden kann. Außerdem wurde klar, dass der Gemüsegarten, der rund um das Haus angelegt, von Frauen und Kindern ständig gepflegt und mit Haushaltsabfällen gedüngt wurde, zahlreiche Brotfruchtbäume und eine ganze Bandbreite von Obst, Heilkräutern und Zierpflanzen bergen konnte.

„Künstliche Ökonischen"

Zur intensiven Produktion der Grundnahrungsmittel zählte ebenfalls der Einsatz künstlich angelegter und instand gehaltener Felder. Hierdurch wurden zur Brandrodung ungeeignete „Ökonischen" für den Ackerbau nutzbar gemacht. Eine erste solche „künstliche Ökonische", auf die die Archäologen stießen, waren an Berghängen angelegte Terrassenfelder. Durch quer zum Hang errichtete Steinmauern wurde die Abschwemmung des Bodens verlangsamt und der Schlamm aufgefangen, wodurch eine tiefe Schicht Ackerboden gewonnen wurde. Bis in die 20er-Jahre des 20. Jh. hielten die Forscher die Terrassenkulturen für eine Randerscheinung. Doch dann zeigten die in Becán durchgeführten Grabungsarbeiten, dass es solche Terrassenfelder in sehr weiten Zonen des Tieflands gegeben hatte, an leicht geneigten wie auch an schroffer abfallenden Hügeln.

Die Hochäcker der Sumpfgebiete sind in ihrer Funktion vergleichbar mit den *chinampas*, den „schwimmenden Gärten", die einen großen Beitrag zur Lebensmittelversorgung der Aztekenhauptstadt Tenochtitlán lieferten. Doch die Maya gewannen diese Felder durch die Entwässerung sumpfiger Flussbecken. Dazu legten sie eine Reihe paralleler oder gitterförmiger Gräben an, deren Aushub sie zu beiden Seiten aufschichteten, um eine Erdschicht oberhalb des Wasserspiegels zu erhalten. Durch das regelmäßige Ausräumen der Gräben wurden die Parzellen weiter erhöht und gleichzeitig mit nährstoffhaltigem Schlamm versorgt, sodass sie kontinuierlich Erträge erbringen konnten.

KÜNSTLICHE FELDER
Durch die Anlage von künstlich aufgeschütteten, von Kanälen umgebenen Hochfeldern in Sumpfgebieten konnten die Maya die Anbauflächen vergrößern und die Erträge steigern.

Neben den mexikanischen *chinampas* wurden auch in anderen Teilen des amerikanischen Kontinents, insbesondere im Nordwesten Südamerikas, solche Hochäcker entdeckt. Im Mayagebiet gelang allerdings erst im Jahr 1972 ihre erstmalige Identifizierung, und zwar am Río Candelaria in Südcampeche. Die Maya scheinen nicht nur die Hochäcker, sondern auch das zwischen ihnen verlaufende „Kanalsystem" wirtschaftlich genutzt zu haben. In einigen Kanälen wurden vermutlich Fische und Schildkröten gefangen. Die Felder wurden intensiv bewirtschaftet. Eine Studie des Kanalsystems rund um die Fundstätte Edzná nördlich des Río Candelaria hat gezeigt, dass sich jeweils am Eingang eine erhöhte Einfassung befand, die Schlamm und Fische zurückhalten sollte.

Auf den Hochäckern wurde das Grundnahrungsmittel Mais angebaut, aber auch die gewinnträchtige Baumwolle und höchstwahrscheinlich auch der noch gewinnträchtigere Kakao kultiviert. Zur Zeit der spanischen Eroberung war der Staat Chetumal, zu dem Nordbelize gehörte, berühmt für seinen Kakao, wobei dieser von doppelter Bedeutung war, denn Kakaobohnen dienten auch als Zahlungsmittel. Von den lokalen „Ökonischen" waren nur die Hochäcker wirklich zum Kakaoanbau geeignet. Diese Kultur ermöglicht zugleich eine ökonomische Symbiose, denn der Kakaobaum wird von einer Mückenart bestäubt, die ihre Eier an der Wasseroberfläche ablegt. Diese Mückeneier wiederum dienen den in den Kanälen lebenden Fischen als Nahrung. Deren Exkremente lagern sich im Schlamm auf dem Grund der Kanäle an, der regelmäßig ausgebaggert wurde, um damit die Kakaobäume zu düngen. Kakao hatte in der nachklassischen Periode einen hohen wirtschaftlichen Stellenwert. Noch lange Zeit nach der spanischen Eroberung existierte ein offizieller Wechselkurs zwischen den Kakaobohnen und dem spanischen *real*. Zudem war der mit Pfeffer gemischte Kakao ein sehr beliebtes Getränk. All dies lässt nicht nur darauf schließen, dass sich der Aufwand für die Hochäcker rentierte, sondern auch, dass sie vermutlich einer offiziellen Kontrolle unterlagen.

In den letzten Jahren entdeckten Archäologen im südlichen Quintana Roo, in weiten Teilen Belizes sowie im Petén rund um Tikal und andere Mayastädte riesige Hochäckerzonen. Durch den Einsatz von SLAR (Side Looking Airborne Radar, Seitensichtradar) wurden Kanalnetze entdeckt, die die Gitterfelder in mehreren dieser Zonen miteinander verbanden. Die Kulturlandschaft des Mayatieflands stellt sich den heutigen Forschern völlig anders dar, als sie die Wissenschaft noch zu Beginn der 1970er-Jahre sah.

Die Anlage von Hochäckern ist wohl die älteste von den Maya verwendete Anbaumethode zum Betreiben einer intensiven Landwirtschaft – sie könnte bis in die frühe Vorklassik zurückreichen. Ein Pfosten, den Archäologen am Ufer eines Kanals des Río Hondo (Nordbelize) entdeckten, konnte mithilfe der Radiokarbonmethode auf 1400 v. Chr. datiert werden. Möglicherweise stellte also die intensive Landwirtschaft in kleinen flussnahen Zonen die erste wirtschaftliche Anpassung der Maya dar und der Brandrodungsfeldbau war vielleicht nur eine Reaktion auf den zusätzlichen Druck, dem das

NAHRUNGS- UND ZAHLUNGSMITTEL
Dieses prachtvolle Gefäß in Form einer Kakaoschale trägt eine Inschrift, die auf die Bedeutung des Kakaos hinweist. Kakaobohnen dienten bei den Maya auch als Währung.

93

Agrarsystem durch das Bevölkerungswachstum ausgesetzt war. Er stellte wohl eher ein zusätzliches Mittel zur Nahrungsmittelproduktion und keineswegs die Basis der Landwirtschaft dar. Vermutlich leisteten die Hochäcker im Tiefland einen grundlegenden Beitrag zur Wirtschaft. Diese neue Auffassung ist das Ergebnis einer Neubewertung der Siedlungsmodelle am Ende der 50er-Jahre des 20. Jh., als detaillierte Karten von Städten wie Tikal vorlagen. Die modernen Methoden zur Lokalisierung und Kartographie der Mayastätten lösten einen allgemeinen Wandel in der Einschätzung der Mayadörfer und ihres Verhältnisses zu den natürlichen Ressourcen aus.

Die Archäologie der Siedlungsstruktur

Das Projekt, das der Archäologe Gordon R. Willey in Barton Ramie im Tal des Flusses Belize umsetzte, war die erste planmäßige Erforschung einer nicht zeremoniellen Stätte. Von 240 kartographierten Anhöhen wurden mehr als 60 vollständig oder teilweise untersucht, sodass die allgemeine Organisation eines Dorfes bestimmt werden konnte. Es stellte sich heraus, dass die Stätte in der so genannten frühen mittleren formativen Periode besiedelt worden war. Zunächst wurde sie auf Mitte des 1. Jt. v. Chr. datiert, doch heute wird sie einige Jahrhunderte jünger eingeschätzt. Bis sie um das Jahr 1000 n. Chr. aufgegeben wurde, war diese Siedlung mehr als 2000 Jahre lang kontinuierlich bewohnt. Bis zur späten Vorklassik nahmen ihre Ausmaße und ihre Bevölkerungsdichte nur langsam zu, doch dann kam es wie in anderen Städten des Tieflands auch zu einer sprunghaften Expansion. Doch am größten war die Besiedlung in der Spätklassik, zwischen 600 und 900 n. Chr. Während der Nachklassik sank die Einwohnerzahl leicht.

Die Grabungen in Barton Ramie belegen, dass neben den spektakulären zeremoniellen Stätten, die die Fachleute im 19. Jh. begeisterten, noch eine riesige Fundgrube bislang unerforschter archäologischer Informationen existiert. Auch in den 60er-Jahren des 20. Jh. wurden die Forschungsarbeiten in diesen großen Zentren fortgesetzt.

Die Wohnstätten der Maya werden unter drei Gesichtspunkten erforscht: Zum einen fertigen die Wissenschaftler, wie etwa in Tikal oder Seibal, Karten der Mayastätten an, um den Aufbau des Gemeinwesens zu untersuchen. Zum anderen gibt es regionale Projekte wie im Tal des Flusses Belize, die die Beziehungen zwischen den Gemeinschaften erforschen. Drittens führen die Forscher historische Studien durch, bei denen sie sich auf Fakten stützen, die aus der Entschlüsselung der Monumentinschriften bezogen werden.

Die Erforschung der Mayastätten hat ergeben, dass ihre Bewohner in Häusern aus schnell vergänglichem Material lebten. Sie wurden vermutlich ähnlich wie die der heutigen Maya auf niedrigen Plattformen errichtet, um das Ablaufen des Regenwassers und die Belüftung zu erleichtern und um sich vor kriechenden Insekten zu schützen. Manchmal stehen solche Bauten paarweise zusammen, aber in den meisten Fällen wurden mehrere Bauten rund um einen Innenhof angelegt. Archäologen stoßen hier häufig auf kleine Strukturen, die als dynastisches oder familiäres Heiligtum gedeutet werden und manchmal ein Grab enthalten. Die einzeln oder paarweise stehenden Häuser wurden vermutlich von aus Eltern und Kindern bestehenden Kernfamilien bewohnt, während in den um einen Innenhof angelegten Bauten wohl drei Generationen einer Familie, darunter auch die Schwiegertöchter, gelebt haben dürften. Das Hauptproblem besteht darin, archäologische Informationen zu beschaffen, die diese Hypothesen stützen.

Es bestand nie ein Zweifel daran, dass auf den zahlreichen niedrigen Plattformen Wohnhäuser standen. Doch nicht alle Häuser müssen auf solchen Plattformen gestanden haben, sodass sich ein gewisser Prozentsatz den Studien entzieht. Die Archäologen stoßen häufig auf Ansammlungen einzelner oder gruppierter Wohnhausplattformen, die als

HÄUSER DER MAYA
(S. 95) Das Wohnhaus der Maya scheint sich seit der vorspanischen Zeit kaum verändert zu haben, wie diese Darstellung eines Hauses zeigt, die über dem Tor des Nonnenvierecks von Uxmal angebracht ist.

94

Siedlung verbündeter Familien interpretiert werden können. Meist betrug der Abstand zwischen diesen Gebäuden um die 100 Meter. Wahrscheinlich sollte ein Privatleben ermöglicht werden – und es blieb auch noch genügend Raum für den Gemüsegarten.

Wenn die Abstände zwischen den Gebäuden größer sind, finden sich stärker ausgearbeitete Gebäudegruppen, die als „untergeordnete zeremonielle Zentren" bezeichnet werden. Hierbei dürfte es sich um die Residenzen der Elite und den Sitz der Regierung gehandelt haben. Solche Stätten umfassen eine kleine Pyramide, die an einem Platz errichtet wurde, und lange, relativ flache Strukturen, die großformatigen Wohnhausplattformen ähneln. An einigen Stätten tragen die Pyramide und die langen Strukturen Steingebäude mit Gewölbedecken. In den weiten bewohnten Zonen rund um die wichtigen Städte finden sich zahlreiche dieser untergeordneten zeremoniellen Zentren.

Der von öffentlichen Gebäuden gesäumte regelmäßige Platz gilt als Hauptmerkmal der größten Mayastädte, die als bedeutende zeremonielle Zentren bekannt sind. Diese Niederlassungen reichen von kleinen Ansammlungen bescheidener Zeremonialbauten wie in San Estevári in Belize bis zu den riesigen Tempelbezirken von Calakmul und Tikal. San Estevári verfügt über einen durch einen Ballspielplatz geteilten großen Platz, an dem sich vier Tempelpyramiden erheben. An seinem Nordende liegt ein von niedrigen, langen Unterbauten umschlossener Innenhof. Im Westen waren zwei Plätze scheinbar Residenzen. Einer von ihnen weist eine Pyramide auf, die einem Privatheiligtum ähnelt. Rund um den Sakralbezirk gab es auf erhöhten Plattformen mehrere Wohnbezirke. Die Wissenschaftler vermuten, dass sich hier die Wohnhäuser der örtlichen Elite befanden. Jenseits davon stießen sie auf noch weiter verstreut liegende kleinere Bezirke. In einem gibt es zwei kleine Plätze: Der eine wird von einer acht Meter hohen Pyramide dominiert, an dem anderen liegt unter anderem ein kleines Pyramidenheiligtum. In allen Zentren findet sich eine klare Funktionstrennung zwischen öffentlichen Zeremonialplätzen und privaten Residenzplätzen.

Allein das zeremonielle Zentrum Tikals erstreckt sich über ein großes Gebiet. Breite Straßen oder *sacbeob* (aufgrund ihrer vergipsten Oberfläche weiße Straßen) verbinden mehrere große Tempelgruppen miteinander. Rund um den Großen Platz befinden sich die beiden gigantischen Tempel I und II, die sich im Osten und Westen gegenüberstehen, während die Tempel der Nördlichen Akropolis nach Süden blicken, wo die Höfe des Palasts der Zentralen Akropolis liegen. Das kurz nach 1000 v. Chr. besiedelte Zentrum Tikals hat sich bis zum 8. Jh. n. Chr. nach und nach ausgedehnt. Damals erhoben sich hier fünf massive Tempelpyramiden über den Grabstätten der Herrscher, eine Reihe von Zwillingspyramidengruppen, zahlreiche Paläste, kleine Tempel, Ballspielplätze und andere zeremonielle und religiöse Anlagen. Jenseits dieses Bezirks lagen die Vorstädte, wo vermutlich mehrere zehntausend Personen lebten. Gemessen an seiner Größe und Funktion war Tikal eine vorindustrielle Stadt, vergleichbar denen der Alten Welt.

PALAST (EDZNA)
Dieses fünfstöckige Bauwerk zeigt eine Mischung aus Puuc-Stil und klassischen Elementen. Äußerlich gleicht es einer Pyramide, in Wirklichkeit ist es jedoch ein Palast mit recht kleinen Innenräumen.

Eine schwierige Interpretation

Die Erforschung der Mayasiedlungen ist zurzeit eines der aktivsten Forschungsgebiete, wobei die Wissenschaftler vor verschiedenen Aufgaben, etwa der Lagebestimmung der Ansiedlungen, der Ergebnisanalyse und der Zielbestimmung stehen. Im Verlauf der letzten 25 Jahre verlegte sich die Wissenschaft von der Untersuchung der Sakralbezirke und deren Monumente auf die Erforschung der ländlichen und städtischen Bevölkerung. Im Zuge dieser Arbeiten kartographierten die Forscher die Ansiedlungen rund um die wichtigsten Zentren wie Tikal oder Seibal und anderer kleinerer Zentren wie Edzná, Cerros, Lubaantún und Nohmul.

Bei der Lagebestimmung ergeben sich mehrere Fragen: Haben etwa alle Wohnhäuser sichtbare Spuren hinterlassen? Forschungen haben gezeigt, dass in Seibal, Tikal und Cerros von der späten Vorklassik bis zur Endklassik durchaus einige Häuser existierten, die nicht auf Plattformen, sondern direkt auf den Erdboden gebaut wurden. Die Erdschichten, die sich im Lauf der Jahrhunderte angesammelt haben, haben alle Spuren ihrer Existenz verwischt. Je nach Fundstätte und Region ist heute unterschiedlich viel davon sichtbar. In Nordyucatán lassen sich noch die flachsten Fundamente leicht erkennen, während im Petén die Plattformen vom Wurzelwerk der Bäume zerstört wurden.

Zum „Siedlungsmodell" gehören etwa auch die Verteidigungsanlagen, die *sacbeob*, die Terrassen, mit denen der Mensch die Landschaft untergliedert hat. Die Wohnstätte ist so eng mit der Wirtschaft verknüpft, dass das Siedlungsmodell nur noch als ein heute erstarrtes dynamisches System erfasst werden kann.

Das zweite große Problem, die Ergebnisanalyse, ist unter anderem eine Frage der Definition, denn die Verwendung der Begriffe „Struktur", „Gruppe", „Stätte", „untergeordnetes zeremonielles Zentrum" und „Hauptzentrum" folgt keiner strengen Regel und die Wohnstätten werden ganz subjektiv als „Häuser", „Residenzen der Elite", „Tempel", „Paläste" und so weiter bezeichnet.

Erst nachdem die Struktur einer Stätte, eines Gebäudes, definiert wurde und ihr eine oder mehrere Funktionen zugeordnet wurden, kann eine Interpretation erfolgen. Dabei ist es möglich, sich in aufsteigender Reihenfolge, also vom Einfachen zum Komplexen, vorzuarbeiten, wobei zunächst der Arbeitsbereich oder der Ort der Wohnstätte isoliert definiert wird, bevor immer komplexere Kombinationen dieser Einheiten interpretiert werden. Auch die umgekehrte Vorgehensweise kann angewendet werden, bei der ausgehend von einem theoretischen Modell in absteigender Weise vorgegangen wird.

Die aus der Kolonialzeit stammenden Beschreibungen der nachklassischen Mayagemeinschaften, die sich in der Relacíon Landas finden, sowie jüngste ethnographische Studien erleichtern den Entwurf eindeutiger Modelle.

Die heute verwendeten theoretischen Modelle beinhalten direkte ethnographische Vergleiche und reichen vom Entwurf zweckmäßiger Modelle (wie jene, die für Cozumel verwendet wurden) bis hin zu gesicherten eindeutigen Modellen, die sich aus Analysen ableiten, bei denen die Geometrie der Kulturlandschaft und die Art und Weise, in der die Menschen sich daran angepasst haben, untersucht werden. Jeder dieser Ansätze ist zweckmäßig. Worauf es ankommt, ist, dass ihre Verfechter ihre Methoden präzisieren.

Die letzte Frage ist die, welches Ziel die Gelehrten mit ihren Forschungen verfolgen. Warum sollen die Ansiedlungen der alten Maya erforscht werden und was lässt sich aus der räumlichen und zeitlichen Verteilung ihrer Wohn-, Kult- und Handelszentren schließen? In jüngerer Vergangenheit war das Hauptziel der Forschung, die Größe und Dichte der Siedlungen zu bestimmen und die Ergebnisse anschließend mit der Ertragskraft des Agrarsystems zu vergleichen, das die Bevölkerung ernährte.

Heute bleibt noch der Städtebau zu diskutieren. Kann man wirklich behaupten, dass die Maya in Städten lebten, die mit denen der Alten Welt vergleichbar sind? Die Vorstellung, dass die Sakralbezirke während des Großteils des Jahres verlassen waren, wurde bereits verworfen. Heute wird die Tatsache akzeptiert, dass die Bevölkerungsdichte rund um die wichtigsten Sakralbezirke größer war als die der weiter entfernt gelegenen Zonen.

LEBENSWEISE DER MAYA

Neuere Forschungsergebnisse über die Wohnungen der Maya lassen bessere Rückschlüsse auf die Lebensweise der Familien zu. Die Wohngebäude bestanden in der Regel aus mehreren kleinen Einraumhäusern, die um einen zentralen Hof angeordnet waren, wo sich die meisten Aktivitäten abspielten. Der überdachte Raum war winzig, schlecht belüftet und beleuchtet und diente zweifelsohne nur zum Kochen und Schlafen. Viele häusliche Tätigkeiten spielten sich in der unmittelbaren Umgebung der Häuser ab.

Zwischen den Häusern einer Gruppe lagen leere Flächen, die mit zunehmender Entfernung vom Zeremonialzentrum größer wurden. In den Häusern lebte eine recht unterschiedliche Zahl von Menschen. So gab es Gruppen, die aus mehreren Familien bestanden und die die meisten häuslichen Tätigkeiten gemeinsam verrichteten, etwa die Zubereitung und Einnahme der Mahlzeiten. In anderen Gruppen, die nur zwei Familien umfassten, wurden diese Tätigkeiten dagegen getrennt in Angriff genommen.

Diese Art der Streusiedlung, wo jede Familie über mindestens ein eigenes Haus und einen eigenen freien Raum inmitten einer üppigen Vegetation verfügte, verlieh den Städten der Maya ihren ganz besonderen Charakter.

Die vier Forschungsebenen

Zur Erforschung der Mayasiedlungen stehen vier verschiedene Ebenen zur Verfügung. Auf der untersten Ebene wird eine Charakteristik oder eine Gruppe von Charakteristika analysiert, die einen Ort ausmachen, an dem die Menschen ihrer täglichen Arbeit nachgingen, wie etwa die Wohnstätte. Sie bildet die Grundlage für eine gesellschaftliche Kerneinheit, innerhalb derer sich die Tätigkeiten verschiedener Einzelpersonen unterscheiden lassen. Auf dieser Ebene werden also hauptsächlich die Beziehungen zwischen den einzelnen Individuen untersucht.

Auf der „Mikroebene" werden verschiedene zusammengehörige Orte, die zu einem Wirtschaftsgebilde zusammengeschlossen sind, sowie der Raum, der sie umgibt, erforscht. Dazu gehören beispielsweise die um einen Innenhof gruppierten Häuser inklusive Innenhof und Gemüsegarten. Auf dieser Ebene werden die Beziehungen zwischen inneren und äußeren Räumen und zwischen den Menschen und ihrer Umgebung sichtbar.

Auf der mittleren Ebene werden die mit einem Wirtschaftsnetz verknüpften Einheiten untersucht. Ein gutes Beispiel hierfür ist das von einer einzigen politischen Macht regierte Königreich, wobei die taktischen Beziehungen der inneren Struktur in Kontrast zu den äußeren strategischen Beziehungen stehen. Diese Ebene lässt sich gut am Beispiel Lubaantúns veranschaulichen, eines in Südbelize gelegenen kleinen Zentrums aus klassischer Zeit. Dieses Königreich hatte eine geschätzte Fläche von 1600 Quadratkilometern und umfasste zehn Zonen mit unterschiedlichen Umweltbedingungen, die von den Hochplateaus bis zu den in Küstennähe gelegenen Koralleninseln reichten. Jede Zone hatte ihre Vorzüge und Nachteile und bot verschiedene, vom Menschen nutzbare tierische, pflanzliche und mineralische Ressourcen. Die Erträge all dieser Zonen flossen im Zeremonialzentrum zusammen, das sich in der Mitte des Königreichs erhob. Je weiter man sich von diesem Zentrum entfernte und in kleinere bäuerliche Siedlungen kam, desto mehr nahm die Gütermenge ab. Zudem stammte mehr von ihr aus anderen Königreichen.

Auf der „Makroebene" werden die wirtschaftlichen und diplomatischen Beziehungen zwischen den Königreichen erforscht. Die wichtigsten Ansätze sind hier der Verlauf der Handelswege und die Betrachtung der Eroberungs- und Bündnispolitik. Die Fragen, die auf dieser Ebene zu klären sind, betreffen die Verwaltung des Tieflands in seiner Gesamtheit und die inneren Siedlungs- und Wirtschaftsmodelle der maßgeblichen Königreiche. Ein mögliches Forschungsobjekt könnte auf dieser Ebene etwa die vollständige oder teilweise Aufgabe einer großen Zahl blühender Zentren zu Beginn der Frühklassik sein. Es könnte auch die Frage untersucht werden, in welchem Maß die geographische Lage der wichtigsten Stätten eher von der Geopolitik des Tieflands als von den örtlichen Umweltfaktoren bestimmt wurde.

ZEREMONIALZENTRUM VON LUBAANTÚN
Lubaantún war die Hauptstadt eines kleinen Königreichs auf einem autonomen Gebiet im Süden von Belize. Die im Klassikum entstandene Stadt war von mittlerer Größe.

Toniná, eine kriegerische
Stadt, erreichte im Spät-
klassikum (615–909) ihre
höchste Blüte. Es war
die letzte Mayastadt, von
der man weiß, dass sie
aufgrund eines brutalen
Überfalls zusammen-
brach. Toniná erstreckte
sich über sieben Terras-
sen aus ineinander ver-
schachtelten Gebäuden.
Die gesamte Gruppe
bildete eine Akropolis,
die sich hoch über einem
weiten, freien Platz
erhob, an den sich ein
großer Ballspielplatz
anschloss. Die Stadt
Toniná beherrschte ein
ausgedehntes Gebiet im
Ocosingo-Tal. Dort lagen
auch viele Kleinzentren,
die auf den Reichtum
dieses Mayagebiets
hindeuten. Die Region
von Toniná, ein wohl-
habendes Tal im Schutz
höher gelegener Nachbar-
gebiete, war Schauplatz
zahlreicher Schlachten,
wie die vielen Darstellungen von Gefangenen und
Opfern verraten. Einer
der Könige von Palenque
kam dort ums Leben.

Toniná

KAPITEL 5

Die Gesellschaft der Maya

Pyramidenförmiger Aufbau der Gesellschaft

Die Beziehungen der Maya zu ihrer Umwelt wurden durch ihre Landwirtschaft und die Siedlungsform bestimmt und bildeten zudem die Basis ihrer Gesellschaft. So ist es nicht erstaunlich, dass die Kenntnisse über die Ernährung und die Wohnstätten durch die Untersuchung der Funktionsweise der Gesellschaft erweitert wurden.

Lange Zeit wurden die Vorstellungen vom Gesellschaftsaufbau der alten Maya auf ein so genanntes Priester-Bauern-Modell gegründet, das von folgendem Szenario ausging: In klassischer Zeit wurden die Maya von einer theokratischen Aristokratie regiert, die nach göttlichem Recht und mit Zustimmung des Volks herrschte. Sie hatte die Aufgabe, die Himmelsphänomene und den komplexen Kalender für die Bevölkerung zu deuten. Diese bestand aus Bauern, die in Dörfern oder Weilern inmitten ihrer *milpas* lebten und an Festtagen in die Zeremonialzentren strömten. Während der Reifezeit der Maispflanzen und der Trockenzeit, wenn die Feldarbeit ruhte, konnte die freie Arbeitskraft der Bauern dafür genutzt werden, die Tempel, Paläste und anderen Gebäude des Sakralbezirks zu errichten. Die Arbeiter stellten sich dabei unentgeltlich in den Dienst der Götter. Da diese Frondienste nur saisonal geleistet werden mussten, waren sie problemlos mit dem Brandrodungsfeldbau zu vereinbaren.

Dieses Modell war zumindest teilweise auf eine ethnographische Realität gegründet: die menschenleeren Städte des Hochlands von Chiapas, darunter Zinacantán. Diese besitzen ein Zeremonialzentrum, das aus einer Kirche und einigen Häusern – darunter der *cabildo* (Rathaus) – besteht, die den Platz einrahmen. Die nach dem *cargo*-System ernannten Amtmänner residieren für die Dauer ihrer Amtszeit in diesem Zentrum und kehren dann wieder auf ihre Höfe zurück, um Geld für den Kauf eines neuen Amts zu erwirtschaften. Die übrige Bevölkerung lebt in Weilern und an den Wasserstellen. Nur zu den alljährlichen Festen und an Markttagen kommen die Bauern ins Zentrum.

Inzwischen liegen der Wissenschaft zahlreiche Beweise dafür vor, dass die Gesellschaftsstruktur der Maya in klassischer Zeit überaus vielschichtig aufgebaut war. An der Spitze der Gesellschaftspyramide standen die politischen Herrscher, an ihrer Basis das gewöhnliche Volk samt Bauern. In jeder Pyramidenstufe gab es Menschen, die sehr spezialisierte berufliche Tätigkeiten ausübten, und das nicht nur saisonal, sondern das ganze Jahr über. Die Archäologie hat etliche Beweise für die tatsächliche Existenz solcher Spezialisten geliefert. Zudem ist es der Forschung gelungen, die Anonymität einiger Einzelpersonen an der Spitze der Gesellschaftspyramide aufzulösen und ihnen Namen zuzuordnen.

FRESKEN VON BONAMPAK
Die hier gezeigten Priester nahmen in der Gesellschaftsordnung der Maya einen bevorzugten Platz ein, doch auch die Würdenträger übten Kulthandlungen aus.

102

Wie in fast allen anderen Gesellschaften auch, war die Basis der Mayagesellschaft die Familie. Die von den Wissenschaftlern erforschten Siedlungen spiegeln das Wohnmodell und die sozialen Beziehungen der Familien wider, sodass diesbezüglich einige Hypothesen aufgestellt werden können. Die Tatsache, dass sich die meisten Wohnplattformen in Dreier- oder noch größeren Gruppen fanden, deutet darauf hin, dass die Mayafamilie in klassischer Zeit eher eine Groß- als eine Kernfamilie war. Die Kartographie solcher Gruppen in Copán, Yucatán, im Petén und in Belize lässt vermuten, dass dies die Regel war. Die Großfamilie bestand vermutlich aus mindestens zwei Kernfamilien, die zwei oder mehr Generationen umfassten und einen gemeinsamen Ahnen hatten. Ihre Gründung war wohl die Folge der Trennung einer Kernfamilie von ihrer eigenen Elterngruppe und ihre Niederlassung in einem neuen Domizil.

Bereits seit langer Zeit wird vermutet, dass die Wohnstätten patrilokal (der Verwandtschaftsgruppe des Mannes zugehörig) und nicht matrilokal (der Verwandtschaftsgruppe der Frau zugehörig) waren und dass der gemeinsame Vorfahre männlichen Geschlechts war, eine These, die durch Dokumente aus der Kolonialzeit gestützt wird. Die archäologischen Beweise für die zunehmende Komplexität der politischen Sphäre sowie die Dominanz der Männer in der Monumentalkunst stimmen auch mit der ethnographischen Beobachtung überein, nach der die männliche Vorrangstellung in der Gesellschaft in der Regel mit einer patrilokalen Wohnstätte verknüpft war. Die in Tikal entdeckten Männergrabstätten waren mit reicheren Grabbeigaben ausgestattet als die Frauengräber, und in den bedeutendsten Grabstätten waren mehrheitlich Männer bestattet worden. Die teilweise Entschlüsselung der Monumentinschriften in Tikal und in anderen Stätten weist außerdem darauf hin, dass im Herrscherhaus die Erbfolge nach dem männlichen Erstgeburtsrecht geregelt war, d.h., dass das Amt vom Vater auf den erstgeborenen Sohn überging. Doch aufgrund einer größeren Parität der Grabbeigaben ist denkbar, dass in Tikal die Frauen während der späten Vorklassik einen den Männern angenäherten gesellschaftlichen Status innehatten.

Alltags- und Familienleben

Bezüglich der Familiengröße gibt es noch viele offene Fragen. Ausgehend von multikulturellen ethnographischen Vergleichen legten die Forscher die durchschnittliche Innenraumwohnfläche auf 10 Quadratmeter pro Bewohner fest. Sollte beispielsweise der Innenraum der Plattformen der Gruppe 2G-1 in Tikal vollständig genutzt worden sein, dann hätten in den fünf Häusern maximal 22 Personen leben können.

Vermutlich wurden nicht alle Gebäude einer Gruppe gleichzeitig oder ständig bewohnt; einige wurden sicher auch als Speicher, Küche, Nebengebäude oder Heiligtümer genutzt.

Obwohl die Archäologen viele um einen Innenhof gruppierte Wohnkomplexe kartographiert und freigelegt haben, konnte das Gebäudeinnere nur anhand einiger weniger Beispiele rekonstruiert werden, um die Art von Tätigkeiten zu bestimmen, die hier ausgeübt wurden. Dies liegt sowohl daran, dass die tropischen Pflanzen, nachdem die Siedlungen aufgegeben worden waren, alles überwuchert und zerstört haben, als auch daran, dass die Maya ihre Häuser sauber hielten und ihre Abfälle nach draußen warfen. Es gibt also nichts Vergleichbares zu den in Oaxaca freigelegten Wohnhäusern aus der Vorklassik, auf deren Boden sich Überreste fanden, mit deren Hilfe die Arbeitsbereiche der Männer und der Frauen bestimmt werden konnten. Zudem wurden vermutlich viele hauswirtschaftliche Tätigkeiten im Innenhof unter freiem Himmel ausgeübt. Jeder musste im Haushalt mithelfen; die Arbeit wurde unter den Mitgliedern der Großfamilie aufgeteilt.

Dennoch können sich die Wissenschaftler anhand der Gegenstände und Überreste, die die Zeit überdauerten, ein Bild von der Art der ausgeübten Tätigkeiten machen. Dank der Skulpturen und Malereien aus klassischer Zeit und späteren Quellen haben sie auch eine Vorstellung von der Arbeitsteilung zwischen den Geschlechtern. Die Maisverarbeitung ist sowohl von Artefakten als auch von Darstellungen her bekannt. Nachdem der Mais in einer Kalkbrühe eingeweicht worden war, wurde er mit einem Stößel *(mano)* in einem Mörser *(metate)* zerstoßen. Dann wurden aus ihm *tortillas* gemacht, die auf einem *comal* gebacken wurden, einer breiten Platte aus gebranntem Ton, die auf drei Steinen in die Feuerstelle gestellt wurde. Bei Ausgrabungsarbeiten stießen Archäologen auf *manos, metates, comales,* vereinzelt sogar auf Feuerstellen. Auf einigen Fundstücken, wie einem bunten Gefäß oder mehreren Figurinen aus Lubaantún, ist das Bild einer Frau zu sehen, die Mais zerkleinert. Auch schriftliche Quellen bezeugen, dass die Maisverarbeitung Frauenarbeit war. Landa bemerkte, dass die „Indianerinnen den Mais einweichen […]. Dann zerquetschen sie ihn auf Steinen […]. Sie stellen zahlreiche Sorten Brot her […], die kalt ungenießbar sind, sodass zweimal am Tag gebacken werden muss."

Die Jagd dagegen fiel in den Aufgabenbereich der Männer, und auch die Musik wurde in erster Linie von den Männern dominiert, ob von einem Solisten vorgetragen, wie es eine Figurine aus Lubaantún zeigt, oder von einer Gruppe, wie auf den Wandgemälden in Bonampak zu sehen ist.

In der Mayakunst wurden die Geschlechter eindeutig dargestellt – allerdings weniger durch die Darstellung des Körperbaus, sondern vielmehr durch die Kleidung und die Haartracht. Die Frauen wurden in der Regel mit einem langen Rock und einem weiten *huipil*

MANN UND FRAU
Die Tonpfeife aus dem Spätklassikum ist ein Fundstück aus Copán und stellt ein Paar in sehr natürlicher Haltung dar, das sich an den Händen hält.

abgebildet. Die Männer trugen einen *maxtli*, einen langen Lendenschurz, dessen Enden vorn und hinten herabhingen. *Maxtli* und Röcke wurden manchmal verziert, doch die Forschungsergebnisse über Statuetten, bemalte Gefäße, Wandmalereien und Skulpturen reichen nicht aus, um zu bestimmen, ob diese Motive für die Zugehörigkeit zu einem Geschlecht, einer Gesellschaftsschicht oder einem Gemeinwesen spezifisch waren. Im heutigen Chiapas geben die männliche und weibliche Tracht dem eingeweihten Betrachter Auskunft über die Gemeinschaft und den Status ihrer Träger.

Eine in Klassen organisierte Gesellschaft

Die Informationen, die sich aus den archäologischen Funden bezüglich der Geschlechterrolle in vorspanischer Zeit ziehen lassen, deuten darauf hin, dass die Mayagesellschaft eine patriarchale Gesellschaft war. Es ist davon auszugehen, dass es eine ähnliche Tätigkeitsverteilung ohne große Änderungen in urgeschichtlicher und geschichtlicher Zeit gab.

Die Gesellschaftsstruktur hingegen hat seit Ende der klassischen Zeit radikale Veränderungen durchgemacht. Die heutige Mayagesellschaft besteht im Wesentlichen aus einer einzigen Klasse. Hauptbeschäftigung ist die Landwirtschaft, selbst wenn sich einige Maya haupt- oder zumindest nebenberuflich spezialisiert haben, beispielsweise als Töpfer, Korbmacher oder Tischler. Innerhalb dieser Klasse gibt es unterschiedliche Tätigkeitsfelder, die individualisiert oder auch erblich sein können, wie das Weissagen oder die Medizin. Oder sie sind in einer Struktur kodifiziert, wie es bei dem *cargo*-System in Zinacantán der Fall ist. Die Ämter können von allen Männern ausgeübt werden; der Aufstieg vollzieht sich mit dem Durchlaufen der vorgeschriebenen Ämter. Die Schichtung ist jedoch altersabhängig, d. h., dass junge Männer von den bedeutendsten Posten ausgeschlossen sind.

Die Überreste der klassischen Zeit zeugen von einer völlig anderen Situation, nämlich von einer Gesellschaft, die sich aus bestimmten Schichten zusammensetzte, in die man entweder hineingeboren wurde oder denen man aufgrund der beruflichen Tätigkeit angehörte. Am deutlichsten ist die Trennung zwischen Herrschern und Beherrschten; die Kontinuität der regierenden Dynastie wurde durch das männliche Erstgeburtsrecht gesichert. Eine Heirat war die einzige Möglichkeit, von einer unteren Schicht in diese aufzusteigen.

GESELLSCHAFTLICHE DIFFERENZIERUNG

Lange ging man davon aus, dass die Gesellschaft der Maya aus einer breiten bäuerlichen Masse unter der strengen Herrschaft einer Führungsschicht bestand. Neuere Forschungen weisen auf eine wesentlich komplexere Struktur hin. Inzwischen hält man es für wahrscheinlich, dass es gesellschaftliche Zwischenschichten gab, die sich aus dem niederen Adel, Beamten, Kaufleuten oder Handwerkern rekrutierten. Diese beruflichen und gesellschaftlichen Gruppen hatten zweifelsohne Beziehungen zur Oberschicht. Wie aus Untersuchungen auf der Halbinsel Yucatán hervorgeht, war die Gesellschaftsordnung der Maya weniger hierarchisch, dafür aber differenzierter als bisher angenommen. An zahlreichen Mayastätten ist erkennbar, dass sich der Wohnraum allmählich von einfachen Wohnhäusern aus vergänglichen Baustoffen zu großen Palästen aus behauenen Steinen entwickelte.

Ob es sich nun um Häuser mit teilweise aus Steinen errichteten Wänden oder um Häuser aus dauerhaftem Material, aber mit einfachen Strohdächern handelte, macht keinen großen Unterschied, bestätigt aber, dass die Mayagesellschaft nicht in zwei Schichten von völlig unterschiedlichem Niveau eingeteilt war, sondern dass die hierarchische Gliederung ausgeklügelten Regeln folgte.

Das Fehlen deutlicher gesellschaftlicher Gegensätze lässt die Vermutung zu, dass es einen starken Zusammenhalt zwischen allen sozialen Schichten innerhalb einer Stadt gab. Das Gefühl der Zugehörigkeit zu einer bestimmten Gruppe ist in der Geschichte einiger Städte spürbar, etwa in Dos Pilas oder Toniná, wo der innere Zusammenhalt den Vorrang über unterschiedliche Vermögensverhältnisse hatte. Vom Bauern bis zum König waren alle miteinander verbunden und hatten eine gemeinsame Geschichte.

Auch unter den Beherrschten gab es klare Trennlinien; letzte Beweise hierfür lieferte die Kartographie Tikals und Seibals. Die Plattformen der Wohnhäuser variieren stark, und zwar nicht nur hinsichtlich ihrer Anzahl (die von der Größe der Familie abhing), sondern auch ihrer Ausmaße. Einige bestehen lediglich aus einer einzigen Steinschicht und sind gerade groß genug, um ein kleines Haus von 25–30 Quadratmetern tragen zu können, während andere 2 Meter und höher sind, eine Steintreppe besitzen und ausreichend Platz für ein Haus und eine breite Terrasse bieten. Einige Gruppen weisen eine Struktur auf, die für eine Wohnstätte zu klein ist und bei der es sich wohl um ein Heiligtum handelt. Die prächtigsten Residenzen, deren Errichtung einen hohen Material- und Arbeitsaufwand erforderte, waren vermutlich die Wohnstätten der Familien, die auf den obersten Stufen der sozialen Leiter standen. Eine dieser Gruppen, die 1977 in Copán freigelegt wurde, verfügt über eine mit einer Hieroglypheninschrift versehene Bank, zu der eine erhöhte *sacbé* (gepflasterte Straße) führt – ein perfektes Beispiel für eine Wohnstätte, die den Status und die Privilegien ihrer Bewohner widerspiegelte.

Seit langem ist klar, dass die Mayaherrscher in den langen Gebäuden mit Kraggewölbe lebten, die die Archäologen „Paläste" getauft hatten und für die sich in den meisten wichtigen Stätten Beispiele finden. Einer der bekanntesten ist der Komplex, der sich südlich des Großen Platzes in Tikal erhebt, die Zentrale Akropolis. Indes glauben die Forscher auch, dass zu den ständigen Wohnsitzen der Herrscher auch die Gebäudegruppen rund um einen Innenhof zählten, wie der weiter oben erwähnte in Copán, oder dass sie diese zumindest als Zweitresidenz nutzten.

Eine dieser ausgearbeiteten Gruppen der Vororte von Tikal war vielleicht einmal ein kleines Herrenhaus für die abgesetzte Herrscherfamilie. Dies deutet darauf hin, dass neben der herrschenden Dynastie eine anerkannte Aristokratie existierte. Durch Geburt oder das Ausüben eines hohen Amtes konnte eine Familie einen hohen Status aufrechterhalten sowie die wirtschaftliche Kapazität, diesen stilvoll auszufüllen.

Für die Entstehung einer solchen Aristokratie in klassischer Zeit sprechen die Grabbeigaben, die in den Grabstätten vieler Städte entdeckt wurden. Während der Frühklassik konnten sich alle Gesellschaftsschichten seltene importierte Güter wie Jade leisten. In der Spätklassik befanden sich diese Güter ausschließlich in der Hand einiger weniger, die sich in großartigen Bauten im Herzen der Sakralbezirke bestatten ließen. Diese beispielhafte Veränderung beweist, dass die Mayagesellschaft mehrschichtiger geworden war. Sowohl der Erwerb von Luxusgütern durch die untersten sozialen Ränge als auch der gesellschaftliche Aufstieg Einzelner wurde immer weiter eingeschränkt. Während der Früh-

MACHT UND ANSEHEN
Da man Jade nur selten fand, wurde der Stein mit großer Sorgfalt bearbeitet, wie diese aus dem Klassikum stammende Platte aus Nebaj belegt. Sie stellt einen hohen Würdenträger und einen Zwerg dar.

klassik hatte jeder, der es
sich leisten konnte, Jadeschmuck erwerben dür-
fen. Im Verlauf der nachfolgenden Jahrhunderte war das Tragen von Jadeschmuck dann
zu einem Vorrecht der Elite geworden. Die Beweise, die die Existenz von Klassen in der
Mayagesellschaft belegen, stammen mehrheitlich aus der Spätklassik. Die Fundstätten aus
dieser Epoche sind nämlich zahlreicher; häufig überlagern die noch unerforschten Ruinen der Spätklassik Spuren aus älterer Zeit. Die zurzeit vorliegenden archäologischen
Funde lassen darauf schließen, dass die Mayagesellschaft der Spätklassik aus mindestens
sieben verschiedenen Schichten bestand.

Die herrschende Klasse

An der Spitze der Pyramide standen der Souverän oder die Herrscherfamilie, deren militärische und heiratspolitische Glanzleistungen auf den Stelen, Türstürzen und Altaren in Städten wie Tikal und Yaxchilán verewigt wurden. Der Herrscher leitete die Exekutive der komplexen Organisation, die die Aufgabe hatte, den Überbau aufrechtzuerhalten und

die Infrastruktur der Zivilisation zu verwalten. Vermutlich war er ein gleichermaßen religiöses wie weltliches Staatsoberhaupt. Die Entschlüsselung verschiedener Monumentinschriften lieferte mehr Informationen über einige Mayaherrscher der klassischen Zeit als Einzelpersonen, als die Wissenschaft über die Gesamtheit der vorspanischen Indianervölker besitzt.

Offensichtlich konnte ein Herrscher, der 50 000 Untertanen regierte, seine Herrschaft nur mithilfe einer Beamtenklasse ausüben; die Aufgabe der Verwaltungsbeamten dürfte darin bestanden haben, die Anweisungen des Herrschers in Verwaltungsakte umzusetzen. Sie mussten entscheiden, wie viel Material und Arbeitskraft zur Ausführung einer Aufgabe benötigt wurden, und hatten die dafür notwendigen Informationen zu geben.

Die hohen Beamten hielten sich stets an der Seite des Herrschers auf, während die rangniedrigeren Beamten die Anordnungen vor Ort umsetzten. Solche Notabeln waren für die Arbeitskräfte, die Berufshandwerker und für das Baumaterial verantwortlich sowie für die Bewaffnung und Verpflegung der Streitkräfte. Sie mussten notwendigerweise vor Ort arbeiten; einige der untergeordneten Zeremonialzentren dürften ihnen wohl als Operationsbasis gedient haben. Es ist nicht mit Sicherheit zu sagen, ob ihr Amt ein reines Verwaltungsamt war oder ob es – was wahrscheinlicher ist – mit einem erhöhten gesellschaftlichen Status (ähnlich dem Amt des mittelalterlichen Burggrafen) verbunden war. Ebenso ist unbekannt, bis zu welchem Punkt die lokalen Lehnsherren und der Herrscher Zwang auf die Bevölkerung ausübten, obwohl davon ausgegangen wird, dass bei den klassischen Maya ein Lehnssystem mit entsprechenden Verpflichtungen existierte.

AKROPOLIS VON TIKAL
Der verschachtelte Komplex aus Wohnhäusern, Tempeln und Kultstätten wurde von den Baumeistern der Maya meisterhaft in das Gelände eingepasst.

FIGURINEN ALS ABBILD DER MAYA

Die Figurinen bestehen aus Ton und werden daher mit Erde und Fruchtbarkeit in Verbindung gebracht. Die meisten der gefundenen Figürchen stammen aus dem Vorklassikum und dem späten Klassikum. Im Frühklassikum scheinen sie dagegen relativ selten gewesen zu sein. Die Figurinen bieten Informationen über das Aussehen der Maya, aber auch über die Vielfalt der Gewänder, in denen sich die sozialen und wirtschaftlichen Unterschiede der Bevölkerung spiegeln. An den Figürchen von der Insel Jaina in der Region von Campeche erkennt man die Adlernase, das glatte Haar und die vorspringenden Wangenknochen als typische Merkmale der vorspa-

nischen Bevölkerung. Auch einige kulturelle Praktiken sind abzulesen, die das Äußere eines Menschen veränderten, etwa die Schädeldeformation, die Perforation von Nase und Ohren oder das Feilen oder Abschleifen der Zähne. Selbst über Zahnschmuck und Hautritzungen geben die Tonfigürchen Aufschluss. Außerdem vermitteln sie eine Vorstellung von den Haartrachten und den reichen Schmuckstücken der Herrscher und ihrer Gemahlinnen. Das Volk war natürlich einfacher gekleidet – so trugen beispielsweise die Weberinnen Oberteil und Rock. Ihr Schmuck war wesentlich einfacher gearbeitet als derjenige hoch gestellter Persönlichkeiten.

Die Handwerker

Viele Anweisungen der zentralen oder lokalen Regierung betrafen wohl den Bau, die Ausschmückung und die Instandhaltung öffentlicher Bauten wie Tempel, Ballspielfelder und andere Strukturen, die nicht zu Wohnzwecken genutzt wurden. Mit diesen Aufgaben wurden, wie in der gesamten übrigen vorindustriellen Welt, Berufshandwerker betraut, die für die öffentliche Hand arbeiteten, aber wohl auch private Aufträge ausführen durften.

Eine umfassende Vorstellung von diesen Tätigkeiten lässt sich durch die Betrachtung der Errichtung eines Offizialbaus wie etwa Tempel I in Tikal gewinnen. Der ausgefeilte Bauplan weist eine harmonische Struktur auf und war das Werk eines guten Architekten. Das Gebäude besteht aus einer großen Menge behauener Steine, die herbeitransportiert werden mussten. Es war wohl die Aufgabe des Architekten oder eines anderen Fachmanns, der das Aufmaß berechnete, die Rohstoffe, die Zahl der Arbeitskräfte und das Lieferdatum zu kalkulieren. Die Steine mussten von Maurern behauen und dann von Arbeitern als Mauern hochgezogen werden.

Die gesamten Mauern wurden mit weißem Stuck bedeckt, der von Gipsern hergestellt und aufgetragen wurde. Bei Bedarf konnten diese auch dreidimensionale Stuckskulpturen herstellen, wie sie in Palenque und in einigen Teilen Tikals zu bewundern sind. Dieser Stuck wurde bemalt. Die Wände einiger Mayabauten waren vermutlich mit Secco-Malereien verziert. Über den Eingängen zu Tempel I befanden sich hölzerne Stürze, in die komplexe Szenen und detaillierte, feine Hieroglypheninschriften eingeritzt worden waren. Auch Holzskulpturen, die Personen darstellen, sind bis in die heutige Zeit erhalten geblieben. Daher ist bekannt, dass die Maya das Hochrelief ebenso gut und mit genauso viel Sachverstand einsetzten wie andere Völker.

MAYAKRIEGER
Diese Figurine aus Jaina zeigt uns, wie die Soldaten der Maya ausgesehen haben könnten. Die Krieger trugen einen dicken Panzer aus Baumwolle und waren mit einem Schild ausgerüstet.

Die Formen und auch die Ornamente eines Bauwerks wie Tempel I sind Ausdruck eines bestimmten Glaubenssystems, doch die Bedeutung des größten Teils des von den Maya verwendeten Bildmaterials liegt im Dunkeln. Auch der Aufbau alter christlicher Kirchen stellt für denjenigen, der die Glaubensvorstellungen, aus der diese Bauwerke ihre Inspiration beziehen, nicht kennt, ein einziges großes Rätsel dar. Höchstwahrscheinlich

DIE MAYA

wurden der Architekt und die Bildhauer während des Baus und der Ausschmückung von Tempel I von einem aufmerksamen Klerus angeleitet, der sicherstellte, dass dieses königliche Grabmal den rituellen Vorschriften genügte.

Andere Handwerker arbeiteten eher für private als für öffentliche Auftraggeber. Besonders für das Töpferhandwerk und die Herstellung von Steinwerkzeugen liefert die Archäologie ausnehmend viele Beispiele.

Gebrauchsgegenstände und Werkzeuge

WERKZEUGE AUS OBSIDIAN
Bei diesem Stein, einem Obsidiankern aus dem späten Nachklassikum, handelt es sich um ein Fundstück aus El Meco (Quintana Roo). Obsidian wurde aus Guatemala eingeführt und diente der Herstellung von Schneidklingen.

Das Töpferhandwerk war wohl das Handwerk, das am weitesten verbreitet war, und liefert der Wissenschaft deshalb die größte Zahl an Forschungsobjekten, die den sesshaften vorindustriellen Gesellschaften entstammen. Von Tongefäßen gibt es besonders viele Überreste, da die einzelnen Tonscherben trotz ihrer Zerbrechlichkeit nahezu unverwüstlich sind. Bei Grabungen im Mayagebiet wurden Hunderttausende von Scherben gefunden. Da sich die Keramikstile und Töpfertechniken relativ rasch weiterentwickelten, sind vergleichende Studien der Keramiksequenzen die beste Methode zur ungefähren Datierung innerhalb der einzelnen Fundstätten. Diese Technik wird wesentlich häufiger genutzt als die Datierung der Stelen, die zwar begrenzter, dafür aber auch exakter ist. In den vorindustriellen Gesellschaften (inklusive der modernen Maya Chiapas und Yucatáns) wurde das Töpferhandwerk im Allgemeinen nur von einzelnen Personen ausgeübt und war häufig auf einige Dörfer der Region beschränkt, die einen großen Markt für Haushaltskeramik und zeremonielle Keramik belieferten. Die Keramikarbeiten der Klassik sind sehr vielfältig. Da gibt es große Tonkrüge, die zur Lagerung von Flüssigkeiten oder Getreide verwendet wurden, reich verzierte polychrome Gefäße, die sich vor allem in Grabstätten finden, und monochrome Schüsseln, die zum Servieren der Speisen verwendet wurden. Selbst in den Fundstätten der frühen Vorklassik scheinen zahlreiche Arten von Gefäßen und Dekorationstechniken die Gebrauchskeramik von der Zierkeramik zu unterscheiden. Die detailgenauesten Zeichnungen von Personen traten jedoch erst in der Spätklassik auf. Vielleicht waren, wie im antiken Griechenland, der Töpfer und der Maler zwei verschiedene Personen, die von Zeit zu Zeit zusammenarbeiteten, um spezifische Arbeiten auszuführen. Nach dem, was die Wissenschaft von den Mayahandwerkern weiß, wäre es nicht überraschend, wenn die Gefäße von Frauen getöpfert und von Männern bemalt worden wären.

In klassischer Zeit und auch in der restlichen vorspanischen Epoche existierten zwei Arten von Steinhandwerkzeugen. Sie bestanden entweder aus poliertem oder aus behauenem Stein. Zu den Werkzeugen aus behauenem Stein zählten Äxte aus hartem Gestein, das in der Regel aus den Vulkanregionen des Hochlands stammte. Zur Herstellung der *manos* und *metates,* die zur Zerkleinerung von Mais dienten, wurde Basaltlava verwendet. In den Bergen Zentralbelizes, wo geeigneter Granit und Quarzit über Tage abgebaut werden konnte, gab es ebenfalls ein großes Fabrikationszentrum. Steinwerkzeug wurde hergestellt, indem ein Block mit einem großen Hammer behauen wurde, um ihm eine rudimentäre Form zu geben. Dann wurden allmählich die Konturen herausgearbeitet und die Oberfläche poliert. Aufgrund ihres Gewichts wurden diese Objekte vermutlich möglichst nah bei den Abbaustätten hergestellt. Zweifellos existierten in den Mayamountains und im Hochland von Guatemala Werkstätten. Die Notwendigkeit, an einem meist abgelegenen Ort zu arbeiten, und die angewendeten

110

Techniken lassen darauf schließen, dass dieses Handwerk von Spezialisten ausgeübt wurde, die dieser Tätigkeit hauptberuflich nachgingen.

Im Tiefland war der am meisten verwendete behauene Stein ein weicher Feuerstein, im Hochland Obsidian. Letzterer wurde ebenfalls ins Tiefland exportiert. Obwohl sich diese sehr brüchigen Steine relativ einfach zu Werkzeugen verarbeiten lassen (sie werden in Europa bereits seit einer Million Jahre verwendet), wurden zahlreiche Gegenstände erwiesenermaßen speziell von Berufshandwerkern hergestellt. So wurden bei Ausgrabungsarbeiten in den freigelegten Werkstätten zahlreiche Überreste von Werkzeugen gefunden. Daraus lässt sich schließen, dass Werkzeug an ganz bestimmten Orten produziert wurde, um anschließend an einen breiten Absatzmarkt geliefert zu werden.

Die Obsidianwerkstätten im Tiefland waren in der Regel recht klein – eine Tatsache, die mit der relativ geringen Obsidianmenge zu erklären ist, die in diese Regionen importiert wurde. In Tikal, El Pozito und Belize stießen Archäologen auf zwei anschauliche Beispiele. Die Entdeckung von zum Teil prismatisch genutztem Gestein lässt darauf schließen, dass Obsidian in Form von grob behauenen Brocken aus dem Hochland kam. Von solchen Gesteinsbrocken wurden von umherziehenden Handwerkern auf dem Markt oder in Werkstätten feine scharfe Klingen abgeschlagen. Diese rasiermesserscharfen Klingen wurden, sorgfältig in Maisblätter eingeschlagen, einzeln verkauft. Doch nicht alle Objekte aus Obsidian und weichem Feuerstein waren Gebrauchsgegenstände. In El Palmar wurden Feuersteinobjekte gefunden, die zahlreiche menschliche Profile zeigen; und in Tikal und Uaxactún entdeckten Forscher Obsidianplättchen, in die Darstellungen von Gottheiten eingeritzt worden waren. Diese Funde zeugen von dem außergewöhnlichen Talent der Kunsthandwerker.

Obsidian kommt im Tiefland verhältnismäßig selten vor, dafür gibt es hier aber große Vorkommen eines weichen Feuersteins, der ein Kalksedimentgestein ist. Tikal liegt an einem Steinbruch für Feuersteine, während sich in Colha in Nordbelize Werkstätten befinden, die auf einer Fläche von über 7 Quadratkilometern verteilt sind. Bei der detaillierten Untersuchung einer dieser Werkstätten wurden auf der Oberfläche eines kleinen Hügels 250 Werkzeuge in allen Fertigungsstadien zutage gefördert. Die Anhöhe

LASTTRÄGER
Da es keine Transportmittel gab, wurde die Handelsware vorwiegend auf dem Rücken transportiert. Diese Darstellung eines Mayakünstlers würdigt die Leistung der Träger.

selbst war durch die Anhäufung von Millionen von Bruchstücken entstanden. Offenkundig waren die Techniken, die die Maya beim Behauen des Feuersteins anwendeten, ebenso hoch entwickelt wie die, über die die Feuersteinschneider im urgeschichtlichen Europa und Mittleren Orient verfügten.

Ausgehend von den archäologischen Überresten kann die Existenz weiterer spezialisierter Berufe abgeleitet werden. Die Bearbeitung von Jade zur Herstellung von Flachreliefs, Skulpturen im Hochrelief und Mosaiken beispielsweise erforderte spezialisierte Steinschneider, die in der Lage waren, diesen harten und widerspenstigen Stein zu bearbeiten, ohne ihn zu beschädigen. Andere Aufgabenbereiche, wie etwa die Musik und die Medizin, erforderten ebenfalls die Besetzung mit Fachleuten, wurden aber nur nebenberuflich ausgeübt. Gewiss ebneten besondere Fähigkeiten dem einen oder anderen den gesellschaftlichen Aufstieg, obwohl die Elite und das Volk in diesen Bereichen separate Fachgebiete bewahren konnten.

Arbeiter und Bauern

Auf der untersten sozialen Stufe standen die ungelernten Arbeiter und die Bauern, die für den Anbau der Grundnahrungsmittel sorgten. Erstere lieferten die nötige Arbeitskraft zur Errichtung der Bauwerke im Sakralbezirk. Sie führten auch zahllose untergeordnete Aufgaben aus, die in jeder sozial geschichteten städtischen Siedlung anfielen. Die Bauern waren für die Lebensmittelproduktion zuständig, um die Herrscher, die Beamten und die Handwerker zu ernähren. Ein Teil der Ernte musste sicherlich als Feudalsteuer, weltliche Abgabe oder als religiöses Tribut entrichtet werden.

Möglicherweise waren einige Menschen auch Bauern und Arbeiter zugleich. Sie verbrachten einen Teil des Jahres auf dem Feld und arbeiteten während der restlichen Zeit (insbesondere während der Trockenzeit zwischen Januar und April, nach dem Jäten der Maisfelder) freiwillig oder zwangsweise in ihrer Hauptstadt oder für einen lokalen Lehnsherrn. Die Vororte der großen

FRAU MIT SONNENSCHIRM
Die Figurine aus Jaina mit ihrer prächtigen Kleidung lässt auf die Bedeutung der Frauen in der mayanischen Aristokratie schließen.

RÄTSELHAFTE KULTGEGENSTÄNDE

Als typische Gegenstände aus dem Mayatiefland haben die „exzentrischen Artefakte" keine festgelegte Form. Es sind bizarre, bearbeitete Objekte, meist aus Feuerstein oder Obsidian, aber auch aus Chalzedon. Belegt sind Funde aus dem Gebiet des Petén und von der Pazifikküste Guatemalas, aus Belize und in geringerem Maße auch aus dem Norden Yucatáns, etwa aus Chichén Itzá und Ticul. An manchen Fundstätten entdeckte man nur ein paar Exemplare, an anderen, beispielsweise in Tikal, viele hundert.

Einige dieser Gegenstände sind sehr klein, andere sind bis 20 oder 30 cm hoch. Die Objekte stellen Tiere bzw. Menschen dar oder sind in geometrischen Formen gearbeitet. Möglicherweise handelt es sich um Grabbeigaben oder Kultgegenstände. Obwohl sie zu den schönsten Beispielen für die Technik der Steinbearbeitung bei den Maya gehören, ist ihre wirkliche Funktion bis heute unklar geblieben. Einige Fachleute halten sie für Opfer- oder Machtsymbole. Eine gewisse Rolle scheinen sie bei Bestattungsritualen gespielt zu haben. Zum Einsatz kamen sie offenbar auch bei der Gründung von Zeremonialzentren, denn unter Mayamonumenten fand man Verstecke mit mehreren dieser Gegenstände. Die schönsten Exemplare stammen aus El Palmar (Quintana Roo), Copán und Quiriguá.

Städte wie Tikal dürften allerdings eine bedeutende Zahl von Einwohnern gehabt haben, die weder Bauern noch Handwerker waren und über die unmittelbar verfügt werden konnte. In der klassischen Mayazeit ist es wohl durchaus möglich gewesen, von der Tätigkeit als ungelernter oder angelernter Arbeiter, der öffentliche und private Aufträge durchführte, leben zu können.

Die Mayagesellschaft der klassischen Zeit verfügte also vermutlich über folgende sieben Schichten: 1) Herrscher oder Herrscherfamilie; 2) Verwaltungsbeamtentum; 3) exekutives Beamtentum; 4) Intellektuelle: Architekten, Priester, Schreiber etc.; 5) spezialisierte Handwerker: Töpfer, Bildhauer, Steinschneider, Maler etc.; 6) Arbeiter; 7) Bauern.

Eine solche Unterscheidung nach Funktionen entspricht dem, was die Wissenschaft von den archaischen Zivilisationen der Alten Welt, von Sumer und Ägypten, weiß, und lässt daran denken, dass mit der Entstehung einer komplexen Gesellschaft neue Bedürfnisse erzeugt werden. Zur Herausbildung einer herrschenden Klasse ist die Existenz einer Bürokratie erforderlich, die deren Entschlüsse umsetzt. Ebenso macht sie eine institutionalisierte Prachtentfaltung notwendig, die es den Regierenden ermöglicht, sich von der übrigen Gesellschaft abzugrenzen. Die Unterhaltung einer solchen Prunkentfaltung erzeugt ein System der Protektion, das wiederum die Fachleute ernährt, deren Arbeit das Regime stärkt. Arbeitskraft und Nahrung bilden die wirtschaftliche Grundlage, die diesen gesellschaftlichen Überbau stützt und die freiwillig oder zwangsweise von der Bevölkerung geliefert wird – der Schlüssel hierzu liegt in Anerkennung oder Strafe moralischer oder materieller Art. Obwohl nicht klar ist, wie dieses System funktionierte, noch wann und wie es sich entwickelte, so belegen die Ruinen der klassischen Zivilisation doch seine Existenz.

GESELLSCHAFTSPYRAMIDE
Die Gesellschaft der Maya war streng hierarchisch gegliedert. Diese Darstellung zeigt den Aufbau der Gesellschaft von der bäuerlichen Unterschicht über die Krieger, Handwerker und Priester bis zur Elite.

Die Städte der Maya

Hoch aufragende Gebäude und enge Innenräume sind die beiden Hauptmerkmale der Mayaarchitektur. Umgekehrt hatten weite, offene Komplexe und Plätze für die Stadtplanung eine wesentliche Bedeutung. Die Esplanaden waren für Versammlungen größerer Menschenmengen vorgesehen, vor deren Augen die Herrscher ihre Kulthandlungen vollzogen. So kann man die Mayastadt als eine Art Theater betrachten, wo dem Publikum eine echte Inszenierung vorgeführt wurde.

Die Herrscher nahmen in den Tempeln an privaten Ritualen teil oder residierten im engsten Kreis an ihren Wohnsitzen. Doch alle Rituale, die die Stadt betrafen, fanden in der Öffentlichkeit statt. Die Bevölkerung war durch ihre Anwesenheit und durch ihre Eingliederung in den architektonischen Komplex in das Geschehen einbezogen. So lässt sich die enge Verknüpfung von Skulptur und Architektur in der Kunst der Maya erklären. Die Stelen waren in der Regel am Fuß der Gebäude aufgestellt und dem Betrachter zugewandt. Die Hieroglyphentreppen, die Zugang zu den Bauwerken boten, hatten skulptierte Setzstufen, die das Volk sehen konnte, wenn es die Blicke zum Gipfel erhob, wo der Herrscher der Stadt thronte. Ihren Höhepunkt erreichte diese Kunst der Darstellung in den Tempeln von Yucatán, wo das Bauwerk selbst zum göttlichen Wesen wurde und sein Eingangstor wie das Maul eines Erdmonsters gestaltet war.

So bot die Mayastadt dem flanierenden Publikum einen grandiosen Rahmen. Von zentraler Bedeutung waren neben den Ballspielplätzen die Baukomplexe, die astronomischen Beobachtungen dienten. Hier konnte das Volk zur Zeit der Tagundnachtgleiche und Sonnenwende die Sonnenaufgänge verfolgen, die den Rhythmus des landwirtschaftlichen Lebens bestimmten. Weniger bekannt ist, dass, wie in Palenque, Labyrinthe zur Verherrlichung der Macht und des Herrschers beitrugen, der in seiner ganzen Pracht auf dem Gipfel des Bauwerks erschien. Begleitet wurde das Zeremoniell von Musik, Tanz und Opferhandlungen – umhüllt von den Rauchwolken des Kopalharzes.

So bildete das Herz der Mayastadt einen großzügigen Komplex, an dem die Bevölkerung mit ihren Herrschern beim Vollzug der Kulthandlungen in Verbindung trat. Das festigte das Gruppenleben und trug dazu bei, die Macht des Herrschers zu sichern.

GEFANGENNAHME EINES HERRSCHERS
Bei einem bewaffneten Konflikt gelang den Kriegern von Toniná die Gefangennahme des Herrschers von Palenque. Die Könige von Toniná ließen diese Episode auf den Stufen der Akropolis verewigen – vielleicht wollten sie damit auch ihre Feinde in Furcht versetzen.

STELE VON COPÁN
Die Monumente der Maya stehen oft in einem inneren Zusammenhang. So erhält die Stele von Copán hinter dem Altar, der das Erdungeheuer darstellt, erst durch die Beziehung zu dem Altar ihren Sinn: Der zur Welt kommende König tritt aus der Unterwelt hervor.

IM LABYRINTH
Labyrinthähnliche Bauwerke, hier das Satunsat von Oxkintok, sind an mehreren Stätten zu finden. Durch ein Tor gelangt man durch ein Gewirr von Gängen in einen Raum. Dort hüllte sich der Herrscher in seine Prunkgewänder, bevor er sich im Glanz der Sonne seinem Volk zeigte.

ÜBERGANG ZWISCHEN ZWEI WELTEN
Die Bewohner der Chenes-Region entwarfen Tempel in einer neuen Stilart. Die mit Steinmosaiken verzierten Bauwerke stellen die Maske des Erdmonsters dar. Das Eingangstor ist das Maul, die Schwelle der Unterkiefer und die übrige Fassade das Gesicht. Das Überschreiten der Tempelschwelle entspricht dem Eintritt in die Unterwelt.

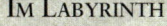

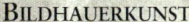

HERRLICHKEIT DES KÖNIGS

D ie Fresken von Bonampak, auf denen der König den Kulthandlungen anlässlich eines Sieges beiwohnt, vermitteln eine Vorstellung von der Pracht, die sich bei den Festlichkeiten der Maya entfaltete. Die Würdenträger waren in lange Umhänge aus weißem Baumwollstoff gehüllt und trugen kunstvolle Haartrachten, die mit bunten Federn, manchmal auch mit Jade oder Muscheln, geschmückt waren. Zusammen mit den Jaguarfellen waren dies alles sichtbare Zeichen der Macht, welche unter den Klängen von Muschelhörnern, Rasseln und Trommeln und in den Rauchwolken der Räuchergefäße die Phantasie des Volkes ansprechen sollten. Das Erscheinen des Königs in seiner ganzen Herrlichkeit, ein Schauspiel für alle Sinne, diente dazu, eine fast fanatische Zustimmung der Gläubigen hervorzurufen.

BILDHAUERKUNST
Die Mayakünstler arbeiteten nicht nur monumental, sondern auch filigran, wie diese Tafeln zeigen. Die dargestellten Würdenträger scheinen fast lebendig zu sein.

KAPITEL 6

Politik und Königsdynastien

Die Stelen von Piedras Negras

Über die Herrscher liegen wesentlich mehr Informationen vor als über irgendeine andere Schicht der Mayagesellschaft, und zwar aus dem einfachen Grund, weil sie, wie andere Herrscher auch, Bildnisse von sich selbst errichten ließen. Außerdem listen die Inschriften ihre Eroberungen und Bündnisse sowie ihre Vorfahren und ihre Titel auf. Die Kenntnisse auf diesem Gebiet sind noch relativ jung. Obwohl Stephens 1839, ausgehend von seinem Wissen über die Zivilisationen der Alten Welt, vermutete, dass die Stelen in Copán Herrscher darstellen und die Inschriften ihre Geschichte erzählen, waren weder er noch seine Nachfolger dazu in der Lage, diese zu entschlüsseln. Selbst nachdem die Chronologie der Mayamonumente bekannt war, lag ihre Bedeutung weiter im Dunkeln. Während der ersten 40 Jahre des 20. Jh. hielten Mayafachleute diese Inschriften für esoterische Texte und die dargestellten Personen für Priester. Jede historische Interpretation schien unmöglich.

Als der Archäologe Heinrich Berlin gegen Ende der 1950er-Jahre zeigte, dass eine Vorsilbe konstant immer wieder in Verbindung mit Hauptglyphen auftrat, dass jedes dieser Zeichen nur in sehr engen geographischen Grenzen zu finden war und sich jeweils auf eine Stätte beschränkte, veränderten sich die Dinge grundlegend. Berlin äußerte die Vermutung, dass jedes dieser Zeichen den Ortsnamen oder die Identität der herrschenden lokalen Dynastie anzeigte. Diese Zweideutigkeit in der Interpretation dessen, was heute als „Emblem-Glyphe" bezeichnet wird, existiert nach wie vor. Berlin identifizierte die Emblem-Glyphen von Tikal, Palenque, Yaxchilán und Piedras Negras. Inzwischen wurden solche Glyphen auch in Seibal, Quiriguá und anderen Stätten entdeckt. Die Existenz dieser Zeichen und ihre geographische Gebundenheit ließen darauf schließen, dass die Inschriften zumindest teilweise weltliche Dinge behandeln müssen.

Zur gleichen Zeit wie Berlin entdeckte die Kunsthistorikerin Tatiana Proskouriakoff, dass die bedeutenden Stelen in Piedras Negras am Usumacinta einem ungewöhnlichen und dennoch harmonischen Muster folgen. In jeder chronologischen Gruppe von Stelen zeigt die jeweils älteste eine menschliche Figur, die in einer Nische am oberen Ende einer Leiter sitzt. Fußabdrücke, die auf einem über die Leiter gelegten Tuch zu sehen sind, deuten darauf hin, dass die Person gerade erst dort hinaufgestiegen ist. Diese Darstellung bezeichnete Proskouriakoff als „Motiv der Thronbesteigung" und das auf dem Monument vermerkte Datum als „Inaugurationsdatum". Jede dieser Stelen trägt zudem ein älteres Datum, das sich auf ein Ereignis bezieht, das mehrere Jahre, manchmal sogar mehrere Jahrzehnte vor dem „Inaugurationsdatum" liegt. Dieses Datum betitelte die Historikerin als „Initialdatum". Der zeitliche Abstand zwischen Initial- und Inaugurationsdatum sieht so aus, dass, laut Proskouriakoff, „keine Serie die Dauer eines Menschenlebens überschreitet". Daraus lässt sich schließen, „dass das Initialdatum sich auf die Geburt oder einen Lebensabschnitt eines Herrschers bezieht, der am Inaugurationsdatum an die Macht

THRONBESTEIGUNG
Diese Darstellung des Königs in einer Nische stammt aus Piedras Negras und markiert den Beginn einer Regierungszeit. Die Stele 6 mit dem Datum 14. April 687 n. Chr. ist besonders kunstvoll gearbeitet.

kam, und dass auf jeder Serie von Monumenten die Geschichte einer Regierungszeit aufgezeichnet wurde". Die edel gekleideten Personen auf den Stelen können daher als weltliche Herrscher und deren Familien gedeutet werden. Die Inschriften wären dann nicht mehr reine kalendarische oder astronomische Berechnungen, sondern sie würden zumindest teilweise die Geschichte und Ahnenfolge dieser Personen erzählen.

Proskouriakoff fand sieben aufeinander folgende Gruppen von Monumenten in Piedras Negras (eine ist nicht verbürgt, da sie nur eine einzige Stele umfasst), die auf die Zeit von 9.9.0.0.0. bis 9.18.5.0.0. (613–795 n. Chr.) zurückgehen. Diese sechs Herrscher regierten respektive 35, 47, 42, 28, 5 und 17 Jahre, was eine durchschnittliche Herrschaftsdauer von fast 30 Jahren ergibt. Bei Regierungsantritt waren sie zwischen 12 und 31 Jahre alt und erreichten ein Alter von 56 bis 60 Jahren, vielleicht sogar noch etwas mehr.

Fünf Jahre nach der Thronbesteigung eines Herrschers wurde ein Monument errichtet, das sich auf das genaue Datum der Machtübernahme sowie auf das Initialdatum bezog, sein Geburtsdatum oder ein anderes bedeutendes Ereignis in seinem Leben. Weitere Bauten wurden in Fünf-Jahres-Intervallen *(hotun)* errichtet, bis die Regierungszeit vermutlich mit dem Tod des Herrschers endete. Dann kam ein anderer Herrscher an die Macht und ließ seine eigene Krönungsstele errichten. Unter den abgebildeten Personen befinden sich auch einige Frauen, die mit Kleidern und Röcken bekleidet sind.

Die Türstürze von Yaxchilán

In der Stadt Yaxchilán, die sich am Oberlauf des Usumacinta erhebt und wahrscheinlich dynastische Beziehungen zu Piedras Negras unterhielt, konnten mehrere Herrscher identifiziert und einige ihrer Heldentaten beschrieben werden. Zwei von ihnen erhielten die Beinamen „Schild-Jaguar" und „Vogel-Jaguar" wegen der Form ihrer Glyphen: ein kleiner runder Schild mit dem Profil eines Jaguarkopfs für den einen und ein Vogel auf dem Kopf eines Jaguars für den anderen. Dies sind jedoch nicht zwingenderweise ihre Mayanamen. Der Erste könnte dem Mayanamen *Pacal Balam* entsprechen (wörtlich „Schild-Jaguar"), hätte aber auch so etwas wie „grausamer Beschützer" bedeutet haben können.

Vogel-Jaguar war ein angesehener Krieger. In Yaxchilán zeigen ihn die Türstürze 8 und 41, reliefbedeckte Steinplatten über den Türen des Sakralbezirks, mit einem anderen Herrn bei der Gefangennahme zweier Menschen. Auf die Wange des Gefangenen von Vogel-Jaguar ist ein Name eingraviert, ein Totenkopf in einem Perlenkreis, der als „Schädel verziert mit Edelsteinen" übersetzt wird. Ähnlich wie die römischen Kaiser, die ihren Na-

DIE HERRSCHER VON YAXCHILÁN
Auf diesem Türsturz mit der Nummer 9 aus dem Jahr 687 n. Chr. sind zwei hoch gestellte Persönlichkeiten zu erkennen, die mit Prachtgewändern bekleidet sind und Zepter in der Hand tragen.

men die Bezeichnungen für die von ihnen eroberten Provinzen nachstellten, erinnerten auch die Mayaherrscher durch die Annahme von Titeln an die Gefangennahme bedeutender Personen (oder auch an die Eroberung wichtiger Orte). So wird Schild-Jaguar von Yaxchilán „Sieger über den Tod, Sieger über den Ahau" genannt.

Schild-Jaguar war ein bemerkenswerter Mann. Er war 9.10.15.0.0 (647 n. Chr.) geboren worden, wurde 9.12.10.0.0 (682 n. Chr.) Herrscher von Yaxchilán und erreichte ein Alter von über 90 Jahren. Proskouriakoff vermutet, dass er vielleicht ein Ausländer war und die Macht in Yaxchilán usurpiert hatte. Struktur 44 rühmt seine militärischen Heldentaten auf reliefbedeckten Türstürzen, die auf „eine Schlacht von politischer Bedeutung, vielleicht sogar eine Schlacht, in deren Verlauf Schild-Jaguar sich des Herrschaftsgebiets Yaxchiláns bemächtigte" hinweist, da er den Titel „Sieger über den Ahau" annahm. Das Datum der Schlacht ist ganz genau vermerkt, 9.12.8.14.1, 12 Imix 4 Pop, was dem 23. Februar 681 n. Chr. entspricht. Da von Schild-Jaguar kein anderes Inaugurationsmonument existiert, bestieg er den Thron Yaxchiláns wahrscheinlich gewaltsam und nicht durch Erbfolge. Er dürfte 9.15.10.17.14, 6 Ix 12 Yaxkin, also am 17. Juni 742 gestorben sein, was jedoch nicht sicher ist. Die Tatsache, dass Vogel-Jaguar erst 11 Jahre später an die Macht kam, lässt darauf schließen, dass die Nachfolge umstritten war. Mit der Nennung von Schild-Jaguar in seinen Inschriften erinnerte Vogel-Jaguar an seinen glorreichen Vorgänger; vermutlich versuchte er dadurch sein eigenes Ansehen zu steigern.

Die Türstürze von Yaxchilán sind so bedeutend, weil sie Geschichte illustrieren. Ihre Inschriften erinnern an wichtige Ereignisse aus dem privaten und politischen Leben der Herrscher von Yaxchilán. Damit ist bewiesen, dass zweierlei Arten öffentlicher Monumente existieren: die, die tatsächliche Geschehnisse rühmen, und die, die geschichtliche Eckdaten markieren, wobei Letztere auch dynastische und historische Informationen bergen.

Quiriguá

Die Theorie Proskouriakoffs wird von verschiedenen Wissenschaftlern gestützt, so etwa von David H. Kelley, der für Quiriguá im Tal des Motagua eine Serie von drei, ja sogar fünf Herrschern vorlegt. Quiriguá ist bekannt für seine großen Sandsteinstelen, darunter mit einer Höhe von 11 Metern die höchste bekannte Mayastele. Außerdem ist die Stätte für ihre dreidimensionalen skulptierten Felsblöcke berühmt. Sie stellen kolossale Tiere dar, weshalb sie als zoomorphe Blöcke bezeichnet werden. Jüngste Forschungsarbeiten haben zu neuen Schlussfolgerungen über die Herrscher dieser Stadt geführt. Der erste wurde nach einer freien Übersetzung seines Glyphennamens „Cauac-Himmel" genannt. Unter seiner Herrschaft, an die einige der wundervollsten

ENTSCHLÜSSELUNG DER GLYPHEN

In den letzten 30 Jahren erzielte man spektakuläre Fortschritte beim Entschlüsseln der Maya-Inschriften. Nach den ersten Durchbrüchen, durch die historische Daten festgelegt wurden, ließen sich rasch auch Glyphen entziffern, die sich auf Ereignisse wie Gefangennahme, Sieg, Geburt oder Eheschließung bezogen oder auf Verwandtschaftsverhältnisse oder Eigennamen hinwiesen. So gelang die Erstellung einer Geschichte der Maya. Als die Experten ihre Forschungsarbeiten auf Inschriften auf Keramikgefäßen und kleinen Gegenständen ausdehnten, konnten sie Zeichen identifizieren, die sich auf Naturelemente oder Gebäu-

de bezogen. So kennt man inzwischen nicht nur die Glyphe für das Ballspiel oder die Pyramide, sondern auch die Glyphenembleme für verschiedene Städtenamen. Auch lassen sich Verben und Adjektive unterscheiden. Durch die Kenntnis der heutigen Mayasprachen und der Wörterbücher aus der Zeit der spanischen Eroberung, in denen die Mayatexte phonetisch festgehalten sind, gelang die Übersetzung von Eigennamen und Ortsnamen. Sicherlich ist auch weiterhin Vorsicht angebracht, doch diese Fortschritte beim Entziffern der Mayaschrift ermöglichen den Zugang zu einem Aspekt, den die Archäologie nicht bietet – dem Gedankengut.

Monumente erinnern, erlebte Quiriguá in der Spätklassik eine Blütezeit. Cauac-Himmel, dessen Herkunft unbekannt ist, bestieg im Jahr 724 n. Chr. den Thron.

Zwischen Quiriguá und dem in der Nähe, etwas südlich gelegenen Hauptzentrum Copán bestanden zu dieser Zeit noch keine klaren Beziehungen. Doch die Armee Cauac-Himmels schien im Jahr 737 n. Chr. einen großen Sieg über Copán davongetragen und sogar den Herrscher von Copán gefangen genommen zu haben, der nach seinem Glyphennamen „18-Kaninchen" genannt wird. Quiriguá wurde, wenn es das nicht bereits war, völlig unabhängig und hatte die Kontrolle über die strategisch wichtigen Handelswege im Motagua-Tal.

Der Kanuverkehr rund um die Halbinsel Yucatán nahm stetig zu, wodurch das Monopol Quiriguás über den Motagua seinen Herrschern immer größeren Profit brachte. Cauac-Himmel nutzte seine neue Macht und seinen Reichtum, um der Stadt einen monumentalen Ausdruck seiner Herrschaft zu verleihen. Dies geschah zu einer Zeit, als andere Mayazentren, wie etwa Palenque, bereits dem Niedergang entgegensahen. Der ursprüngliche Hof der Königsresidenz mit seinem benachbarten Ballspielplatz im Stil von Copán wurde von hohen Plattformen und Verbindungsmauern überbaut, um besser gegen Angreifer gewappnet zu sein. Im Norden ließ Cauac-Himmel einen großen Platz anlegen. In den letzten Jahren seiner langen Regierungszeit ließ er hier sieben Monumente errichten, darunter fünf große Stelen, die sein Ebenbild zeigen. Dieser 300 x 150 Meter messende Platz ist der größte des gesamten Mayagebiets und dem Großen Platz von Copán nachempfunden, der von dem besiegten Gegner Cauac-Himmels (18-Kaninchen) angelegt worden war.

Nach einer drei *katunob* (60 Jahre) während Herrschaftszeit starb Cauac-Himmel im Jahr 784 n. Chr. und hinterließ auf der Mittelachse des Hauptplatzes als eine Art Grabmonument einen skulptierten Felsblock, der die Bezeichnung „zoomorpher Block G" trägt. „Himmel Xul", der vermutlich sein Sohn war, folgte ihm auf den Thron, regierte aber nur elf Jahre. Über die beiden folgenden Herrscher ist wenig bekannt. 805 n. Chr. bestieg dann der letzte Herrscher Quiriguás, „Jade-Himmel", den Thron; seine Regierungszeit entspricht der letzten baulichen Expansion der Stadt.

ALTAR P VON QUIRIGUÁ
Dieser Altar, auch Zoomorph P *genannt, stellt das Erdungeheuer dar und ist eine der plastisch gearbeiteten Felsskulpturen von Quiriguá. Der Altar dient dem Gedenken an den Tod eines Herrschers der Stadt.*

Die Herrscherdynastien Tikals

Die Grabungsarbeiten eines Jahrzehnts haben den Mayaspezialisten in Tikal die bedeutendsten Fakten geliefert, die je an einer einzigen Fundstätte erschlossen wurden. Durch die Erforschung der Dynastien konnte die Herrscherfolge für nahezu 400 Jahre – vom 4. Jh. bis zum 8. Jh. – bestimmt werden. Den Wissenschaftlern gelang die Identifizierung der Monumente, der Namen und oft auch der Grabstätten von elf Herrschergenerationen.

TEMPEL 1 VON TIKAL
Dieser Tempel birgt eine von Herrscher A errichtete Grabstätte. Der Herrscher erfüllte die Stadt nach der Krise des Hiatus (543–93) mit neuem Leben. Der Tempel gehört zu den höchsten Bauwerken im Petén.

„Jaguartatze" war der erste Herrscher; er starb 376 n. Chr. Möglicherweise ist er auf der so genannten Leidener Platte abgebildet. Diese Jadeplatte wurde zwar an der Südostküste Guatemalas entdeckt, aber vermutlich in Tikal graviert. Sie trägt die ältesten bekannten Daten des *long count*. Die Tochter von Jaguartatze heiratete „Hakennase", der auf zwei Stelen Tikals abgebildet ist. Ihr Sohn „Sturmhimmel" ließ die berühmte Stele 31 errichten, auf der er zwischen zwei im Stil Teotihuacáns gekleideten Kriegern steht, während sein Vater ihn vom Himmel herab betrachtet. Hier richtet sich Sturmhimmel zugleich an seinen Vater Hakennase und an Jaguartatze, seinen Großvater mütterlicherseits. Sein Grab liegt vermutlich im Gebäude hinter Stele 31 im Zentrum Tikals.

Es wird vermutet, dass der nachfolgende Herrscher „Kan-Eber" zugleich der Sohn von Sturmhimmel und der Vater der „Frau von Tikal" war, der ersten Frau, die auf den Monumenten dieser Stadt erscheint. Ihr ist Stele 23 gewidmet; auf Stele 25 steht sie zur Rechten ihres Ehemanns. Ihre Grabstätte – eine der wenigen bekannten von Mayafrauen – befindet sich ebenfalls bei der ihres Mannes und enthält ungewöhnliche Gegenstände, wie das Skelett eines Spinnaffens und wertvolle von der Karibikküste importierte Spondylusmuscheln. Muscheln finden sich in der Regel in den Grabstätten der Männer, die der Elite angehörten, was den herausragenden Status dieser Frau unterstreicht.

Nach der Regierungszeit des Sohnes der Frau von Tikal, der ebenfalls Jaguartatze hieß, liegen drei Generationen der Dynastie im Dunkeln, obwohl sie Beziehungen zu den Herrschern des südwestlich gelegenen Zentrums Dos Pilas unterhielten. Vermutlich regierte nach dem Tod oder der Absetzung des zweiten Sohnes von Jaguartatze eine andere Herrscherlinie und die ursprüngliche Dynastie kam möglicherweise erst später, im Jahr 682 n. Chr., wieder an die Macht.

Die Renaissance Tikals

Dieser wieder an die Macht gekommene Herrscher, der heute nur noch unter dem Namen Herrscher A bekannt ist (obwohl sein Name vermutlich „Erzeuger von Schokolade" lautete), schien eine kulturelle Renaissance in Tikal bewirkt zu haben, die wahrscheinlich mit einer geistigen Erneuerung verbunden war. Dieser Herrscher wählte das Datum seiner Thronbesteigung mit Bedacht: Es fiel auf den 260. Jahrestag der Thronbesteigung seines großen Vorfahren Sturmhimmel. Zugleich symbolisierte die Wahl des Endes eines Zyklus von 13 *katunob* „das Ende des vorangegangenen Geschichtszyklus von 260 Jahren". Er selbst „weihte den neuen Zyklus ein". Da die Maya sich die Geschichte als einen sich wiederholenden Zyklus von 13 *katunob* vorstellten, bezog sich Herrscher A ausdrücklich auf das, was als eine Epoche vergangener Größe aufgefasst wurde.

Herrscher A begann mit der kulturellen Erneuerung Tikals, indem er an der Ostflanke des Großen Platzes mit Tempel I sein eigenes Grabmal errichten ließ. Er ordnete die Errichtung eines „Komplexes von Zwillingspyramiden" an, die im 8. Jh. das Ende jedes *katun* markierten. Jeder dieser Komplexe besteht aus einer breiten Plattform, auf der zwei Pyramidenstümpfe errichtet wurden, jede mit vier Treppen, einem langen Gebäude mit neun Eingängen und einer Einfriedung. Innerhalb der Einfriedung wurden eine skulptierte Stele des Herrschers und ein Altar aufgestellt. Die Einfriedung liegt im Norden, das Gebäude mit den neun Eingängen im Süden. Vermutlich bildeten diese Komplexe ein kosmisches Diagramm, bei dem die Einfriedung den Himmel symbolisierte, die neun Eingänge die neun Herrscher der Unterwelt und der Nacht und die Zwillingspyramiden den Lauf des Sonnengotts über den Himmel von Ost nach West. Die Anzahl der Pyramidenterrassen könnte sich auf die 13 Himmels- und die neun Unterweltschichten bezogen haben. Der gesamte Komplex drückt eine rätselhafte Symbolik aus. Der Herrscher scheint mit dem Sonnengott identifiziert und seine Herrschaft als Wanderung durch die Zeit glorifiziert worden zu sein.

DER HIATUS VON TIKAL

Zwischen 543 und 593 erlebte Tikal eine ernste Krise. Für die von Calakmul besiegte und von den Verbündeten ihrer Rivalin umzingelte Hauptstadt begann eine Zeit des Verfalls, und es wurden keine Stelen zum Ruhm ihrer Herrscher mehr aufgestellt. Diese Unterbrechung in den Aktivitäten, die dem Prestige dienten, bezeichnet man als Hiatus. Er markiert den Bruch zwischen Früh- und Spätklassikum.

Lange wurde die Ansicht vertreten, dieser Hiatus sei ein typisches Merkmal des Mayatieflandes und alle dort gelegenen Großstädte hätten vergleichbare Krisen erlebt. Aufgrund neuer Erkenntnisse weiß man jedoch, dass auch Teotihuacán, die mit Tikal verbündete Metropole im mexikanischen Hochland, im 6. Jh. mit großen Schwierigkeiten zu kämpfen hatte.

Die Gründe, die zu der tiefen Krise Teotihuacáns und schließlich zum Zusammenbruch der Stadt führten, sind uns nicht bekannt. Im 6. Jh. erlebte auch Tikal seine schwerste Zeit. Welche der beiden Städte riss die andere mit ins Verderben? Waren sie Opfer ihres Bündnisses? Die Antworten auf diese Fragen kennt man nicht, doch die Verbindung zwischen Tikal und Teotihuacán lässt den Hiatus, dessen Folgen im Wesentlichen Tikal und seine Satelliten betrafen, in einem neuen Licht erscheinen.

Der neue Impuls, den Tikal durch Herrscher A erhalten hatte, scheint recht lange angehalten zu haben, denn sowohl seine Regierungszeit als auch die seines Sohnes und seines Enkels (der Herrscher B und C) liegen in dem Jahrhundert, in dessen Verlauf Tikal seinen größten Wohlstand erlebte. Die phantastische Gruppe zeremonieller, religiöser und weltlicher Bauten, die auch heute noch zu bewundern ist, ist das Ergebnis dieser Blütezeit. Als Herrscher A mit über 60 Jahren starb, konnte er auf eine 52-jährige Regierungszeit zurückblicken. Seine Grabkammer, die unter Tempel I liegt, barg zahlreiche Grabbeigaben, darunter Jade und Tongefäße (die vielleicht Lebensmittel enthielten) sowie mehrere gravierte Knochen. Im Grab fand man eine gebrauchte Pinzette mit seinem „Monogramm" sowie eine fein säuberlich eingravierte Szene, die ein Kanu darstellt, das zahlreiche Tiergottheiten und einen Mann trägt. Hierbei handelt es sich möglicherweise um den verstorbenen Herrscher A auf seinem Weg zu den Göttern.

GRAVIERTER KNOCHEN
Dieser im Museum von Tikal ausgestellte Knochen gehörte zu den Opfergaben, die im Grab 116 gefunden wurden. Man erkennt die eingeritzten Darstellungen von Gottheiten in einem Boot.

Herrscher A starb kurz vor 731 n. Chr. (9.15.0.0.0) und Herrscher B bestieg 734 den Thron. Seine Regierungszeit betrug 34 Jahre und wie sein Vater wurde er älter als 60 Jahre. Voller Ungeduld, seine Thronbesteigung festzuhalten, ließ er Stele 21 im ersten Intervall eines Viertel *katun* errichten. Diese Stele stellt die einzige Markierung eines *hotun* in Tikal dar. Während seines ersten *katun*, der 9.16.0.0.0 endete, errichtete er einen weiteren Zwillingspyramidenkomplex und setzte so den von seinem Vater eingeführten Brauch fort. Kurz darauf ließ er das größte Mayagebäude, den riesigen, fast 70 Meter hohen Tempel IV erbauen. Zu ihm führen zwei *sacbeob*; eine der beiden gepflasterten Straßen kommt von dem westlich gelegenen Tempel III, die andere von dem im Südwesten liegenden Zwillingspyramidenkomplex des Herrschers B. Das *sacbeob*-Netz, welches das Zentrum Tikals durchzieht, scheint aus dieser Regierungszeit zu stammen.

Eine andere *sacbé* führt nach Südosten durch das Stadtzentrum bis zum Tempel der Inschriften, dessen Dachkamm mit gigantischen Glyphen bedeckt ist, die detaillierte historische und mythologische Ereignisse erläutern. Drei Daten dieses Tempels liegen weit vor der klassischen Zeit. Das älteste, 1139 v. Chr., fällt in die Anfangszeit der Vorklassik. Zu dieser Zeit war Tikal vermutlich noch nicht einmal besiedelt, im Gegensatz zu einigen Gebieten im Tal des Flusses Belize. Da das Datum mit dem Ende eines *baktun* zusammenfällt, scheint es die Entstehung Tikals zu bezeichnen. Doch das zweite Datum, 6.14.16.9.16, 11 Cib, 4 Zac (457 v. Chr.) ist so präzise, dass es wohl ein tatsächliches Ereignis belegt.

Herrscher B starb 768 n. Chr.; sein Grab liegt vermutlich unter Tempel IV. Ihm folgte Herrscher C, der letzte durch Monumentinschriften identifizierte Herrscher Tikals. Seine Regierungszeit, deren Dauer unbekannt ist, wurde durch den Bau zweier sehr großer Zwillingspyramidenkomplexe geprägt. Sie waren die letzten, die in Tikal errichtet wurden.

Palenque

In den letzten Jahren lieferte noch eine weitere Mayastadt viele Informationen über die Dynastien: Palenque, das im unteren Becken des Usumacinta am Rand der Ebene von Tabasco, gegenüber dem Golf von Mexiko liegt. Diese Siedlung ist von allen Mayastätten die am längsten erforschte. Doch erst 1952 stießen Archäologen hier auf das bedeutendste Monument, als sie eine Treppe freilegten, die ins Pyramideninnere des Tempels der Inschriften zu einer in den Sockel getriebenen Kammer führte. In dieser Kammer stand ein

großer Sarkophag mit graviertem Deckel. Der Sarg barg die mit Jadeschmuck bedeckten Gebeine eines alten Mannes. Entlang der Seiten des Deckels fand sich eine lange Inschrift, die mehrere Daten und Personennamen umfasst.

1974 wurden diese sowie einige andere in Palenque entdeckten Inschriften von Peter Mathews und Linda Schele entschlüsselt. Sie enthalten eine dynastische Abfolge, die fast das gesamte 7. und 8. Jh. n. Chr. abdeckt. Mathews und Schele vermuten, dass der in der Krypta beigesetzte Herrscher den Namen Pacal („Schild", vermutlich unter der Form „Herrscher Schild Pacal") trug, dass er am 24. März 603 geboren wurde, den Thron von Palenque am 27. Juli 615 bestieg und am 29. September 684 im Alter von 81 Jahren starb.

Die Inschriften von Palenque umfassen die längsten intakten Texte aller klassischen Stätten. Die Dynastie Pacals ist daher ein gutes Beispiel, um die Nachfolgeprinzipien der Maya zu verstehen. Laut Linda Schele wurde im 7. Jh. n. Chr. „aus der zweitrangigen Stadt Palenque eines der bedeutendsten Zentren der Spätklassik. Die Texte aus dieser Epoche weisen darauf hin, dass ein Herrscher von 615 bis 684 regierte. Sein Hauptwerk scheint sein Grabmal, der Tempel der Inschriften, gewesen zu sein. Die Texte des Tempels legen seine Geburt auf 9.13.8.9.0, 8 Ahau, 13 Pop fest (603 n. Chr.), seine Thronbesteigung auf 9.9.2.4.8, 5 Lamat, 1 Mol (615 n. Chr.) und seinen Tod auf 9.12.11.5.18, 6 Etz'nab, 11 Yax (684 n. Chr.). Seine Namensglyphe, ein kleiner runder Schild wie auf den Stelen im Mayatiefland, ist leicht zu identifizieren. Sie wird von einer zweiten Glyphengruppe, drei Zeichen mit den Lautwerten *pa, ca, la* begleitet, was gelesen *pa-ca-l(a)* ergibt.

DIE PYRAMIDE DER INSCHRIFTEN

In diesem Bauwerk befindet sich die Grabstätte von König Pacal, einem der angesehensten Herrscher von Palenque. Die neun übereinander geschichteten Plattformen stellen die neun Ebenen der Unterwelt dar.

Durch einen unglaublichen Zufall weisen die Wörterbücher aus dem 16. Jh. der yuca-tekischen Sprachen Tzeltal und Tzotzil Einträge auf, die *pacal* mit „Schild" oder „klei-ner runder Schild" übersetzen. Offensichtlich hieß dieser große Herrscher Pacal, und sei-nen Namen schrieb man mit einer ideographischen Glyphe, die einen Schild darstellt.

Die Texte, die Pacal in Auftrag gab, um sein Leben zu rühmen, enthalten eine Dynas-tiegeschichte seiner Vorgänger. Der Text des Sarkophags nennt das Todesdatum jedes ein-zelnen von ihnen und die Tafel, die sich im Tempel darüber befindet, das Datum ihrer Thronbesteigung. Diese Auflistung beginnt knapp vor 514 n. Chr. und endet mit der Thron-besteigung des ältesten Sohns Pacals, Chan-Bahlum, 132 Tage nach dem Tod seines Va-ters. Sieben Personen, darunter zwei Frauen, hatten vor Pacal den Thron bestiegen.

Chan-Bahlum ließ die drei Tempel der Kreuzgruppe errichten, den Sonnentempel, den Kreuztempel, den Blattkreuztempel und Tempel XIV. Auch er ließ eine Liste seiner Ah-nen anfertigen, die dieselben Personen umfasst wie bei Pacal. Allerdings endet diese Liste mit dem Namen eines Vorfahren, der sein Namensvetter war, einem früheren Chan-Bah-lum. Die Daten der Thronbesteigung stimmen mit denen des Tempels der Inschriften über-ein, ebenso wie die Geburtsdaten. Es werden zudem zwei, ja sogar vier Generationen vor dem ersten Herrscher der Liste Pacals aufgeführt; auf den drei gravierten Haupttafeln der Kreuzgruppe wird der mythologische Ursprung der Dynastie detailliert beschrieben.

Chan-Bahlum starb 702 n. Chr.; 53 Tage nach seinem Tod folgte ihm sein jüngerer Bruder Kan-Xul oder Hok auf den Thron, der den größten Teil seiner Regierungszeit da-mit zubrachte, den Palast zu vergrößern und auszuschmücken. Haus C, ein Inthronisa-tionsmonument Pacals, wurde zum zentralen Punkt eines architektonischen Komplexes, zu dem das Nordgebäude und der vierstöckige Turm zählten. Der Turm sollte es wohl er-

FRIES VON PALENQUE
*Jede Ausgrabung bringt
eine Reihe von Funden ans
Tageslicht, auch auf bereits
bekannten Grabungsstät-
ten. Dieser Fries, ein Flachrelief, das in feinkörnigen
Kalkstein eingemeißelt ist,
stellt einige der Herrscher
von Palenque dar.*

möglichen, die untergehende Sonne am Tag der Wintersonnenwende zu bewundern, wenn sie durch den Tempel über dem Grab Pacals in die Unterwelt zu treten schien.

Während der Herrschaft Kan-Xuls erfuhr Palenque eine enorme Ausdehnung. Ihm folgte Xoc, vermutlich sein jüngerer Bruder, danach kam dessen Sohn Chaacal III. im Jahr 721 n. Chr. an die Macht. Der damals 52-jährige Chac-Zutz bestieg im darauf folgenden Jahr den Thron und regierte mindestens acht Jahre; die Tafel der Sklaven vermerkt seinen 60. Geburtstag (drei *katunob*) im Jahr 729.

Danach weisen die Chroniken eine Lücke von 35 Jahren auf, bis Kuk, der Sohn Chaacals III., im Jahr 764 die Macht ergriff und für mindestens einen *katun* herrschte. Kuk folgte dem Brauch seines Großvaters Kan-Xul und verband die wichtigen Ereignisse seines Lebens mit ihrem Ahnen Pacal, indem er die Ahnenreihe sorgfältig auflistete. Die Wiederholung, Verflechtungen und Symmetrie des Schemas der Daten, Ereignisse und Namen der dynastischen Geschichte Palenques sind bemerkenswert.

Der jüngste Text Palenques wurde auf einer Keramik entdeckt. Er berichtet von der Thronbesteigung eines Statthalters im Jahr 799 n. Chr. Dieser hatte sogar einen Kalendernamen, *6 Cimi*, eine Einzigartigkeit in den klassischen Mayainschriften, die auf Fremdeinflüsse in Palenque am Ende des 8. Jh. hindeutet. Ähnliche Einflüsse sind ein halbes Jahrhundert später auf den Stelen Seibals im oberen Becken des Usumacinta abzulesen.

Die Blütezeit Palenques fiel in die Zeit zwischen 600 und 800 n. Chr. Von der Thronbesteigung Pacals 615 bis zum Tod Chan-Bahlums 702 erweiterte sich Palenque im 7. Jh. stetig und und steigerte seinen Einfluss und Reichtum. Diese Entwicklung verebbte langsam unter der Herrschaft Kan-Xuls, Chaacals und Chac-Zutz' zugunsten einer Konsolidierung, bevor es schließlich unter der Herrschaft Kuks gänzlich zum Niedergang kam.

Dynastische Bündnisse und Eheschließungen

„Obwohl die Richtigkeit der dynastischen Geschichte der frühen Klassik, wie sie von den klassischen Herrschern erzählt wird, nicht vollkommen überprüft werden kann", erklärt Linda Schele, „sind wir praktisch sicher, dass sich die Herrscherliste ab 500 n. Chr. auf tatsächliche Ereignisse bezieht. Die Auflistung Chan-Bahlums indessen beginnt mit *baktun* 8. Es ist ungewiss, ob es sich um historische Personen oder Sagengestalten handelt, um die Dynastie bis in den Beginn der Zeit zu verlegen, die die klassischen Herrscher als ‚historisch belegt' betrachteten. Es ist ebenfalls nicht bekannt, in welchem Maß die Informationen, die bis in die heutige Zeit überdauerten, manipuliert worden sind, um die Position der Herrscher zu stärken, die die Tafeln anfertigen ließen."

Trotz dieser Vorbehalte vermitteln die dynastische Sequenz von Palenque und die prächtigen Bauten und Skulpturen, die mit ihr verbunden sind, eine gute Vorstellung von der Art und Weise, wie ein kleines Mayazentrum der Klassik an Bedeutung gewann. Eine Besonderheit in Palenque ist, dass hier lange Texte in Wandtafeln eingraviert wurden, sodass diese Fundstätte bessere historische Belege liefert als jede andere Mayastadt.

Bezüglich der Art der Regierung und der Regelung der Nachfolge zeigen die genannten Beispiele eine grundlegende Übereinstimmung zwischen den einzelnen Mayastätten. Wenn möglich, trat der Sohn die Nachfolge des Vaters an. Zwischen den einzelnen Dynastien gab es durchaus auch Feindschaften, was der Sieg Cauac-Himmels von Quiriguá über 18-Kaninchen von Copán zeigt. Doch die einzelnen Dynastien unterhielten auch normale diplomatische und friedliche Beziehungen zueinander. Um die freundschaftlichen Verhältnisse zu stärken, wurden dynastienübergreifende Ehen geschlossen. Alte Zentren wie Tikal konnten ihren Einfluss dadurch ausdehnen, dass sie die Töchter der Elite mit jüngeren Dynastien anderer Städte verheirateten. Die Herrscher Tikals gehörten vermutlich der Himmel-Dynastie an, denn dieser Name taucht bei der Nennung der Emblem-Glyphe Tikals in Copán und Yaxchilán auf. So wurden zwei Frauen aus der Oberschicht von Tikal in die benachbarte Stadt Naranjo an den Quellen des Río Hondo verheiratet, von der die erste einen Sohn namens „Walze-Eichhörnchen" hatte. Mit 23 Jahren heiratete dieser wiederum eine Frau aus Tikal, wodurch das Bündnis noch weiter gefestigt wurde.

BESTATTUNGSSZENE
(S. 127) Dieses zylindrisch gearbeitete Keramikgefäß (Spätklassikum) wurde an der Fundstätte Altar de Sacrificios in Guatemala entdeckt und zeigt eine Begräbniszeremonie in der Unterwelt.

ZWISCHEN DEN FRONTEN ZERRIEBEN

Die Region am See Petexbatún nicht weit von Dos Pilas oder Aguateca im Südwesten des Petén blickt auf eine tragische Geschichte zurück. Ihr Schicksal ist eng mit dem Konflikt zwischen den beiden großen Hauptstädten Calakmul und Tikal verbunden. Als Dos Pilas in den Herrschaftsbereich von Tikal geraten war und man dort einen Herrscher aus der Dynastie von Tikal eingesetzt hatte, war die Stadt zunächst ein treuer Verbündeter, der gegen die Umzingelung von Tikal Widerstand leistete. Doch der ehrgeizige König, der sich vom Ansehen Calakmuls beeinflussen ließ, wechselte rasch ins gegnerische Lager. Er wurde zum Vasallen von Calakmul und betrieb eine eigene Eroberungspolitik. Er regierte mit Gewalt und weckte unversöhnlichen Hass in den eroberten Städten, deren Bevölkerung er unterjochte. Bald kam es in den Nachbarstädten zum Aufstand. Dos Pilas wurde belagert, die Bevölkerung trotz leidenschaftlichen Widerstands besiegt. Das belegen die Befestigungsanlagen um die Stadt und die vielen Kriegsopfer. Die Überlebenden zogen nach Aguateca, wo sie erneut in erbarmungslose Kämpfe verstrickt wurden. Die letzten Einwohner ließen sich an dem kleinen befestigten Ort Punta de Chimino nieder, wo sie ohne großen Erfolg ihre vergangene Größe zu bewahren versuchten.

Die Ausgrabungsarbeiten in Altar de Sacrificios brachten ein Doppelgrab zu Tage. Hierbei handelte es sich um die Begräbnisstätte einer Frau mittleren Alters und einer jüngeren Frau, die möglicherweise geopfert wurde. Unter den Keramiken, die ihnen mit ins Grab gelegt worden waren, befanden sich Produkte, die aus den Regionen von Tikal, Yaxchilán und Alta Verapáz stammten. Auf einem dieser Gefäße, das vermutlich in Yaxchilán gefertigt worden war, ist eine Zeremonie abgebildet, an der sechs Personen teilnehmen. Es könnte sich um die Bestattungsszene handeln, da eine der Figuren die jüngere der beiden Frauen ist, die sich mit einem Dolch aus weichem Feuerstein tötet, der dem ähnelt, den die Archäologen neben ihr im Grab fanden. Unter den übrigen Figuren ist Vogel-Jaguar aus Yaxchilán zu erkennen. Er tanzt und trägt eine Hose aus Jaguarfell und eine Maske. Ein Mitglied der Himmel-Dynastie Tikals trägt ebenfalls ein Jaguargewand. Dieser erlesene Trauerzug spricht dafür, dass die Frau mittleren Alters aus der Elite stammte. Da Altar de Sacrificios eine relativ kleine Stadt war, dürfte sie aus politischen Gründen hierhin verheiratet worden sein. Die Herkunft der Bestattungskeramik gibt Auskunft über ihre mutmaßlichen familiären Beziehungen, die sie mit Tikal und Alta Verapáz verbanden, die mehr als 125 Kilometer Luftlinie entfernt liegen.

Der politische Einfluss einer Stadt scheint nach der Verteilung ihrer Emblem-Glyphen beurteilt werden zu können. Leider wurden erst wenige Emblem-Glyphen entdeckt. Die Glyphen, die bislang am intensivsten erforscht wurden, fand man im Becken des Usumacinta und im nördlichen Petén. Das Emblem Tikals findet man häufig in Tikal selbst sowie im nördlich gelegenen Uaxactún, im östlich gelegenen Naranjo und sehr weit im Südwesten am Usumacinta in verschiedenen Stätten von Yaxchilán bis Seibal. Das Emblem Yaxchiláns taucht entlang des Usumacinta auf, von Palenque bis Dos Pilas, ebenso in Piedras Negras, das zwar ein eigenes Emblem besitzt, welches jedoch nur in der nahen Umgebung dieser Stätte anzutreffen ist. Das Emblem Palenques findet sich in den Stätten der nahe gelegenen Hügellandschaft und im Nordwesten in der Ebene von Tabasco, außerdem in den zwei weit entfernten Stätten Tikal und Copán. Es ist jedoch ungewiss, welche Beziehungen über diese große Distanz (250 und 425 Kilometer) unterhalten wurden.

Wegen der spärlichen Informationen ist das Wissen über die Kontakte, die auf diplomatischer und bündnispolitischer Ebene zwischen den einzelnen Mayazentren herrschten, beschränkt. Einiges kann jedoch mit Sicherheit festgestellt werden, etwa die Tatsache, dass in einigen Fällen die dynastischen Erbfolgen innerhalb eines Staates mit Eheschließungen zusammenhingen. Über bestimmte Schlachten und Eroberungen liegen nur wenige Fakten vor, was auf den noch lückenhaften Kenntnisstand im Bereich der Hieroglyphenschrift zurückzuführen ist. Doch glücklicherweise existieren noch andere Methoden, um die Beziehungen zwischen den verschiedenen Mayazentren zu erforschen. Hierzu zählt insbesondere die genaue Analyse der Handelswaren, die Bestimmung ihres Produktions- oder Herkunftsorts, die im folgenden Kapitel behandelt wird.

KAPITEL 7

Austausch von Handelsgütern

Ein aufgeschlossenes Volk

Die Maya waren kein Volk, das sich gegenüber anderen Gemeinschaften verschloss, ganz im Gegenteil – seit Beginn ihrer Sesshaftwerdung in der frühen Vorklassik erwarben sie Rohstoffe und Fertigprodukte von anderen Völkern, wobei sie häufig große Entfernungen zurücklegten. Als die Spanier im 16. Jh. nach Zentralamerika kamen, waren die Maya an einem umfangreichen Handelsnetz beteiligt, das von Panama im Süden bis nach Zentralmexiko im Norden reichte.

Auf der vierten Reise, die Christoph Kolumbus 1502 unternahm, segelte er die Karibikküste Zentralamerikas entlang und traf vor der Küste von Honduras auf „ein acht Fuß breites indianisches Kanu, das so lang wie eine Galeere war. Es war mit Produkten beladen, die aus der Provinz von Yucatán zu stammen schienen." An Bord waren 25 Personen, „bescheidene und saubere Menschen. Wenn ihre Kleidung verrutschte, zogen sie sie sofort wieder gerade. Der Admiral behandelte sie sehr freundlich und bot ihnen kastilische Erzeugnisse im Tausch gegen einige ihrer exotischen Waren an. Er wollte sie mitnehmen, um der Welt das Volk zu zeigen, das er entdeckt hatte."

Diese „Artikel aus dem Westen" umfassten „zahlreiche Baumwollkleider, wie sie in diesem Land hergestellt wurden […] verziert mit unzähligen Mustern und Farben, Hosen, die bis zu den Knien reichten und viereckige Stoffstücke, die als Umhang benutzt wurden; Feuersteinmesser, Lanzen aus solidem Holz, die mit Feuersteinklingen ausgestattet waren, und lokale Lebensmittel". Es gab auch Äxte und Kupferglocken sowie Kakaobohnen, die zu dieser Zeit in Mesoamerika als Zahlungsmittel verwendet wurden.

Es gibt zwar keine direkten Beweise für den Ausgangs- oder Zielhafen des Kanus, doch die Kupfergegenstände stammten vermutlich aus Zentralmexiko und die Kleidung von der Halbinsel Yucatán. Den Kakao dürften die Händler entlang der Küste von Belize erworben haben, um ihn auf der Rückfahrt mit nach Yucatán zu nehmen. Ausgangspunkt des Kanus war daher vermutlich der Golf von Mexiko und hier vielleicht Xicalango, der große Umschlaghafen der Maya und Azteken, wo Land-, Fluss- und Seewege aufeinander trafen. Ziel der Reise war wahrscheinlich der Golf von Honduras, wo es mehrere Häfen gab. Im Becken des Ulúa beispielsweise lag Naco und am Río Dulce Nito. Die Händler und ihre Kanubesatzung dürften Putún-Maya gewesen sein, die auch „Phöniker Zentralamerikas" genannt werden. Einige Putún kannten die Städte entlang der Karibikküste bis nach Costa Rica und Panama. Die Goldobjekte in den Städten dieses Isthmus deuten auf Handelsbeziehungen hin, deren Anfänge mindestens bis in die frühe Klassik zurückreichen dürften, als sich der Einfluss der Maya entlang der Pazifikküste bis nach Costa Rica bemerkbar machte.

KUPFERBEILE
Metallgegenstände wie diese Kupferbeile wurden vermutlich aus Zentralmexiko eingeführt und belegen, dass in der späten Nachklassik Fernhandel betrieben wurde.

MUSCHELKETTE
*Wie viele andere Materialien
haben auch Muscheln das
tropische Klima und den
Zahn der Zeit überdauert.
Anhand der verschiedenen
Gegenstände können die
Archäologen ihre Kenntnisse
über den Handel der Maya
verfeinern.*

Um die Rolle des Handelsgüteraustauschs in der Kultur der alten Maya untersuchen zu können, lassen sich archäologische und ethnographische Zeugnisse heranziehen. In der Archäologie ist der Ausdruck „Handel" eine recht ungenaue Bezeichnung. Er kann den Erwerb einer Ware am Herstellungsort, den Tauschhandel mit dem Erzeuger oder die Tätigkeit fahrender oder an einem Handelsknotenpunkt fest etablierter Kaufleute bedeuten. Nur selten lässt sich der genaue Ablauf, wie ein Artikel seinen Herkunftsort verließ und seinen Bestimmungsort erreichte, mit archäologischen Mitteln ausmachen. Doch die Folgen, die die verschiedenen Handelsformen für unser Verständnis von den archaischen Gesellschaften haben, beeinflussten die Forschung auf diesem Gebiet außerordentlich.

Bezüglich der zurückgelegten Entfernungen, der Menge der transportierten Güter und der Art der Handelsware lassen sich verschiedene Handelsebenen unterscheiden. Der Kauf und Verkauf von Nahrungsüberschüssen, etwa einem Dutzend Eier oder einem Sack Mais, wie er auf dem Dorfmarkt stattfand, werden als Tauschgeschäfte auf lokaler Ebene bezeichnet. Regionaler Handel entsteht, wenn Gemeinschaften in einer bestimmten Region über diverse Güter verfügen oder besondere Erzeugnisse produzieren. Fernhandel besteht dann, wenn sehr gefragte Güter nur an wenigen Orten erhältlich sind. Dies trifft in Mesoamerika beispielsweise auf Obsidian zu. Je größer das Tauschvolumen einer Ware ist, desto eher wird es zu einer allgemeinen Produktion dieser Ware kommen und desto seltener muss sie transportiert werden. Im Mittelpunkt des Handels standen wohl Nahrungsmittel, die größtenteils vor Ort produziert und konsumiert wurden.

Hier stoßen die Archäologen auf ein Problem: Ohne Dokumente oder ethnographische Quellen ist nämlich die Menge der Güter, die ihre Erzeuger auf dem Dorfmarkt tauschten, anstatt sie selbst zu konsumieren, praktisch nicht feststellbar. Umgekehrt belegt der bescheidene Fund eines exotischen Objekts oder Materials, dass der Handel die lokale Ebene überstieg. Daher haben sich die meisten der bislang durchgeführten Forschungsarbeiten auf die relativ leichte Identifikation exotischer Objekte konzentriert.

Das zweite Problem ist die Vergänglichkeit der meisten Handelswaren. Produkte wie Lebensmittel, Textilien, Leder, Federn und Salz, die von den vorspanischen Maya verwendet und getauscht wurden, verrotten im tropischen Boden bekanntermaßen recht schnell. Also muss die Wissenschaft ihre Schätzungen bezüglich Vorklassik und Klassik sowie für einen großen Teil der Nachklassik auf Analogien zur Kolonialzeit und auf die spärlichen Objekte stützen, die bis heute erhalten geblieben sind. Die Erforschung des Mayahandels erstreckt sich daher auf die wenigen unvergänglichen Handelsgüter wie Keramik, Stein, Muscheln, Knochen und gelegentlich Metall. Die Beschaffenheit oder der Stil dieser Produkte können darauf hinweisen, dass sie weit von ihrem Fundort entfernt produziert wurden oder dass ein ortsansässiger Handwerker ein bestimmtes Rohmaterial bearbeitet hat.

Die Keramik von Lubaantún

Regionaler Handel existierte in der Hauptsache im Tiefland. Zahlreiche Archäologen wählten Keramiken als Studienobjekte, und durch die Fortschritte, die auf dem Gebiet der technischen Analyse erzielt wurden, lässt sich heute bestimmen, ob der Ton, aus dem eine Keramik gefertigt wurde, regionalen Ursprungs ist oder nicht.

Bereits seit etlichen Jahren erforscht Robert Rands die Keramiken von Palenque; unlängst begann er zusammen mit seinem Team die Töpferwerkstätten des Umlands zu analysieren. Die gefundenen Keramiken stammen aus mehreren Stätten des unteren Beckens des Usumacinta. Stil und Technik der Gefäße lassen den Schluss zu, dass aus dem lokalen Ton in zahlreichen Zentren gleichartige Gefäße produziert wurden. Doch einige in Palenque entdeckte Tonscherben weisen eine für die Region von Trinidad charakteristische Komposition auf und bezeugen, „dass [zwischen 750 und 800 n. Chr.] eine bestimmte Menge von Keramiken nach Palenque importiert wurde".

Eine andere Studie widmete sich Fundstücken aus Lubaantún, das am äußersten Rand des Mayatieflands in der Nähe der Südküste Belizes liegt. Lubaantún scheint das Becken des Río Grande von den Bergkämmen bis zu den Riffen der Karibik kontrolliert zu haben. In Lubaantún fand man Rohstoffe aus den verschiedenen Gebieten dieses Königreichs, wie Meeresmuscheln und Gestein aus den Bergen.

Bei Ausgrabungsarbeiten in Lubaantún wurden etwa 13 500 Keramikscherben gefunden, die zu Gefäßen unterschiedlichster Formen gehören, die für verschiedene Zwecke verwendet wurden. Der Großteil der Keramiken war aus derselben Tonsorte hergestellt worden, einem braunen Ton mit Mineraleinschlüssen, die aus regionalen Felsen zu stammen scheinen. Die Ausgangshypothese war daher die, dass diese Objekte vor Ort produziert worden waren. Darüber hinaus fanden sich jedoch noch einige hundert Scherben,

DIE FRESKEN VON CHICHÉN ITZÁ

Neben den beeindruckenden klassischen Fresken von Bonampak wirken die nachklassischen Wandmalereien der Tempel von Chichén Itzá vergleichsweise karg. Mit ihrem naiven Stil, der schlichten Linienführung und den wenigen Farben kommen sie den prachtvollen Zeremonien oder Schlachten, die auf den Wänden von Bonampak dargestellt sind, nicht annähernd gleich. Trotzdem sind sie für die Archäologie von großem Interesse, denn sie zeigen eine neue Seite der Mayavölker, die auf der Halbinsel Yucatán lebten – ihre Orientierung zum Meer. Die Fresken zeigen die Küstendörfer und ihre Bewohner, Boote und Schiffe mit Kriegern auf hoher See und Abbildungen von Fischen oder Krustentieren. So enthüllen diese Wandmalereien eine neue Facette der Völker, die Chichén Itzá und zahlreiche Standorte in Yucatán besiedelten. Als kühne Navigatoren und Seehandelsleute dehnten die mexikanisierten Maya ihre Aktivitäten bis nach Zentralamerika aus.

Die aus den nordwestlichen Tiefländern stammenden Gruppen gaben den Mayastädten eine andere Orientierung und öffneten sie der Außenwelt. Bei der Ankunft der Spanier befanden sich die größten Mayastädte an den Küsten Yucatáns.

die aus anderem Ton hergestellt worden waren. Einige hatten eine gelbe Farbe, eine sandige Textur und eine leuchtend rote Glasur. Andere waren von zartem Orange und wieder andere waren mit verschiedenen dekorativen Glasuren überzogen.

In und um Lubaantún wurden vor allem in den Abbaustätten, die noch von den heutigen Mayatöpfern genutzt werden, Tonproben gesammelt. Diese Proben und kleine Fragmente, die aus etwa 80 Scherben verschiedenen Typs herausgebohrt worden waren, wurden durch Neutronenaktivierung im Brookhaven National Laboratory untersucht. Die Ausgangshypothese der Wissenschaftler wurde durch die Untersuchungsergebnisse weitestgehend gestützt. Der größte Teil der Haushaltskeramik wurde in der näheren Umgebung Lubaantúns aus lokalem Ton gefertigt. Auch die ausgefeiltesten, mit bunten Motiven bemalten Keramiken stammten aus lokaler Produktion. Zu ihrer Herstellung wurde offensichtlich Ton verwendet, der aus der Umgebung Lubaantúns stammt. Dies spricht dafür, dass es innerhalb des Sakralbezirks eine Töpferwerkstatt gab. Unter den Funden war auch ein zylindrisches Gefäß mit einer Darstellung des heiligen Ballspiels *pok-ta-pok*, das auf einem gestuften Feld (wie dem von Lubaantún) ausgetragen wurde.

Daraus lässt sich schließen, dass in so kleinen Zentren wie Lubaantún talentierte Kunsthandwerker tätig waren – wegen der geringen Menge ausgefeilterer Keramiken handelte es sich bei diesen Spezialisten allerdings vermutlich um umherziehende Handwerker.

Die gelben sandigen Keramiken mit roter Glasur haben eine völlig andere chemische Zusammensetzung als der regionale Ton – es handelt sich folglich um importiertes Material. Aussehen und auch Komposition dieser Objekte stimmen mit Keramiken aus der gleichen Epoche überein, die in dem mehr als 100 Kilometer weiter nördlich gelegenen Barton Ramie im Tal des Flusses Belize jenseits der Mayamountains entdeckt wurden. Hierbei handelt es sich um Schalen mit drei runden Füßen, die sich leicht stapeln ließen und möglicherweise allein für den Tauschhandel produziert wurden. Eventuell war nicht der Inhalt, sondern das dreibeinige Gefäß selbst das Tauschobjekt. Archäologen stießen in Lubaantún auf über 100 Schalen dieser Art.

BLEIGLANZKERAMIK
Luxusgegenstände wie diese Vogelvase waren zweifellos Tauschwaren für den Fernhandel. Die ursprünglich von der Pazifikküste stammende Bleiglanzkeramik war im gesamten mesoamerikanischen Raum beliebt.

131

GRUPPE A VON XCARET
*In der nachklassischen
Periode wandten sich die
Maya dem Meer zu, und
es entstanden zahlreiche
weitere Küstensiedlungen
wie Tulúm oder Xcaret.*

Die orangefarbene Keramik, von der nur 25 Scherben entdeckt wurden, entspricht in Form und Aussehen den Keramiken von Seibal, das mehr als 150 Kilometer westlich von Lubaantún liegt. Dies ist ein weiterer Beweis für den Fernhandel, der vermutlich bis zu den Quellen des Río de la Pasíon und über Pusilha an der Seeseite der Mayamountains entlangführte. Diese 32 Kilometer südwestlich von Lubaantún gelegene Stätte ist der Ursprungsort der meisten in Lubaantún gefundenen Scherben.

Die Analysen der Keramiken von Lubaantún zeigten, dass die meisten der Gebrauchsgefäße vor Ort oder in der näheren Umgebung hergestellt worden waren. Einzelne verzierte Gefäße wurden auch mit dem benachbarten Pusilha getauscht – diese Objekte waren vermutlich eher Geschenke als Handelsgüter. Einige Exemplare der orangen Keramik, die vielleicht ebenfalls Geschenke waren, stammen aus dem Tal des Río de la Pasíon. Doch am rätselhaftesten ist der Import der vielen dreibeinigen Schalen aus dem Tal des Flusses Belize – sie deckten nicht den wirtschaftlichen Bedarf Lubaantúns, sind aber auch zu zahlreich, um Geschenke für hochrangige Personen gewesen sein zu können. Sie belegen, dass es Kontakte gab, die durch kein anderes archäologisches Fundstück angedeutet werden.

Das Problem der Vergänglichkeit

Es liegt kein materieller Beweis vor, durch den sich der Handel mit Baumwolltextilien in klassischer Zeit belegen ließe. Doch die Forscher wissen, dass diese Artikel im 16. Jh. von Yucatán aus bis in die östlichen und westlichen Randzonen des Mayagebiets gehandelt wurden – zahlreiche archäologische Fundstücke bezeugen ihre Verwendung in klassischer Zeit: Durchbohrte Scheiben aus gebranntem Ton, die aus Keramikscherben gefertigt oder direkt in dieser Form produziert wurden, sind identisch mit Objekten, die in anderen Teilen der Welt als Haspeln mit Spindel verwendet wurden. Die Wandmalereien von Bonampak und Uaxactún zeigen ebenso wie die Figurinen Lubaantúns und Lagarteros feine Textilien, die eher an Baumwoll- als an Rindenkleidung erinnern; sie tragen Verzierungen, die auf Brokat und Stickereien hindeuten (Brokat und Federschmuck auf den Baumwollstoffen wurden im Yucatán der Nachklassik verwendet).

Eine andere wichtige und sehr gewinnträchtige Kultur, die sich kaum durch direkte archäologische Fundstücke belegen lässt, ist der Kakaoanbau. Aus Quellen des 16. Jh. geht hervor, dass Chetumal, der Nordwesten von Honduras und einige andere Regionen wichtige Kakaoproduzenten waren. In Quiriguá und anderen Stätten des Motagua-Tals, in Lubaantún und auf Skulpturen im pazifischen Piemont fanden Forscher aus klassischer Zeit stammende Darstellungen von Kakaofrüchten. In kolonialen Quellen findet man Hinweise auf den Import von Kakao von Lubaantún bis in das Hochland von Verapáz in der Gegend von Cajabón. Auf Müllhalden in Cuello im nördlichen Belize stießen Archäologen auf verkohlte Kakaobohnen aus der späten Vorklassik (um 100 n. Chr.) sowie auf Fragmente von Kakaofrüchten, die auf 1100 v. Chr. datiert wurden.

Salz ist ein weiteres Produkt, das mit Sicherheit während der Kolonialzeit und mit großer Wahrscheinlichkeit auch in klassischer und vorklassischer Zeit gehandelt wurde – allerdings ist es ebenfalls nicht mit archäologischen Mitteln aufzuspüren. Funde von Becken zur Meerwasserverdunstung oder von Töpfen, in denen das Salzwasser gekocht wurde, geben jedoch Aufschluss über die Lage von Salzproduktionsstätten, die sich vor allem in Nordyucatán befanden. Die Forscher können jedoch unmöglich sagen, welche Stätten als Abnehmer infrage kamen, da für den Salztransport keine speziellen Gefäße eingesetzt wurden. Vermutlich wurde es einfach nur in Blätter eingeschlagen.

Das gleiche Problem stellt sich bei Honig und Bienenwachs, zwei Produktionszweigen, die während der Nachklassik im nördlichen Tiefland von großer Bedeutung waren. Im Gebiet von Chetumal wurden Tausende von Stöcken stachelloser Bienen gefunden, die einen milden Honig lieferten. Auch Cozumel war bekannt für seine Bienenzucht. Als Bienenstöcke dienten ausgehöhlte Baumstämme. In den Stätten der klassischen Zeit, insbesondere in Belize, förderten Archäologen mehrere Scheiben aus Stein oder gebranntem Ton zu Tage, die zum Verschließen dieser Bienenstöcke verwendet wurden.

GOTTHEIT DES KAKAOS
Aus Toniná (Chiapas) stammt dieser Deckel, der die kommerzielle wie rituelle Bedeutung des Kakaos veranschaulicht. Geschmückt ist die Gottheit mit Kakaobohnen und -blättern.

Die vier genannten Erzeugnisse, Baumwolle, Kakao, Salz und Honig, sind nur einige der vielen verderblichen Güter, die in den kolonialzeitlichen Dokumenten erwähnt werden. Der Rückgriff auf diese ethnohistorischen Belege ist notwendig, um das Ausmaß des von den Maya in vorspanischer Zeit betriebenen Handels einschätzen zu können. Dennoch ist die Aussagekraft all dieser Belege begrenzt, was zum einen an ihrer Vergänglichkeit, zum anderen an ihrer unspezifischen Natur liegt, falls doch auf wundersame Weise einige Proben erhalten geblieben sein sollten.

Dagegen lassen sich die Quellen einiger unverderblicher Produkte, mit denen die Maya Handel trieben, identifizieren, sodass ihre Spur bis zu ihrem Ursprungsort zurückverfolgt werden kann. Zu diesen Produkten zählt beispielsweise Obsidian, ein zu Glas gewordenes, meist grauschwarzes Vulkangestein. Dieser sehr spröde Stein lässt sich zur Herstellung scharfer Werkzeuge verwenden, weshalb er bereits seit Tausenden von Jahren vom Menschen abgebaut wird.

Obsidianklingen – scharf wie Rasiermesser

In Mesoamerika konnten zahlreiche Obsidianquellen lokalisiert werden, die sich vor allem auf den Plateaus Zentralmexikos und in der Vulkangebirgskette von Guatemala und El Salvador befinden. Mit Ausnahme des in sehr frühe Zeit zurückreichenden Abbaus von Obsidian in den drei benachbarten Abbaustätten von Los Tapiales setzte die Ausbeutung dieses Steins im Mayagebiet vermutlich in der frühen Vorklassik, gegen 1000 v. Chr., ein. Zwischen 1200 und 900 v. Chr. beuteten die Bewohner Chalchuapas den 40 Kilometer entfernt liegenden Vulkan Ixtepeque aus. Die in Chalchuapa entdeckten Überreste belegen, dass rohe Gesteinsbrocken gesammelt und zur Bearbeitung mitgenommen wurden.

Der erste Obsidian, der im Tiefland verwendet wurde, stammte aus Cuello in Nordbelize. Etwa um die gleiche Zeit wurde Obsidian in Barton Ramie, Seibal und Edzná gebraucht. Der in diesen drei Stätten verarbeitete Obsidian stammte aus San Martín Jilotepeque, nordwestlich von Guatemala-Stadt. Daraus lassen sich bestimmte Handelsrouten ableiten – eine, die auf dem Flussweg über den Río de la Pasíon und den Usumacinta nach Westen führte und eine über den Río Hondo nach Nordosten. Die meisten der bislang analysierten Obsidianstücke stammen aus klassischer Zeit. Scheinbar gab es zwei Handelsnetze: Das eine verlief über Land- und Flusswege, das andere auf dem Seeweg rund um die Halbinsel Yucatán. Anhand der Verteilung der Obsidianfunde lässt sich erahnen, wie die Handelsrouten von den beiden Hauptabbaugebieten, dem Ixtepeque an der Grenze zwischen El Salvador und Guatemala und dem 25 Kilometer nördlich von Guatemala-Stadt gelegenen El Chayal verliefen. Wegen der unterschiedlichen chemischen Zusammensetzung ist es möglich, den Obsidian je einer dieser zwei Lagerstätten zuzuordnen.

Der Obsidianhandel El Chayals trat die Nachfolge des eher sporadischen Handels San Martín Jilotepeques an. Der Transportweg verlief über die Bergkette von Verapáz nach Norden bis in den Petén, wo der Obsidian wahrscheinlich mit dem Kanu über den Río de la Pasíon weitertransportiert wurde. In der Umgebung von Seibal zweigte anscheinend eine Route nach Tikal ab und führte dann wohl über den Río Hondo bis nach Nord-

belize. Von Seibal aus dürfte der Handel Richtung Unterlauf des Río Hondo und Unterlauf des Usumacinta erfolgt sein. An der Küste Tabascos stieß der Handelsweg dann auf die rund um die Halbinsel Yucatán verlaufende Seeroute. Eine weitere Transportroute führte scheinbar über den Landweg nach Nordosten, an den Mayamountains entlang bis nach Lubaantún. Über den gleichen Weg wurde Kakao nach Cajabón transportiert. Jenseits von Lubaantún stieß der Handelsweg auf die Karibikküste. Das Handelsnetz El Chayals erstreckte sich also über 350 Kilometer Luftlinie; von der gesamten Strecke waren vielleicht zwei Drittel mit dem Kanu zu bewältigen.

Der Obsidian des Ixtepeque war in ganz anderen Regionen verbreitet; er wurde sehr weit nördlich des Handelsnetzes El Chayals auf der Halbinsel Yucatán gehandelt. Seine Handelsroute verlief durch das Tal des Motagua, an der Karibikküste entlang und über die Flüsse ins Landesinnere, bis in bedeutende Städte wie Tikal und Nohmul und dann erneut über den Landweg bis in die Puuc-Stätten. Ein kleiner Teil des vom Ixtepeque stammenden Obsidians wurde rund um die Halbinsel geschifft und gelangte so beispielsweise bis nach Palenque und Edzná. Doch es war für die im Westen gelegenen Mayastädte natürlich wirtschaftlicher, ihren Obsidian aus El Chayal zu beziehen.

Auf der kleinen Insel Wild Cane Cay in Südbelize entdeckten Archäologen Obsidian aus beiden Lagerstätten – 80 Prozent vom Ixtepeque und 20 Prozent aus El Chayal. Hier stießen die beiden Handelsnetze also aufeinander. Auf dieser Insel wurden auch andere Produkte gefunden, etwa Jadeperlen, Keramiken aus Nordyucatán, Keramiken mit Bleiglasur von der Pazifikküste Guatemalas, kleine Terrakottastatuen aus Lubaantún und polychrome Keramiken. Die Funde belegen, dass diese Stätte von der späten Klassik bis in die nachklassische Zeit genutzt wurde. Da die meisten dieser Objekte von weither

KUNSTWERKE AUS OBSIDIAN
Man schätzte den Obsidian, weil er zur Herstellung von scharfen Messern diente. Aus Obsidian wurden auch Kultgegenstände angefertigt, etwa dieses Objekt aus dem Spätklassikum (Guatemala). Der Gegenstand zeigt das Profil des Gottes K und zweier Würdenträger auf einem Boot mit zwei Monsterhäuptern.

stammten, war die kleine Insel vermutlich ein wichtiger Anlegeplatz für Kanus, mit denen Waren transportiert wurden. In der Mündung des Flusses Belize wurden auf einer kleinen Insel namens Moho Cay ebenfalls seltene Produkte entdeckt, darunter ein Bruchstück blauer Jade und diverse Werkzeuge zur Metallbearbeitung. Vermutlich wurden diese kleinen Inseln immer häufiger als Umladestationen genutzt, da es für die großen seetüchtigen Kanus schwierig wurde, die Flüsse hinaufzufahren. Vielleicht dienten sie sogar als neutrale Handelshäfen, wo die Aussicht auf ein gewinnträchtiges Geschäft mögliche politische Spannungen zwischen Käufern und Verkäufern in den Hintergrund treten ließ.

Jade – „höchste unendliche Anmut"

BLUTIGE RITUALE
Die vier Messer und das Beil wurden wahrscheinlich bei Zeremonien der Selbstkasteiung verwendet. Sie gehörten zu den Opfergaben im Tempel 352 der Grabungsstätte von Cuello.

Obwohl Metall ein seltenes Gut war, das aus dem Südosten importiert wurde, entwickelten sich im Tiefland der ausgehenden Klassik lokale Zentren zur Metallbearbeitung. Das älteste jemals gefundene Mayaartefakt aus Metall ist ein Gehänge aus *tumbaga*, einer Gold-Kupfer-Legierung. Es wurde in Form einer Klaue ziseliert, in Costa Rica oder Panama produziert und 550 n. Chr. nach Altun Ha, einer kleinen Stätte in Belize, importiert. Auch in Chalchuapa, im pazifischen Piemont El Salvadors, fanden Archäologen in einem um 750 n. Chr. angelegten Grab Objekte aus *tumbaga*.

Umgekehrt wurden auch außerhalb des Mayagebiets einige Mayaobjekte gefunden, etwa einen möglicherweise aus Tikal stammenden Spiegel mit eingravierten Hieroglypheninschriften, ein graviertes Jadestück und Keramiken aus der frühen Nachklassik mit Bleiguss aus Soconusco. All diese Objekte wurden in Costa Rica entdeckt, das Kaufleuten aus Mesoamerika und Kolumbien als Handelsknotenpunkt gedient zu haben scheint.

Die amerikanische Metallbearbeitung hatte ihren Ursprung in Kolumbien und Panama und breitete sich vermutlich entlang der Seerouten bis nach Mexiko aus, dessen Einwohner in der späten Klassik einen ganz eigenen Stil entwickelten. Zeitgleich kamen in den Mayaregionen ähnliche Objekte auf, von denen einige gewiss vor Ort produziert worden waren. In der Nachklassik bildete sich ein eigener Mayastil heraus; die Maya beherrschten so komplexe Techniken wie das Wachsausschmelzverfahren, eine Arbeit, die qualifizierte Handwerker voraussetzt.

Da es im Mayatiefland keine Kupfererzvorkommen gab, musste Metall importiert werden. Vermutlich bezogen die Maya ihr Kupfer aus Nordhonduras, genauer gesagt aus dem Ulúatal. Seit der späten Klassik unterlag die Region um den Ulúa dem starken Einfluss der Maya, und zur Zeit der spanischen Eroberung hatten yucatekische Adlige hier ihre Besitzungen – eine Machtübernahme, die vermutlich durch das Kupfer und den Kakao hervorgerufen wurde.

Das insgesamt recht mittelmäßige Mayahandwerk produzierte Glocken, Ringe und Masken aus Kupfer. Die schönsten Arbeiten der frühen Nachklassik waren schmale Scheiben aus getriebenem Gold, das möglicherweise in Form von Barren aus Zentralamerika importiert wurde. Diese Scheiben stellen in einem maya-toltekischen Stil gehaltene komplexe Szenen von Menschenopfern dar.

Das in den Augen der Maya wertvollste Material war Jade, „die höchste unendliche Anmut". Dieser grüne Edelstein wurde zum Synonym alles „Wertvollen" und des Lebens. Jadeobjekte und ihre Symbolik sind überall zu finden. Dagegen treten die eigentlichen Lagerstätten dieses metamorphen, extrem basischen Gesteins, das unter sehr großem Druck und unter hohen Temperaturen weit unterhalb der Erdoberfläche entsteht, nur selten offen zu Tage. Innerhalb des Mayagebiets findet man Jade nur in den gekrümmten und gebrochenen Felsen des alten Hochlands. Lange Zeit war keine einzige Jadefundstätte bekannt. Doch im Verlauf der letzten Jahrzehnte wurden nördlich des Motagua-Tals und in der Quiché-Region mehrere Fundstellen in Flussbetten entdeckt. Geographisch gesehen waren die von den Archäologen entdeckten Jadestücke ebenso weit verbreitet wie der Obsidian. Vermutlich wurde Jade über die gleichen Routen transportiert wie Obsi-

IN JADE VEREWIGT
Unter den Jadegegenständen aus dem Zenoten von Chichén Itzá fand man einige Objekte, die, wie das hier dargestellte, eine für die Maya untypische Ikonographie aufweisen.

137

dian und möglicherweise wurde sie auch von denselben Kaufleuten gehandelt, die ein ganzes Sortiment kleiner, aber wertvoller Produkte mit sich führten, um sie an Herrscher und Bauern zu verkaufen.

Beziehungen und Tauschhandel bei den Maya

Ungeachtet der Tatsache, ob heute noch erhalten oder nicht, sprechen doch alle erwähnten Rohstoffe für die weit reichenden Beziehungen zwischen Hoch- und Tiefland, die durch ein über Land- und Seerouten verbundenes Handelsnetz unterhalten wurden. Sie deuten darauf hin, dass die Maya auch über ihr eigenes Gebiet hinaus Kontakte zu weit entfernten Regionen wie Costa Rica und Zentralmexiko pflegten. Die Verbindungen zu Zentralmexiko waren zwischen 400 und 700 n. Chr. dem Einfluss Teotihuacáns zu verdanken, doch welcher Art diese Beziehungen waren, ist noch ungewiss. Es stellt sich die Frage, ob ein Tauschhandel zwischen gleichberechtigten Partnern stattfand und die Einwohner Teotihuacáns grünen Obsidian gegen Salz und Kakao tauschten oder ob koloniale Beziehungen mit Tributpflicht bestanden und das Rohmaterial des Mayatieflands mit einigen erlesenen Manufakturerzeugnissen vergütet wurde. Die in Becán und Altun Ha entdeckten Opfergaben belegen, dass hochrangige Bewohner Teotihuacáns bis in diese beiden Stätten gekommen waren. Wahrscheinlich lebten auch einige Menschen aus Teotihuacán in Tikal. Für die älteren Beziehungen zur olmekischen Welt und die jüngeren zu Tula und Tenochtitlán gibt es zwar keine konkreten Beweise, doch zweifellos hatte das Mayagebiet seit der Vorklassik einen großen Anteil am wirtschaftlichen System Mesoamerikas.

Jeremy Sabloff geht davon aus, dass „der Fernhandel [in klassischer Zeit] lediglich seltene oder von der Elite gefragte Produkte umfasste [...]; der Handel wurde von der Theokratie kontrolliert und diente dazu, ihre Position als herrschende Klasse zu festigen. Die Kaufleute stellten kein gesondertes gesellschaftspolitisches Gebilde dar", ganz im Gegensatz zu den *pochteca* des mexikanischen Reichs. Obwohl zahlreiche Wissenschaftler die Auffassung von der Mayaelite als Theokratie nicht teilen, sondern in ihr vielmehr eine Gruppe weltlicher Herrscher mit priesterlichen Aufgaben sehen, so ist Sabloffs Aussage doch insofern korrekt, als die meisten Güter, die während der ersten Hälfte der Klassik aus weit entfernten Gebieten bezogen wurden, weniger in wirtschaftlicher Hinsicht von Bedeutung waren, sondern

GRÜNER OBSIDIAN – EINE BEGEHRTE WARE

Mit Obsidian, einem wichtigen Rohstoff für die vorspanischen Völker, wurde lebhaft Handel getrieben. Die Städte im Tiefland führten Obsidian aus Guatemala ein. Teotihuacán hatte die Vorkommen an grünem Obsidian in Pachuca ausgebeutet. Dieser feine Obsidian war wegen seiner Qualität hoch geschätzt. Zusätzlichen Wert verlieh ihm die grüne Farbe, die an Jade, sattgrüne Vegetation und Quetzalfedern erinnerte. So ist es kein Wunder, dass sich der Obsidian aus Pachuca zum begehrten Objekt für den Fernhandel entwickelte. An zahlreichen Mayastätten wurden Gegenstände aus grünem Obsidian entdeckt, eine Tatsache, die Handelsverbindungen mit der zentralmexikanischen Metropole nahe legt. Um einen echten Handel dürfte es in diesem Fall aber nicht gegangen sein, denn die im- bzw. exportierten Mengen haben sich über einen Zeitraum von mehreren Jahrhunderten gerechnet wohl kaum auf mehr als ein paar Dutzend Kilo belaufen.

Grüner Obsidian war ein der Oberschicht vorbehaltenes Luxuserzeugnis. Wenn der daraus gefertigte Gegenstand seine symbolische Funktion verloren hatte, konnte er weiterverwendet werden. Das ist zweifellos der Grund, warum man manchmal Bruchstücke grünen Obsidians in einfachen Behausungen findet.

vielmehr gesellschaftliche Funktionen erfüllten. So dienten etwa Jade, Muscheln, feine Keramiken und sogar Obsidian weniger dazu, ihrem Besitzer das Überleben zu sichern, als vielmehr sein gesellschaftliches Ansehen zu steigern. Das Talent, das zur Bearbeitung einiger dieser Rohstoffe erforderlich war, und die regionalen Stile, in denen sie seit der späten Vorklassik manchmal gearbeitet waren, scheinen darauf hinzudeuten, dass Handwerker und Händler häufig ein und dieselbe Person war. Diese führte eigene Rohstoffe und eigene Produktionswerkzeuge mit sich, um vor Ort Aufträge ausführen zu können. Ein gutes Beispiel hierfür ist die Serie von vier kopfförmigen Jadegehängen aus der späten Vorklassik, die in Nohmul in Nordbelize gefunden wurden. Ihr Stil ist zwar für die Nordhälfte des Tieflands charakteristisch, doch das Rohmaterial stammte aus dem Süden und die Köpfe wurden vermutlich aus einem einzigen Jadeblock gearbeitet. Eine ähnliche Serie mit einem zusätzlichen, größeren Kopf, der in den äußeren Teil eines kugelförmigen Blocks geschnitten wurde, fand man im weniger als 50 Kilometer entfernten Cerros. Vielleicht wurden beide Serien von der gleichen Person, möglicherweise einem umherziehenden Handwerker, gefertigt.

Sabloff glaubt, dass sich die Handelsbasis während der späten Klassik und der Nachklassik erweiterte. Im Verlauf dieser beiden Epochen verbreiteten sich Massenproduktionsgüter wie Terrakottagefäße (beispielsweise das Geschirr, das nach Lubaantún importiert wurde) oder Salz und Baumwolle häufig auch weit entfernt von ihren Ursprungsregionen. Sabloff schreibt die meisten dieser Veränderungen den Putún zu, die sich zum Seehandelsvolk entwickelt hatten. Er vermutet, dass diese an verschiedenen Orten Produktionszentren organisierten, bevor sie die gesamte Produktion auf den Handelsweg rund um die Halbinsel ausrichteten, über den sie das Monopol hatten und der weniger kostspielig war als das alte Netz von Pfaden und von Flüssen, die von kleinen Kanus befahren wurden.

Seit der frühen Vorklassik, als das Volk aus Cuello begann, Jade und Obsidian aus dem Hochland und *metates* aus den Mayamountains zu beziehen, gab es ein Modell für den Austausch nützlicher und auch dekorativer Güter zwischen Regionen, deren Ressourcen sich ergänzten und die häufig mehrere Tagesreisen voneinander entfernt lagen. Dieses Modell zeigt den Beginn der Kontakte zwischen den verschiedenen Mayagemeinschaften sowie zwischen den Maya und ihren Nachbarn für die folgenden drei Jahrtausende.

Die Maya und ihre Nachbarn

~~~

Obwohl in der Welt der Maya seit der Besiedlung von Cuello um 1000 v. Chr. bis zur heutigen Zeit eine gewisse Kontinuität herrschte, wurden fremde Einflüsse nicht abgelehnt. Die Maya teilten ihr Gebiet mit anderen Volksgruppen, die zu ihrer Entwicklung beitrugen. Ihre nächsten Nachbarn waren die in Tabasco ansässigen Olmeken, die ihre Blütezeit zwischen 1200 und 600 v. Chr. erlebten. Zeitgleich entwickelten sich die ersten Mayasiedlungen in Cuello und Nakbé. Die wenigen olmekischen Gegenstände, die man im Land der Maya gefunden hat, lassen auf einen direkten Einfluss schließen. Abgesehen von Copán stammen die meisten Objekte aus Orten, die erst nach dem Zusammenbruch der olmekischen Großstädte zwischen 400 v. Chr. und 150 n. Chr. besiedelt worden waren. Daraus kann man schließen, dass sie vermutlich mit den Mixe-Zoque in das Gebiet der Maya gelangten. Die Mixe-Zoque, die in einem großen Teil von Chiapas lebten, hatten Ähnlichkeit mit den Maya. Ihr Einfluss erstreckte sich im mittleren und späten Vorklassikum bis ins Hochland von Guatemala. Durch die Besiedlung des Tieflands führten sie den Stelenkult und den Gebrauch der Schrift ein.

Gegen Ende des Vorklassikums wurde der Weg für die Expansion der Maya frei. Die Mayastädte blühten auf und pflegten Kontakte mit der Außenwelt. Von ihrer Hauptstadt Monte Albán, später von Teotihuacán, übten die Zapoteken zunehmend Einfluss aus. Die Stadt Kaminaljuyú mitten im Hochland von Guatemala war ein Satellit von Teotihuacán, und die Dynastie von Tikal berief sich auf ihre Beziehungen zu der Metropole.

Am Ende des Spätklassikums kamen neue Einflüsse hinzu. Die aus Mexiko eingewanderten Pipiles besiedelten einen Teil des Hochlands. Die von den Kulturen Zentralmexikos beeinflussten Chontal-Maya drangen nach Yucatán und ins Usumacinta-Becken vor. Umgekehrt reichte der Einfluss der Maya bis nach Zentralamerika, beispielsweise bis Cacaxtla im zentralmexikanischen Hochland. Diese schrittweise Integration der Mayawelt in den mesoamerikanischen Raum erlebte ihren Höhepunkt mit der Vermehrung der toltekischen Einflüsse sowohl in Chichén Itzá als auch im Hochland.

ROHSTOFF-IMPORT
Im Nachklassikum gab es eine große Zahl von Schmuckstücken, sowohl in Chichén Itzá als auch im guatemaltekischen Hochland. Dies zeigt, dass die Maya Gold und Metalle aus fernen Regionen einführten, denn diese Rohstoffe waren im eigenen Land Mangelware.

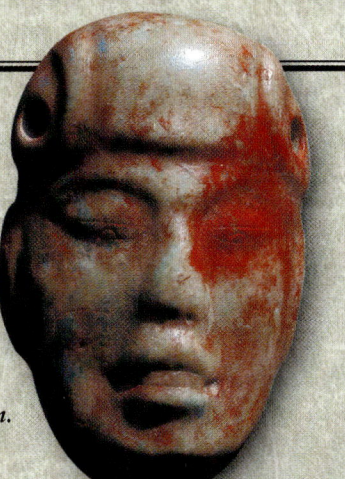

MAYA UND OLMEKEN

Die wachsende Zahl kleiner Gegenstände, die sich als Handelsware eigneten, wie diese Maske, belegen einen Kontakt zwischen den Maya und den Olmeken. Die Datierungen deuten jedoch darauf hin, dass die meisten dieser Stücke erst spät und vermutlich durch die Mixe-Zoque in das Gebiet der Maya eingeführt wurden.

DREIFUSSGEFÄSS AUS DER GÖTTERSTADT

In Tikal, Becan oder Städten in Belize wurden Gegenstände gefunden, die aus Teotihuacán stammen, so etwa zylindrische Dreifußgefäße. Die importierten oder von Maya-Handwerkern nachgeahmten Gefäße zeigen, dass es kulturelle Kontakte gab.

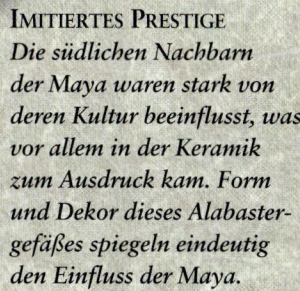

IMITIERTES PRESTIGE

Die südlichen Nachbarn der Maya waren stark von deren Kultur beeinflusst, was vor allem in der Keramik zum Ausdruck kam. Form und Dekor dieses Alabastergefäßes spiegeln eindeutig den Einfluss der Maya.

ALTAR (PAZIFIKKÜSTE)

Im späten Vorklassikum entwickelten sich an der Pazifikküste von Chiapas und Guatemala eigene Stilarten. Obwohl jede Fundstätte ihre Eigenarten hat, findet man gemeinsame Züge: Stelen und Altäre, den Einsatz der Schrift sowie Motive, die aus Zentralmexiko stammten.

RITUELLE OBJEKTE

Gegenstände wie der hier gezeigte stammen ursprünglich aus Veracruz und standen im Zusammenhang mit dem Ballspiel. Sie spielten auch bei Bestattungen eine wichtige Rolle. Sehr häufig kamen sie im Hochland und an der Pazifikküste vor.

MAYA IN ZENTRALMEXIKO

Bei den Maya drehte sich fast alles um die eigene Welt, doch sie bewiesen auch ihre Offenheit für fremde Einflüsse und ihre Innovationsfähigkeit. Die Kaufleute unternahmen weite Reisen, und auch die mexikanisierten Mayavölker drangen, wie die Fresken von Cacaxtla (links) beweisen, in das zentralmexikanische Hochtal vor. Die dort entdeckten Wandmalereien zeigen charakteristische Merkmale, die im Hochland eher selten sind: Motive wie Zeremonialstäbe und Jaguarfelle sowie die Verwendung der für die Maya typischen blauen Farbe. Wie die benachbarte Fundstätte von Xochicalco lässt auch dieser Ort die Vermutung zu, dass die Maya am Ende des Spätklassikums begonnen hatten, den gesamten mesoamerikanischen Raum zu beeinflussen.

KAPITEL 8

Kunst und Architektur

Wohnhäuser und Offizialbauten

Die Gebäude innerhalb der Sakralbezirke der alten Maya zeichnen sich durch ihre große Formenvielfalt und ihre zahlreichen Funktionen aus. Bauten und Anlage dieser Bezirke können von einer Stätte zur anderen stark variieren. Selbst das Aussehen des Wohnhauses veränderte sich je nach Vorlieben und Baumaterial. Dieser Schluss liegt zumindest nahe, wenn die Gestalt moderner Mayahäuser zur Interpretation herangezogen wird.

Die Wohngebäude waren hervorragend an das tropische Klima angepasst. Im Innern war es kühl, sie trotzten der tropischen Witterung und verfügten über eine perfekte Belüftung. Der Wald lieferte den Maya alle notwendigen Baumaterialien, etwa termitenbeständiges Holz für das Gerüst und den Dachstuhl, Palmstroh für das Dach, dünne gerade Knüppel für die Wände sowie Lianen und auch Baumrindenfasern zur Befestigung der einzelnen Elemente.

Im Tiefland bestand der Boden des einzigen offenen Raums aus gestampfter Erde oder aus *sascab* (weißer Erde), Kalkmergel, mit dem der felsige Sockel verputzt wurde. Im Hochland verwendeten die Maya andere Materialien, doch auch hier bestanden die Häuser aus einem einzigen offenen Raum, in dem sich die Feuerstelle befand. Lebensmittel und Mobiliar wurden auf den Wandbalken gestapelt oder an den Wänden aufgehängt. Auch das Innere einer modernen Mayawohnung scheint für den uneingeweihten Betrachter chaotisch zu sein. Die alten Hausaufbauten sind verschwunden, doch finden sich mehrere in Stein gemeißelte Darstellungen davon, etwa auf der Fassade des Nonnenvierecks in Uxmal und auf dem Bogen von Labná.

SCHWITZBAD

Die Schwitzbäder (temescal), die in den mesoamerikanischen Religionen eine große Rolle spielten, sind mit Feuerstelle und Wasserleitungssystem ausgestattet. Dieses Schwitzbad aus Cuello stammt aus dem mittleren Vorklassikum.

Auch die Aufbauten einiger Offizialbauten bestanden aus vergänglichen Materialien, sodass beispielsweise in Lubaantún nur die pyramidalen Unterbauten der Tempel die Zeit überdauert haben. Während solche Gebäude in einer breiten Zone Südpeténs und Belizes die Regel waren, bevorzugten die Tieflandmaya Stein als Baumaterial. In Tikal sind Tempel und Pyramiden, Plattformen und Paläste daher auch heute noch erhalten.

In zahlreichen Stätten ist ein klarer Unterschied zwischen den von öffentlichen Gebäuden gesäumten, leicht zugänglichen Plätzen und den geschlossenen privaten Innenhöfen zu erkennen, um die herum die Wohnhäuser lagen. So gibt es in Tikal den Unterschied zwischen dem Großen Platz und der südlich davon gelegenen zentralen Akropolis.

Wenn die Wissenschaft Mayagebäude als religiöse, zeremonielle oder bewohnte Bauten einstuft, so dürfte dies mit großer Wahrscheinlichkeit den Tatsachen entsprechen. In ganz Mesoamerika sind die großen Pyramiden, die auf ihrer Spitze eine kleine Struktur trugen, dafür bekannt, dass sie als Tempel genutzt wurden. Mit Dokumenten und Skulpturen lässt sich ebenfalls belegen, dass die beiden parallelen, schräg ansteigenden Strukturen, die eine zwischen ihnen verlaufende breite Straße flankieren, ein Ballspielfeld bilden, auf dem das heilige *pok-ta-pok* ausgetragen wurde. Auf die gleiche Weise war es möglich, in einer Reihe von Stätten *temescal* (Saunas) zu identifizieren.

Schließlich wissen die Historiker, dass die langen, mit zahlreichen Türen ausgestatteten Gebäude, die zwei oder drei hintereinander liegende Reihen von Räumen besaßen, „Paläste" waren. Vermutlich dienten sie der herrschenden Oberschicht als Residenz, sie könnten aber auch als Verwaltungsgebäude, als Häuser für die Männer, als Zwischenlager oder als theologische Schulen genutzt worden sein. Der typische Palast besteht also in Wirklichkeit aus einer Reihe von aneinander gefügten Steinhäusern.

Da die wichtigsten Zeremonialzentren gleichzeitig auch Hauptstädte waren, die eine politische, religiöse und wirtschaftliche Kontrolle ausübten, dürften die Paläste als Orte der Entscheidungsfindung gedient haben, ebenso wie eine Stadt in unserer westlichen Gesellschaft mehrere Funktionen übernehmen kann, etwa als Verwaltungssitz, Landeshauptstadt, Bischofssitz und Wirtschaftszentrum.

PALAST VON PALENQUE
Der Palast ist der Mittelpunkt des Zentrums von Palenque. Sein Hauptmerkmal ist ein vierstöckiger Turm, dessen Funktion nach wie vor rätselhaft ist.

Entwicklung und Vielfalt

In manchen Mayastätten haben sich einige vorklassische Strukturen gut erhalten, deren Aufbauten in der Regel aus vergänglichem Material bestanden. Diese unglaublich ausgearbeiteten, sich über zahlreiche Ebenen erstreckenden Plattformen erreichen in einigen Fällen Höhen, wie sie für die Tempelpyramiden der Klassik charakteristisch sind. Seit ihrer Entdeckung in den 30er-Jahren des 20. Jh. gilt die Struktur E VII sub in Uaxactún als perfektes Beispiel für die vorklassische Architektur. Eine ähnliche Struktur entdeckten Archäologen bei Grabungsarbeiten in Cerros. Obwohl sie zu den kleinsten Tempeln der Stätte zählt, verfügt sie zu beiden Seiten der zentralen Treppe über phantastische Göttermasken aus farbigem Stuck. Trotz der starken Bautätigkeit der späten Klassik verfügt Tikal über eine bedeutende vorklassische Pyramide, die in die Stätte integriert wurde.

In der ausgehenden Vorklassik waren Aufbauten aus Stein verbreitet. Ein bemerkenswertes Beispiel, das eingehende Studien verlangt, befindet sich in Holmul, im Nordosten des Petén. Im Jahr 1910 wurden hier zwei mit Terrakottagefäßen gefüllte Gräber entdeckt. In Nohmul, im Norden Belizes, befindet sich ein anderes, ebenso ausgearbeitetes Gebäude aus der sehr späten Vorklassik. Im Jahr 1974 zeigte eine Studie, dass dieses Gebäude 15-mal architektonisch umgestaltet worden war.

Von der Architektur der frühen Klassik ist fast nichts bekannt, denn die meisten der Gebäude wurden in der späten Klassik überbaut. In Uaxactún wurden die ursprünglichen Strukturen des Komplexes A-V während der Expansion der späten Klassik stark verändert. Das bedeutendste Beispiel der frühklassischen Architektur findet sich in der Nordakropolis von Tikal. Bei umfangreichen Grabungsarbeiten wurde hier eine Reihe von Tempeln freigelegt, die die Entwicklung des Stils kennzeichnen, der für den Nordosten des Petén für eine Zeitspanne von mehr als 500 Jahren charakteristisch war.

Wesentliche Kenntnisse der klassischen Architektur stammen also aus spätklassischer Zeit, was zum einen auf das Überbauen von Strukturen, aber auch auf die Vergrößerung zahlreicher Stätten in dieser Zeit zurückzuführen ist. Als Ergebnis der Grabungsarbeiten und der detaillierten Rekonstruktionen, die in Tikal, Seibal, Dzibilchaltún und anderen Stätten vorgenommen wurden, lässt sich eine Reihe von Stilen isolieren und beschreiben,

BALAMKU UND DAS FRÜHKLASSIKUM

Leider sind im Land der Maya Siedlungen, die ihre Blüte in der frühklassischen Zeit erlebten, sehr selten. Die Angewohnheit der Maya, neue Bauwerke immer wieder auf den Fundamenten früherer Gebäude zu errichten, verwischte überdies zahlreiche Spuren dieser Epoche, denn die meisten Städte erlebten im Spätklassikum eine Glanzzeit. So fehlen den Archäologen wesentliche Informationen über diese Zeit.

In diesem Zusammenhang erwiesen sich die Ausgrabungen von Balamku als äußerst wertvoll. Die seit der mittleren vorklassischen Zeit besiedelte Kleinstadt Balamku am Nordrand des Petén besitzt eine kleine Pyramide mit der Grabstätte eines Würdenträgers. Um die Pyramide hat man einige Gebäude neueren Datums errichtet und damit das einstige Besiedlungsbild rekonstruiert. Doch es sind vor allem die prachtvollen mehrfarbigen Friese, die Balamku für die Archäologen und Historiker so interessant machen. Sie wurden zufällig nach einer Plünderung entdeckt. Der Herrscher ist dargestellt, wie er über einem Jaguar und der Maske des Erdmonsters thront. Diese Stuckfriese haben unser Wissen über die Machtverhältnisse der damaligen Zeit und die Beziehung zur Welt des Übernatürlichen enorm erweitert.

Doch die Geschichte Balamkus endet nicht mit der Frühklassik. In der spätklassischen Zeit war es zu Versuchen einer Wiederbesiedlung gekommen, die aber ohne großen Erfolg blieben. Wenig später wurde der Ort von einer großen Volksgruppe aus der benachbarten Río-Bec-Region in Beschlag genommen. Diese kurze Besiedlung fand mit der Zerstörung Balamkus ein tragisches Ende. Zu Beginn der Kolonialzeit hatte der Ort nur noch einige wenige Bewohner.

die aus praktisch allen Regionen des Mayatieflands hervorgingen. Allen Stilen gemeinsam ist die Verwendung von Mauern aus lokalem Gestein. Hierbei handelt es sich in der Regel um Kalkstein, in Copán wurde aber auch Trachyt, in Quiriguá Rhyolit und Sandstein, in Altar de Sacrificios grüner Sandstein und in Comalcalco Ziegelsteine aus gebranntem Ton verbaut. Eine weitere Gemeinsamkeit besteht zudem in der großen Ungenauigkeit der Konstruktionen. Alle Winkel zwischen 80 Grad und 100 Grad wurden als rechter Winkel angesehen, und wenn die Neigung weniger als drei Grad betrug, galt dies als Horizontale.

Die verschiedenen Regionen weisen einige gemeinsame architektonische Merkmale auf. So stehen unabhängig von ihrer Funktion nahezu alle Mayagebäude auf einem Unterbau, Wohnhäuser auf einem Fundament aus einem Block, Paläste auf massiven Terrassen, die Bodenunebenheiten ausgleichen sollten, und Tempel auf hohen Pyramiden. In der Regel führt eine Treppe mit ein oder zwei Stufen zum Aufbau. Einige dieser Treppen wie etwa die Hieroglyphentreppe von Copán oder die große Zeremonialtreppe von Lubaantún sind größere

Konstruktionen. Über dem Unterbau befindet sich auf einem niedrigen Sockel der steinerne oder hölzerne Aufbau. Er konnte vollständig aus vergänglichen Materialien errichtet sein oder aus Steinmauern bestehen, die von einem Holz- oder Strohdach bedeckt wurden.

Die öffentlichen Gebäude verfügen häufig über ein Kraggewölbe, das folgendermaßen aussieht: Zwei steinerne Mauern laufen nach oben hin aufeinander zu, bis sie sich fast berühren. Der verbleibende Zwischenraum an der Spitze wird mit waagrechten Steinen geschlossen. Die in den Innenraum ragenden Steine sind in der Regel abgeschrägt, um dem Gewölbe eine leichte Neigung zu geben. Die Anfänge dieser für die Mayaarchitektur charakteristischen Technik liegen in der späten Vorklassik. Nachdem die Maya diese Methode perfekt beherrschten, bauten sie größere Mauern und breitere Gewölbe. Doch trotz alldem waren die Räume nach wie vor recht schmal.

GOUVERNEURSPALAST
VON UXMAL
Die Eingangshalle des
Palastes stellt ein großartiges
Beispiel für den Gewölbe-
bau der Maya dar. Bedingt
durch das Gewölbe kommt
es zu einer Verkleinerung
der Innenräume.

145

Einige Charakteristika der Baukunst

In der typischen Bautechnik wurden zwei Steinmauern errichtet, in deren Zwischenraum grobe Steinbrocken gefüllt wurden. Bei den ersten Gebäuden waren die Blendsteine ein wichtiger Bestandteil der tragenden Struktur. Doch in einigen Regionen, insbesondere im Nordyucatán der späten Klassik, wurde diese Blendmauer zu einer einfachen Verblendung aus sorgfältig behauenen Steinen, die einen Kern aus Kalksteinbrocken und Mörtel verkleideten – die gleiche Technik wurde im kaiserlichen Rom angewendet.

Die Maueröffnungen wie etwa Türen wurden häufig von Strebepfeilern aus dicken Steinen gestützt. Die Stürze zahlreicher Gebäude waren aus Holz, in der Regel nicht faulendes Sapotillbaumholz, und lieferten den Bildhauern eine neue Oberfläche, auf der sie die Glanzleistungen der Elite rühmen konnten. In einigen Stilen der späten Klassik wurden die Türen immer zahlreicher und zudem breiter, sodass die Mauern, wie in Sayil, zu Kolonnaden reduziert wurden. Solche Säulenreihen konnten auch dazu verwendet werden, einen inneren Raum zu öffnen.

Einige Öffnungen führen zu Treppen, denn zahlreiche Gebäude verfügen über mehrere Etagen und können mit Innentreppen ausgestattet sein. Zwei der bemerkenswertesten Innentreppen finden sich in Palenque. Die eine führt den vierstöckigen Turm des Palastes hinauf, während die andere im Tempel der Inschriften bis zum Grab Pacals hinabführt.

Mauern und Dächer der Gebäude des Sakralbezirks tragen Verzierungen. Die beeindruckende Höhe mancher Tempel wird zum Teil durch Dachkämme erzeugt. Diese sehen etwa in Tikal massiv aus, obwohl sie in Wirklichkeit hohl sind. Bei den Tempeln der Kreuzgruppe in Palenque und bei einigen im Puuc-Stil gehaltenen Gebäuden finden sich spitze Dachkämme, mit denen ein elegantes Zusammenspiel von Stein und Himmel erzielt wird. Durchgehende Dachkämme sind im Allgemeinen auf den südlichen Teil des Tieflands beschränkt, während der durchbrochene Stil für den nördlichen Teil kennzeichnend ist – Palenque ist auch hier ein Sonderfall.

Die Mauern werden häufig durch eine bis sechs horizontale Zierleisten unterbrochen, die irgendwo zwischen dem Fuß der Wand und dem Kranzgesims angebracht sind. Manchmal scheinen sie die Mauer, die sie verzieren sollen, geradezu zu überschwemmen. Dies trifft etwa auf die fünffache Zierleiste des Caracol in Chichén Itzá zu. Dieses Bauwerk bezeichnet Eric Thompson herablassend als eine „auf die viereckige Tortenschachtel gestellte Hochzeitstorte". In der Puuc-Region, wo die Zierleisten als Ornamente in wesentlich größerer Vielfalt verwendet wurden, trägt das Register am oberen Ende der Mauer selbst komplexe Architekturskulpturen mit sich wiederholenden Motiven. Am riesigen Fries des Gouverneurspalastes in Uxmal oder

DIE MONUMENTALMASKEN

Das erste mit Monumentalmasken verzierte Bauwerk wurde in Uaxactún entdeckt. Seitdem hat man zahlreiche ähnliche Bauten gefunden. Die ältesten befinden sich in Nakbé oder Cerros und stammen aus der vorklassischen Periode; die Masken des Sonnengottes von Kohunlich beweisen, dass sich diese Tradition auch viel später im Klassikum fortsetzte.

Die mitunter meterhohen Stuckmasken sind paarweise an den Stufen neben der Pyramidentreppe angeordnet. Die Darstellungen sind verschieden: In Kohunlich ist es der Gott Kinich Ahau, in Uaxactún findet man Jaguarmasken, in Cerros Abbildungen von Sternen. Die Anordnung richtete sich nach religiösen oder rituellen Vorschriften. Wenn sich der Herrscher von Kohunlich auf dem Gipfel der Pyramide zeigte, wurde er vom Glanz der Sonne angestrahlt. Die Masken von Cerros erinnern dagegen an die Bewegung der Gestirne. Die Venus, die als Erste erscheint und als Letzte vom Nachthimmel verschwindet, erhebt sich über den Masken der Sonne. So kann man die Masken beiderseits der Treppe in senkrechter Reihenfolge lesen oder aber waagrecht, indem man von einer Seite der Treppe zur anderen wechselt. Damit dient die Pyramide von Cerros in der Tat der Darstellung der Himmelsbewegungen.

an der beeindruckenden Maskenwand des Codz Pop in Kabáh zeigen sich der überraschende Schwung und Einfallsreichtum dieser Motive. Die Maskenwand illustriert auf perfekte Weise die Methoden der Serienherstellung, die in dieser formalen und geometrischen Entwicklung der Mayakunst herrschte, denn jedes Auge, jede Augenbraue, jeder Kiefer folgte einem Standardmodell.

Die architektonischen Stile, die aufgrund ihrer relativen Nüchternheit und ihrer einfachen Charakteristika als die konservativsten angesehen werden, finden sich im Petén, in Westbelize, im südlichen Campeche und im südlichen Quintana Roo, der Zone, die häufig als das Herzland der Maya bezeichnet wird. Die in Tikal unternommenen Grabungsarbeiten belegen, dass sich die massive öffentliche Baukunst der klassischen Zeit zunächst in diesen Regionen entwickelte. Dieser Stil erstreckt sich entlang des Korridors des Río Hondo quer durch Belize und Quintana Roo bis nach Cobá.

Eine nördlich dieser zentralen Zone, im Campeche und im westlichen Quintana Roo gelegene Region zeichnet sich durch den Río-Bec-Stil aus, der sich zeitlich mit dem Petén-Stil überlappt. Er existierte von etwa 550 bis 830 n. Chr. und ging den extrem verzierten Gebäuden des Puuc-Stils voraus. Die Fassaden sind in drei horizontale Einheiten unterteilt und mit mosaikartigen Plastiken verziert. Die ausgefeiltesten Fassaden wie in Chicanná sind jene, bei denen sich ein einziges Motiv über das gesamte Gebäude erstreckt.

DER RÍO-BEC-STIL
An der Struktur IX von Becan, einem typischen Bauwerk im Río-Bec-Stil, sind erstaunliche, aus Stuck gearbeitete Flachreliefs ans Tageslicht gekommen. Das Bauwerk ist auch unter dem Namen „Pyramide des Zauberers" bekannt.

147

Im südlichen Teil der Río-Bec-Region werden einige Fassaden von Zwillingstürmen flankiert. Diese massiven steinernen Elemente besitzen unglaublich steile Treppen und werden von falschen Miniaturtempeln überragt, deren Stil den Petén-Stil nachahmt. Eines der bemerkenswertesten Beispiele hierfür ist Struktur B in Río Bec, die im Jahr 1916 entdeckt wurde und dann bis 1974 in Vergessenheit geriet.

Vielfältige Baustile

Der Puuc-Stil, der im größten Teil des heutigen Yucatán und bis in den Campeche anzutreffen ist, dürfte im 7. Jh. entstanden sein. Er ging zum Teil aus dem Stil Zentralyucatáns hervor und wurde bis ins 11. Jh. hinein verwendet. Die ältesten Bauwerke dieses Stils liegen in der Puuc-Region, einer Hügellandschaft in Westyucatán, wo auch die bemerkenswertesten Stätten wie Uxmal, Labná, Sayil und Kabáh anzutreffen sind. Chichén Itzá liegt in der Nähe ihrer Nordostgrenze.

Die Puuc-Gebäude zeichnen sich durch eine nüchterne untere Fassadenzone und eine mit langnasigen Masken und geometrischen Mustern verzierte obere Fassadenzone aus. Charakteristisch ist das Blendmauerwerk, hinter dem sich eine Art Betonkern verbirgt. Die kunstvollsten Verblendungen finden sich vor allem an der Außenfassade.

In Chichén Itzá entwickelte sich eine Mischung zwischen Puuc-Stil und toltekischem Stil. Die verwendeten Techniken und Materialien sind die gleichen wie beim Puuc-Stil, doch die Grundkonzeption der Gebäude ist toltekisch. Folgende Beispiele illustrieren diesen Stil am besten. Zum einen der Wald aus viereckigen Säulen, der vor dem Kriegertempel und rund um den angrenzenden Platz steht und früher einmal ein Dach trug. Zum anderen Schlangen, die beispielsweise eine Tür formen oder sich die Treppe des Castillo hinunterschlängeln. Außerdem separate Plattformen, die dekorative, mit Adlern oder abgeschlagenen Köpfen verzierte Tafeln tragen. Das toltekische Chichén Itzá ist ein nördlicher Ableger der Puuc-Region. Manche Bauwerke, wie etwa der Caracol, waren ursprünglich Puuc-Strukturen, die anschließend toltekische Züge annahmen.

Der nördliche Teil der Halbinsel Yucatán ist die einzige Zone des Mayatieflands, in der die öffentliche Baukunst auch noch nach 1200 n. Chr. Bestand hatte. In der letzten

STILARTEN ALS AUSDRUCK DER MACHTVERHÄLTNISSE

Obwohl sich bei den Maya regional unterschiedliche Stilarten entwickelten, ging die grundlegende kulturelle Einheit nicht verloren. In Copán finden wir Spuren einer vollplastischen Bildhauerei, in Palenque treffen wir auf architektonische Neuerungen und in Comalcalco auf die Technik der Ziegelsteinarchitektur. Erklären lassen sich diese Unterschiede durch die Verwendung einheimischer Materialien oder die Erfindungsgabe eines Einzelnen.

Manchmal jedoch zeigen diese Spielarten eine größere Bandbreite. In der Río-Bec-Region ist die Abwendung vom Stelenkult zu erkennen, statt Tempeln baute man vorwiegend Paläste, und der Siedlungsraum wurde in Gruppen vergleichbarer Größen gegliedert. Das stand in krassem Gegensatz zu der starken Zentralisierung der Städte des Petén, wo Tempel, Paläste und Akropolen im Mittelpunkt der Stadt erbaut waren. In der Puuc-Region waren die Paläste wie in Uxmal als Viereck um einen weitläufigen zentralen Hof angeordnet und mit Steinmosaiken geschmückt. In Chichén Itzá wiederum waren es fremde Einflüsse, die der Architektur und Bildhauerkunst unverwechselbare Züge gaben.

Sind diese Abwandlungen nur künstlerisch begründet? Oder drücken sie eine Veränderung in den Machtstrukturen aus? Das trifft erwiesenermaßen auf Chichén Itzá zu, wo sich die herrschende Gruppe die Macht teilte. Das erklärt, warum es dort keine Darstellungen eines Königs gibt. Muss man die Regionalstilarten als Ausdruck einer solchen Evolution betrachten? Vielleicht vollzog sich ein langsamer Übergang von der persönlichen Macht einer Dynastie, wie sie für die klassischen Städte des Petén typisch war, zu einer Machtteilung innerhalb der Aristokratie. Es wird noch lange dauern, bis diese Hypothese bewiesen werden kann.

Hauptstadt des Mayabündnisses, in Mayapán, war die Hauptpyramide eine kleinere Version des Castillo Chichén Itzás. In den bedeutenden Stätten der Ostküste, Tulúm und Cozumel, waren die Bauwerke Miniaturausgaben der älteren yucatekischen Stile.

In verschiedenen Gebieten des Tieflands existieren noch andere Baustile, die häufig von den zur Verfügung stehenden Baumaterialien geprägt wurden. In Südbelize haben der leicht zu behauende Kalk- und Sandstein rund um die Mayamountains beispielsweise die Terrassenarchitektur Lubaantúns hervorgebracht. Im Schwemmland der Ebene von Tabasco fanden sich keine Steine, weshalb in Comalcalco Ziegelsteinbauten entstanden.

Palenque besitzt einen besonderen Stil mit schweren schrägen Dächern und einer Fülle mehrfarbiger Stuckplastiken an den Außenfassaden der Gebäude. In der letzten Phase Palenques waren die meisten Gebäude rot bemalt. Die Tempel der Kreuzgruppe besitzen in ihren Innenräumen überdachte Heiligtümer und eine große Inschriftentafel, die davon berichtet, dass sie Ende des 7. Jh. n. Chr. erbaut wurden.

Copán liegt im südöstlichen Winkel des Mayagebiets und ist, was den innovativen Charakter seiner Architektur anbelangt, ebenso einzigartig wie Palenque. Der Große Platz, über den sich zahlreiche, mit Hochreliefs verzierte Stelen verteilen, ist vermutlich der beeindruckendste öffentliche Platz aller Mayastädte. Die Hieroglyphentreppe, deren dynastische Inschriften mehr als 2500 Schriftzeichen umfassen, führt auf eine der wichtigsten Pyramiden. Auf ihrer Mittelachse wurden in regelmäßigen Abständen mehrere Herrscherstatuen eingefügt. Vergleichbare mannsgroße bildliche Darstellungen finden sich auf der Akropolis von Copán. Auch wenn die Stätte verlassen daliegt, vermitteln diese Skulpturen und die Stelen doch den Eindruck eines vormaligen intensiven Lebens.

DER PUUC-STIL

Die eng aneinander gereihten Masken des Regengottes Chac am oberen Teil der Fassade des Codz-Pop-Palastes in Kabáh (Yucatán) veranschaulichen eines der Merkmale des Puuc-Stils aus dem Endklassikum.

149

Im Hochland wurden nur wenige architektonische Studien durchgeführt. Doch einige Gebäude, die in Kaminaljuyú teilweise freigelegt wurden, spiegeln den Einfluss Teotihuacáns während der mittleren Klassik wider. Dies trifft auch auf eine gewisse Zahl nachklassischer Stätten zu, die freigelegt und restauriert wurden. Die beiden beeindruckendsten sind Iximché und Zaculeu. Hier zeigt sich der Einfluss der zentralmexikanischen Architektur, der im Mayahochland generell seit dem Eindringen Teotihuacáns in der frühen Klassik sichtbar wird.

Bei der Mehrzahl der architektonischen Überreste des Tieflands handelt es sich um die Ruinen öffentlicher Bauten, sodass ihre Ornamente als offizielle Kunst anzusehen sind, die beeindrucken oder belehren wollte. Die Maya kannten verschiedene Methoden, ihre Bauten zu verzieren, etwa mit kolossalen Gravuren, die einen Teil des Gebäudes bilden, mit Stuck oder Wandmalereien, mit skulptierten Türstürzen aus Holz oder Stein und auch mit frei stehenden Stelen und Altären (wie bei den Zwillingspyramiden Tikals).

Malerei und Bildhauerkunst

In den meisten Fällen waren die Architekturplastiken massiv. Seit der späten Vorklassik dekorierten die Maya die Tempel von Uaxactún, Tikal und Cerros mit riesigen Göttermasken. In klassischer Zeit bildeten ganze Gebäude den Hintergrund für eine einzige Darstellung wie in Chicanná und Uxmal. Die Stuckbearbeitung erreichte ihren Höhepunkt in Palenque, wo lebensgroße Statuen zunächst nackt geformt wurden, bevor sie Kleider aus Stuck erhielten. Dank dieser Technik wurde ein realistischer Faltenwurf erzielt. Zum Schluss wurden sie mit leuchtenden Farben bemalt. Das Innere des Palastes wurde mit Flachreliefs aus mehrfarbigem Stuck und Wandmalereien geschmückt.

Heute sind jedoch nur noch wenige Wandmalereien der Maya erhalten. Die ältesten wurden in einer Grabkammer in Tikal gefunden. Sie stammen aus der späten Vorklassik, sind jedoch nur von minderer Qualität. Am berühmtesten sind wohl die 1946 entdeckten Wandmalereien von Bonampak. Diese Meisterwerke wurden in einem bescheidenen Bauwerk der kleinen, in der Nähe von Yaxchilán gelegenen Mayastätte entdeckt, wo sie den oberen Teil der Wände so-

BAUSTOFFE DER MAYA

Zur Errichtung ihrer Bauwerke waren die Maya auf einheimische Rohstoffe angewiesen. Am häufigsten verwendet wurde feinkörniger Kalkstein aus dem Petén oder Palenque, grobkörniger Kalkstein aus der Río-Bec-Region, Sandstein aus Copán oder Toniná, seltener dagegen hartes Felsgestein aus den Bergen. In den Städten der Überschwemmungsebenen im Tiefland von Tabasco oder Campeche gab es keine Gesteinsvorkommen, deshalb beschränkte man sich um Campeche auf die Lehmarchitektur. Andere Städte wie z. B. Comalco bewiesen größeren Einfallsreichtum. Dort erbaute man die Tempel und Pyramiden aus gebrannten Ziegeln, in die oftmals Tiere, Glyphen oder Gesichter eingeritzt waren. Diese waren in die Mauern eingefügt und damit unsichtbar. So schufen die Maya elegante Bauwerke, die vorwiegend als öffentliche Gebäude und Wohnsitze für die Oberschicht dienten. Für die einfacheren Häuser, in denen die Maya lebten, wurden Holz, Lehm, in der Sonne getrocknete Ziegel und Palmzweige verwendet. Neben dem geschlossenen Haus, das man in kühleren Regionen baute, gab es in den warmen und trockenen Gebieten Häuser mit großen Wandöffnungen, durch die stets ein erfrischender Luftzug wehte.

wie die Gewölbedecken dreier Räume schmücken. Für diese Gemälde existieren mehrere Interpretationsvorschläge. Möglicherweise rühmen sie einen erfolgreichen Raubzug, bei dem Jagd auf Sklaven gemacht wurde. Sie könnten auch die Unterdrückung eines Bauernaufstands darstellen oder die Bestrafung von Gefangenen, die aus einem anderen Mayazentrum stammten. Eines dieser kraftvoll komponierten Gemälde stellt eine Schlacht dar, bei der die Kämpfenden übereinander stürzen. Zahlreiche Figuren tragen Helme mit

prächtigem Schmuck. Die abgebildeten Tiere und Symbole sollen wohl der Identifizierung der einzelnen Kämpfer dienen. Es ist nicht bekannt, ob die Helme wirklich auf den Hinterkopf zurückgeschoben wurden oder ob dieser Kniff dem Künstler lediglich die Möglichkeit geben sollte, die Gesichter der Kämpfenden darzustellen. Es scheint jedoch offensichtlich, dass das Wandgemälde ein reales Ereignis veranschaulicht und die dargestellten Personen wiedererkannt werden sollten. Eine andere Szene zeigt, wie sich Würdenträger für eine Zeremonie zurechtmachen. Sie tragen einen imposanten Kopfschmuck. Weiter unten sind Musiker mit Trompeten, Trommeln, Rasseln und Rückenpanzern von Schildkröten abgebildet. Eine Gruppe als groteske Götter kostümierter Männer bereitet sich wohl auf ein Ritual oder einen Tanz vor. Eine dritte Szene zeigt höchstwahrscheinlich eine Verurteilung. Die Hauptperson ist in prächtige Gewänder gekleidet und wirft böse Blicke auf nackte Gefangene, denen die Nägel herausgerissen wurden. Neben ihnen ruht ein Menschenkopf auf einem Bett aus Blättern.

Zwei Gebäude, die allerdings weit vom Mayagebiet entfernt liegen, scheinen ebenfalls von Mayakünstlern ausgeschmückt worden zu sein. In Cacaxtla, im zentralen Hochland Mexikos, in der Nähe von Puebla, kamen bei jüngsten Grabungen gut erhaltene Wandmalereien zum Vorschein. Eines der Gemälde stellt eine noch grauenvollere

FRESKENTEMPEL VON BONAMPAK

In Bonampak befinden sich die berühmtesten Wandmalereien der Maya. Die 1946 entdeckten Fresken schildern Ereignisse, die sich 790–792 n. Chr. zugetragen haben.

151

Schlachtszenerie dar als die Wandmalerei von Bonampak und zeigt Krieger, denen die Eingeweide herausgerissen wurden. Auf dem anderen Wandgemälde ist eine als großer Vogel verkleidete menschliche Gestalt zu sehen, die jedoch ebenso wie zahlreiche Krieger der Kampfszene typische Mayazüge aufweist. Die Ähnlichkeit dieser Figuren mit denen der Wandmalereien Bonampaks und der spätklassischen Flachreliefs ist so stark, dass man annimmt, sie seien von Mayakünstlern geschaffen worden. Es ist jedoch absolut rätselhaft, wie jene in dieses Hochland gelangten.

Im Tiefland sind noch heute mehrere Wandmalereien aus nachklassischer Zeit zu sehen, die sich in küstennah gelegenen Mayastädten, insbesondere in Tancah und Tulúm, finden. Es ist außerdem bekannt, dass andere in Santa Rita in Nordbelize existierten. Ihr Stil erinnert an die Kodizes, insbesondere jene der Mixteka-Puebla-Region Zentralmexikos. Das Vorhandensein dieses Stils entlang der Mayaküste bezeugt die weit reichenden Kontakte der Putún-Kaufleute.

Neben dem Schmuck von Bauwerken war die wichtigste künstlerische Ausdrucksform der Maya die Stele. Hierbei handelt es sich um eine in der Regel einzeln stehende Steinplatte (oder einen Pfeiler). Sie wurde im Sakralbezirk vor einem Gebäude (oder manchmal auch in seinem Innern) aufgestellt. Häufig findet sich vor ihr ein flacher, runder „Altar". Auch wenn zahlreiche Stelen relativ schmucklos sind, weisen einige hundert von ihnen Einritzungen auf. Zumeist zieren die Flachreliefs

FRIES IN CHICHÉN ITZÁ
Die Tafeln an den Mauern des großen Ballspielplatzes in Chichén Itzá stellen die Enthauptung eines Spielers durch den Anführer der gegnerischen Mannschaft dar.

nur eine Seite der Stele und stellen im Allgemeinen eine aufrecht stehende Figur oder eine Szene dar, an der mindestens zwei Personen beteiligt sind. Allerdings finden sich Stelen, die auf allen vier Seiten Reliefs aufweisen, sodass sie eher an eine Statue als an ein Bild erinnern. Die Hieroglypheninschriften auf den Flanken und der Rückseite der Stelen beziehen sich auf Ereignisse, die zu Lebzeiten des auf dem Monument dargestellten Herrschers stattgefunden haben. Der Herrscher wird in einer strengen Pose dargestellt, ist mit erlesener Kleidung angetan und trägt die Symbole seiner Macht und seines Amts: einen

MAYA IN TEOTIHUACÁN

Die Macht der Stadt Teotihuacán drückt sich auch in der strengen Architektur mit ihren klaren Linien und geometrischen Formen aus. Die Kunst der Stadt war strikten Regeln unterworfen, und nichts oder fast nichts entzog sich dieser Kontrolle. Deshalb ist es erstaunlich, dass es in Teotihuacán von Ausländern bevölkerte Stadtviertel gab, wo die Bewohner ihre Traditionen bewahrten. Ein solches Viertel wurde in Oaxaca entdeckt, ein weiteres im Westen. Noch überraschender ist die Tatsache, dass es im so genannten Kaufmannsviertel im Ostteil Teotihuacáns kreisförmige Gebäude gibt, die eigentlich für die Städte an der Golfküste typisch waren.

Auch entdeckte man in diesem Stadtteil Baumaterial, das in Veracruz, aber auch in den weit entfernten Mayagebieten vorkam. Dieser Baustoff wurde möglicherweise von den in Teotihuacán ansässigen ausländischen Kolonien eingeführt. Ob hier in erster Linie Kaufleute lebten oder ob es sich um Einwanderer handelte, konnte bis heute nicht geklärt werden. Doch es steht fest, dass Maya in Teotihuacán lebten und dass die Stadt eine reiche, fremden Einflüssen gegenüber aufgeschlossene Metropole war. Die Anwesenheit von Maya erklärt auch in gewisser Weise den Einfluss, den die Metropole auf einige Städte im Tiefland ausübte.

Zeremonialstab, der die doppelköpfige Schlange darstellt oder einen Zeremonialstab in Gestalt eines kleinen Männchens mit einem Bein, das in einer Schlange endet – er könnte ein Atlatl (Speerschleuder) sein. Der Herrscher ragt über einen gefesselten Gefangenen empor oder steht einer Person niedrigeren Ranges gegenüber. Auf einer der Stelen von Piedras Negras tritt der Herrscher zu einem zum Gott erhobenen Vorfahr in Verbindung, indem er Weihrauch verbreitet.

Die Darstellung der menschlichen Gestalt auf den Stelen zahlreicher Stätten wandelte sich im Lauf der Zeit und reicht von illustrierten Tafeln bis zu Statuen im Hochrelief. Es änderten sich die Pose der Person sowie der Grad der Ausarbeitung und der Wirklichkeitsnähe des Bildnisses. Doch neben den Stelen existieren noch andere Arten von Monumenten. In Quiriguá finden sich Zoomorphe, riesige gerundete Felsbrocken, deren Form bereits an ein Tier erinnert und die mit gewaltigen Figuren und Ornamenten verziert sind. Einige Altäre, wie beispielsweise Altar V in Tikal, verdichten eine Szene vom Stelentyp auf eine runde Tafel. Manchmal ist das Monument ganz einfach eine breite Skulptur ohne jede Inschrift, so wie in Copán, wo zwei Altäre des Großen Platzes die Form einer Schildkröte und einer massiven Kugel haben.

Das Ballspiel und die Spielfelder dienen ebenfalls als Träger für einige ausgearbeitete Skulpturen. Die Markierungen, die das Feld in zwei Hälften teilen, sind häufig mit Szenen des Ballspiels verziert. In toltekischer Zeit stellten Tafeln in Chichén Itzá die möglichen Konsequenzen des Spiels dar, denn sie zeigen einen Spieler der siegreichen oder unterlegenen Mannschaft, der enthauptet wird.

Keramikgefäße und Jadeschmuck

Zahlreiche Motive der öffentlichen Kunst finden sich auch in der nicht öffentlichen Kunst wieder, die von Handwerkern (Töpfern, Malern, Juwelieren) für Privatpersonen hergestellt wurde. Eines der beliebtesten Motive der Vasenmalerei war das Ballspiel. Einige der gelungensten Vasen lassen sich mit den Meisterwerken der griechischen Antike vergleichen. In der späten Klassik wurden Personenabbildungen auf zylindrischen Gefäßen, die in der Mehrzahl als Grabbeigaben dienten, zum wichtigsten künstlerischen Ausdrucksmittel. Leider stammen die meisten der heute vorliegenden Gefäße aus Plünderungen. Ihr ursprünglicher Fundort ist nicht mehr zu bestimmen, wodurch sie einen Teil ihrer archäologischen Bedeutung eingebüßt haben. Nach intensivem Studium unzähliger Vasen ist Michael Coe zu der Überzeugung gelangt, dass sie nicht ausschließlich produziert wurden, um als Grabbeigaben zu dienen, obwohl ihre Motive in der Tat Ereignisse aus der Unterwelt darstellen, in die der Verstorbene reist. Laut Coe sind zahlreiche Szenen Episoden einer verloren gegangenen epischen Literatur, von der der *Popol Vuh* aus dem Quiché lediglich ein Fragment darstellt.

VASE VON TIKAL
Gefäße, die als Grabbeigaben dienten, stellen oft Motive aus der Unterwelt dar. Hier hält ein Würdenträger einen gefangenen Jaguar fest – die Erinnerung an die Abendsonne.

Doch auf einigen Gefäßen werden reale Personen und Ereignisse dargestellt, was auch auf die Wandmalereien Bonampaks zuzutreffen scheint. Die Grenzen zwischen Sage und historischen Ereignissen waren fließend. Auf den Gefäßen werden reale oder sagenhafte Rituale beschrieben, zu denen die Einnahme von Halluzinogenen, die Darbringung eines Menschenopfers oder das Vollführen eines rituellen Tanzes zählen. Diese Szenen werden manchmal von Göttern und Menschen begleitet.

Die Maler, die die Gefäße verzierten, arbeiteten vermutlich ebenfalls an den Kodizes und fertigten zudem auch die Wandgemälde an. Einige Vasen besitzen eine vertikale Linie, mit der eine Szene beendet wird. Diese Gefäße geben wertvolle Hinweise auf das Aussehen der klassischen Kodizes, von denen keiner mehr existiert, sowie auf den Stil der malerischen Ausgestaltung, etwa die Verwendung feiner Linien. Viele Kenntnisse, die heute über die Unterwelt und das Jenseits vorliegen, wurden aus den Vasenmalereien bezogen, doch sind diese Informationen unvollständig, da aus Plünderungen stammende Gefäße keiner Stätte mehr zugeordnet werden können. Obwohl die Vasen nach wie vor existieren, ist doch ihr Bezug zur Mayagesellschaft unwiederbringlich verloren.

Ebenso wie die Schöpfer der Wandmalereien ebenfalls Kodizes und Vasen verziert haben können, schufen auch die Bildhauer, die die Stelen gestalteten, kleinformatige Ausgaben ihrer Werke aus Edelsteinen. Zu den schönsten künstlerischen Schöpfungen der Kultur der Maya zählt ihr Jadeschmuck, wobei dieser Stein extrem hart und schwer zu bearbeiten ist. Ebenso wie auf den großformatigen Werken kamen auch hier die Techniken des Flach- und Hochreliefs zum Einsatz, um Tafeln, wie die „Gann-Jade" (heute im Britischen Museum in London) oder Blockskulpturen wie den Kopf des Sonnengotts aus Altun Ha oder den berühmten kauernden Jaguar aus Tikal herzustellen. Die Jade stammt nicht aus dem Mayatiefland, sie wurde hier aber seit etwa 1300 v. Chr. gehandelt. Die ältesten bekannten Skulpturen sind ein kleines Männchen mit Entenschnabel und eine Jaguartatze, die beide auf etwa 1300 v. Chr. datiert werden und aus Cuello in Belize stammen.

Jüngere Forschungen deuten darauf hin, dass von den Lagerstätten im Motagua-Tal und im Hochland rohe Jadeblöcke exportiert und im Tiefland im lokalen Stil bearbeitet wurden. Selbst kleinste Bruchstücke fanden noch Verwendung. So stießen Archäologen in Tikal auf ein herrliches, aus der frühen Klassik stammendes 37 Zentimeter hohes Mosaik, das aus Jade- und Muschelfragmenten gefertigt worden war. Eine andere, elf Zentimeter hohe Figurine stellt das aus Holz und Stuck gefertigte Abbild eines Mannes dar. Sie trägt Miniaturschmuck, beispielsweise eine doppelte Halskette, Ohrgehänge und eine Hochfrisur, die allesamt aus winzigen Jadesplittern bestehen.

Neben Jade und Muscheln (insbesondere der rote Rand der Spondylusmuschel) dienten auch andere Materialien zur Herstellung von Mosaiken, etwa Obsidian und Eisenerze, beispielsweise Eisenglanz (Hämatit). Eins der schönsten Mayamosaiken entstand während

Jaguar aus Jade
Diese bemerkenswerte Skulptur aus Tikal entstand um 700 n. Chr. und ist ein Beleg für das meisterliche Können der Handwerker der damaligen Zeit. Ihr Wert liegt auch in der Größe des aus dem Hochland eingeführten Steins.

154

der toltekischen Epoche in Chichén Itzá. Diese mit geometrischen Motiven verzierte Platte wurde hinter einem roten steinernen Thron entdeckt, der die Form eines Jaguars hat. Dieser Thron befindet sich im inneren Tempel des Castillo und besitzt große Jade-Einlegearbeiten.

Eine der Mayakünste, von der am wenigsten bekannt ist, ist die Holzbildhauerei. In Tikal und Dzibanché stießen Archäologen auf Türstürze aus Sapotillbaumholz. Andere Holzarten haben die Zeit selten überdauert. In Tikal fand sich eine Reihe von Darstellungen des Regengotts. Sie verdanken ihre heutige Existenz der Tatsache, dass der Stuck, mit dem sie bedeckt waren, in dem Grab erhalten geblieben ist. Den Hohlraum, den das verrottete Holz im Stuck hinterlassen hatte, konnten die Forscher als Form verwenden. Die meisten Holzobjekte fanden sich in trockenen Grotten, darunter eine sitzende Figur, die wohl aus Tabasco stammt, und ein einfacher und eleganter Kasten aus Actun Polbilche in Zentralbelize.

Es wurden viele Beispiele für Metallobjekte gefunden, doch nur wenige stammen aus einer früheren Epoche als der Endklassik. Die meisten der ältesten auf Mayagebiet gefundenen Metallgegenstände sind keine eigentlichen Mayaobjekte, da sie aus Zentralamerika importiert wurden. Zahlreiche jüngere Objekte sind einfache, für das gesamte östliche Mesoamerika typische Stücke und keine speziellen Mayafabrikate. Die meisten Metallgegenstände, die für die Maya typische Charakteristika aufweisen, stammen aus der frühen Nachklassik, wie die in einem maya-toltekischen Mischstil gehaltenen goldenen Platten, die im Heiligen Zenoten in Chichén Itzá entdeckt wurden. Damals waren im Mayagebiet talentierte Kunsthandwerker tätig.

Das Alltagsleben in der Kunst

Die Stelenkunst zeigt die Herrscher der Mayareiche in ihrem offiziellen Amt, während die Vasenmalerei eine verloren gegangene Literatur zu illustrieren scheint. Nur wenige Quellen stellen das alltägliche Leben dar. Eine dieser Quellen, die durch ihre Details und ihren Abwechslungsreichtum erstaunt, ist die große Zahl von Terrakottafigurinen. Sie sind zu häufig und zu weit verbreitet, als dass sie für die Elite bestimmt gewesen sein könnten. Obwohl einige dieser Figuren offensichtlich Herrscher oder andere hochrangige Persönlichkeiten zeigen, stellen doch zahlreiche von ihnen das Volk bei seiner täglichen Arbeit dar. Die Figurinen des Hochlands geben auch Aufschluss über Tätowierungen, Haartrachten und Kleidung.

RELIGIÖSE BEDEUTUNG DER FIGURINEN
Die in ihrer realistischen Darstellung faszinierenden Figurinen geben auch einen Einblick in religiöse Vorstellungswelten. Hier spielt die aus einer Blüte emporsteigende Gestalt auf den Mythos des Wiedererstehens der Vegetation an.

Die realistischsten und detailliertesten Figuren stammen aus der späten Klassik. Sie wurden in der Regel gegossen und bergen in ihrem Innern häufig eine dreitönige Pfeife. Die Pfeife kann auch am Rücken der Figur befestigt sein. Es ist immer noch unbekannt, ob es sich hierbei um Spielzeug handelt oder ob dieser Pfeife eine spezielle praktische oder rituelle Funktion zukam. Zum Herstellen der Gussform wurde wahrscheinlich ein Modell aus Ton oder Bienenwachs verwendet. Nachdem die Form gebrannt war, wurde sie mit mehreren Schichten Ton versehen, um einen Abdruck zu erhalten, der anschließend ausgehöhlt oder an dem die Pfeife befestigt wurde. Beim Trocknen zog sich der Abdruck zusammen, löste sich von der Form und konnte anschließend mit anderen Figurinen oder Töpferwaren gebrannt werden.

Wie detailliert die Figurinen waren, hing von der jeweiligen Stätte ab. Die Figurinen der Insel Jaina vor der Küste von Campeche wurden modelliert oder gegossen und zählen zu den feinsten und gelungensten Arbeiten. Funde, die in Lagartero in Chiapas gemacht wurden, belegen jedoch, dass auch im Hochland begabte Künstler am Werk waren. Eine andere bemerkenswerte Sammlung stammt aus Lubaantún, wo einige Figurinen maskierte Männer darstellen, die schwere Helme mit Visier tragen. Andere Figurinen illustrieren verschiedene Tätigkeiten – so ist beispielsweise eine Frau zu sehen, die auf einer *metate* Mais zerkleinert. In jeder der drei Stätten ging die Detailtreue so weit, dass sogar die auf der Kleidung der Frauen gestickten Motive wiedergegeben wurden.

In der Nachklassik wurde die Figurinentradition fortgesetzt. In Santa Rita in Belize wurde eine Reihe handgefertigter Statuetten gefunden, die zart mit Pastellfarben bemalt waren wie jene Figuren der Wandgemälde und zeitgenössischen Kodizes. Sie stellen unter anderem Krieger dar, die zu ihren Speeren greifen.

MUSCHELHÖRNER ALS MUSIKINSTRUMENTE
Die Musiker der Maya hatten Schlag- und Blasinstrumente. Muschelhörnern, die man wahrscheinlich bei Zeremonien und im Kampf benutzte, wurden dunkle Töne entlockt.

MUSIK UND TANZ

In seinem Buch *Bericht aus Yucatán* erwähnt der Franziskanerpater Diego de Landa ausdrücklich die Tänze, die bei jedem heidnischen Fest der Maya stattfanden. Begleitet wurden sie offenbar von Musik, die man mit landestypischen Instrumenten spielte. Die gängigsten Instrumente scheinen große Muscheln gewesen zu sein. Dies ist nicht überraschend, denn in der Karibik kommen viele große Muscheln vor. Mit einigen von ihnen ließ sich ein dunkler, dumpfer Klang erzeugen, den die Maya offenbar schätzten. Auch Pfeifen aus verschiedenem Material wie Terrakotta oder Tierknochen verwendete man häufig, wie die Abbildungen im *Dresdner Kodex* zeigen.

Auch auf den Fresken von Bonampak findet man Darstellungen von Blasinstrumenten, darunter eine Art Trompete. Sie bestand aus einer Holzröhre mit einem Flaschenkürbis als Resonanzboden. Das typische Schlaginstrument war die Trommel, laut Diego de Landa ein ausgehöhlter, oft reich verzierter Baumstamm. Als Trommelschlägel verwendete man einen Stock mit einer kautschuküberzogenen Spitze. Abgerundet wurde das Angebot an Musikinstrumenten durch Rasseln, Schellen und Glocken.

Obwohl man die Instrumente und ihren Klang kennt, wird uns die Musik der Maya vermutlich für immer unbekannt bleiben.

Merkwürdige Schuppentiere mit Menschenkopf erscheinen in ihrem Mund. In größerem Format verzieren Götter in Menschengestalt die Weihrauchgefäße der späten Nachklassik. Sie wandeln sich im 17. Jh. zu einfachen Gesichtern, die an Schalen befestigt werden. Diese letzte Form der Mayakunst wird bis heute fortgeführt.

Die bisher erforschten Künste, die Bildhauerei, die Malerei, der Guss und das Zeichnen, können materielle Spuren hinterlassen, die beurteilt und analysiert werden können. Doch die Maya verfügten auch über andere Künste wie Theater, Musik, Tanz, epische Erzählungen und Dichtkunst. Sie manifestieren sich in den Wandgemälden, den Vasenbemalungen und den Figurinen, etwa in der Gruppe von Musikern mit Blas- und Schlaginstrumenten in Bonampak, im anmutigen Tanz Vogel-Jaguars auf dem Gefäß aus Altar de Sacrificios, in den grotesken Kapriolen, die den Opferakt auf zahlreichen Gefäßen begleiten … Es finden sich zahlreiche Darstellungen von Musikern, und einige ihrer Instrumente existieren noch heute. Wir können die gleichen Töne spielen, die die Maya vor mehr als tausend Jahren hörten, und den Klang eines Mayaorchesters wiedergeben, doch ihre Melodie, ihr Rhythmus und ihr Kontrapunkt sind für immer verschwunden.

Fragmente der Poesie, des Theaters und der epischen Erzählungen der Hochlandmaya wurden von den Forschern schriftlich festgehalten. Sie können sehr gut mit der verlorenen Literatur der Tieflandmaya verwandt sein. Der *Popol Vuh*, der das Leben der Zwillingsheroen und ihre Schlacht gegen die Herren der Unterwelt schildert, die *Annalen der Cakchiquel* und das Drama *Rabinal-Achi* beschwören eine verlorene Welt herauf.

INFORMATIONSQUELLE
Die Kodizes ermöglichen uns die Erweiterung unseres Wissens über das Alltagsleben der Maya. Hier beispielsweise sind Musikinstrumente dargestellt.

Meisterwerke der Maya

DIE KUNST DER POLYCHROMIE *(Frühklassikum)*
Zu Beginn des Klassikums galten die Maya als Meister in der Kunst der
Polychromie. Die meisten Gefäße aus dieser Periode sind mit abstrakten
Motiven verziert, einige aber unterscheiden sich durch umfassendere
Bildinhalte, wie dieses Exemplar aus Tikal, dessen Motive (hier
eine Maske Tlalocs) an die Verbindungen der Stadt zur
zentralmexikanischen Metropole erinnern.

RÄUCHERGEFÄSS *(Frühklassikum)*
Dieses Gefäß wurde in Form
eines Menschen gearbeitet – eine
für die Maya nicht ungewöhnliche
Darstellung, denn viele Keramiken
stellen Personen in unterschiedlichen Haltungen dar. Aufgemalte
oder eingravierte Verzierungen
geben Einblick in Kleidung,
Tätowierungen oder
Hautritzungen, die
dem Rang oder
der Funktion
des dargestell-
ten Menschen
entsprachen.

SCHMUCKSTÜCKE UND JUWELEN *(100–400 n. Chr.)*
Die Mayaherrscher schmückten sich gewöhnlich mit Federn,
Juwelen und kostbaren Gegenständen. Muschelschalen aus
fernen Gegenden gehörten zu den bevorzugten Werkstoffen.
Erhöht wurde der Wert des Gegenstands durch die feine
Arbeit und die zusätzliche Verarbeitung symbolträchtigen
Materials wie Zinnober,
der durch seine rote
Farbe bestach.

GEHEIMNISVOLLE PILZE
(Spätes Vorklassikum)
Im Hochland von Guatemala, vor allem in Kaminaljuyú, hat man merkwürdige Skulpturen in Pilzform entdeckt, die auf einem Sockel stehen. Der Fuß ist mit unterschiedlichen Motiven verziert. Die geheimnisvollen Pilze lassen vermuten, dass die Maya bei Wahrsageritualen halluzinogene Substanzen zu sich nahmen.

PER ZUFALL KONSERVIERT
(um 600)
Die Mayahandwerker verwendeten häufig Holz oder andere vergängliche Materialien. Oft ist es dem Zufall zu verdanken, dass solche Meisterwerke aus stucküberzogenem, bemaltem Holz als ungewöhnliche Zeugnisse einer untergegangenen Kunst bewahrt blieben.

MASKEN *(Frühklassikum)*
Seitdem in Palenque die erste
Totenmaske entdeckt wurde, sind noch viele andere ans Tageslicht gekommen. Inzwischen weiß man, dass die Masken Porträts
verstorbener Herrscher sind. Auf diese Weise gingen viele Vertreter
der Maya-Oberschicht in die Geschichte ein, denn ihr Leben und
ihr Aussehen sind heute bekannt.

KNOCHEN *(Spätklassikum)*
Die Maya gravierten auf
Tier- und Menschenknochen
Darstellungen aus der realen
wie der irrealen Welt. Die
Schädel von Vorfahren oder
besiegten Feinden wurden zu
Masken verarbeitet. Auf Ober-
schenkel- oder Schienbeinkno-
chen ritzte man Götter- oder
Machtsymbole ein.

EXZENTRISCHE ARTEFAKTE *(Spätklassikum)*

Die mitunter aus Feuerstein oder Obsidian gearbeiteten exzentrischen Artefakte haben die Forscher lange vor ein Rätsel gestellt. Die kunstvolle Arbeit erforderte große Mühe und verlieh den Stücken eine erstaunliche ästhetische Qualität. Da man sie oft in Verstecken oder Depots von Opfergaben fand, könnte es sich hierbei um kultische Machtsymbole gehandelt haben.

KODEX-GEFÄSSE *(Spätklassikum)*

In der Spätklassik gab es eine Fülle zylindrischer Gefäße mit aufgemalten oder eingeritzten Motiven. Diese Kodex-Gefäße mit ihren reichhaltigen Motiven, die Mythen oder Riten darstellen, tragen oft Inschriften in kursiven Glyphen, die uns das Verständnis einiger Aspekte der Mayamythen ermöglichen.

BILDHAUERKUNST

Als zwangsläufig öffentliche Kunst verblüfft die Bildhauerei der Maya zunächst durch ihre imposanten Ausmaße. Einige Stelen sind bis zu 10 m hoch und wiegen mehrere Tonnen. Die Maya verfügten im Umgang mit dem Werkstoff Stein über erstaunliche Geschicklichkeit. Sie schafften es sogar, durch die Bearbeitung des feinkörnigen Kalksteins Lichteffekte bzw. eine filigrane Wirkung zu erzielen.

GESICHT AUS DER VERGANGENHEIT *(Spätklassikum)*
Obwohl die Herrscherporträts realistisch waren, hatten sie klare Bezüge zur Welt des Glaubens. So war die für die Masken verwendete Jade ein Symbol für das Leben. Der Zinnober auf den Lippen stellt die Verbindung zwischen der Person und der Totenwelt her, und die Reißzähne erinnern an den Jaguar, die Schutzgottheit von Calakmul.

KEIN RITUS OHNE RAUCH *(Spätklassikum)*
Ohne den Rauch des Kopalharzes oder anderer wohlriechender Substanzen hätten die politischen und kultischen Rituale viel von ihrer Feierlichkeit verloren. Das Räuchergefäß war ein wichtiger Bestandteil der Zeremonien. Einige Städte, etwa Palenque, trieben diese Kunst auf die Spitze, indem sie ihren Räuchergefäßen das Aussehen echter Skulpturen verliehen.

HERRSCHER ODER GOTTHEIT? *(Spätklassikum)*
Handelt es sich bei den maskierten, auf einem Thron oder einer Bank sitzenden Personen um Herrscher, die ein Ritual vollziehen, oder sind es Inkarnationen von Gottheiten, die ihre Schutzfunktion ausüben? Die Antwort hierauf fällt schwer, doch bestehen kaum Zweifel, dass hier die Verbindung zwischen irdischer und göttlicher Macht dargestellt ist.

PRACHTSTRASSEN UND TORE
(Endklassikum)
Durch das Land der Maya ziehen sich breite Straßen, die als Zeremonialstraßen zwischen wichtigen Bauwerken oder verbündeten Städten verlaufen. Oftmals enden die sacbeob, wie hier in Labna, an prächtigen Torbogen, die das offizielle Eingangstor in die Stadt darstellten. Im öffentlichen Leben erfüllten diese Tore wahrscheinlich eine wichtige Funktion.

LEBEN UND TOD
(Spätklassikum)
Für die Maya und andere vorspanische Völker waren Leben und Tod untrennbar verbunden. Muschel und Schneckenhaus symbolisierten die irdische oder niedrige Welt, erinnerten aber auch an die mit dem Mond verbundene Gebärmutter als Sitz des Lebens. Das aus dem Schneckenhaus blickende menschliche Wesen ist ein Symbol für den grundlegenden Lebenszyklus.

163

RITUELLE KERAMIK
(Spätklassikum)
Die Anordnung der auf-
gemalten oder eingeritzten
Motive auf Keramikgegenständen
der Maya gehorchte festen Regeln. Kunst
war kein Selbstzweck, sondern der Handwerker musste die Geheimnisse
des Gedankenguts und der Religion kennen. Becher oder zylindrische Gefäße
erinnern an die Geheimnisse der Kosmogonie oder stellen sie, wie auf diesem
zweigeteilten Schälchen, mit beträchtlicher Genauigkeit dar.

GEFÄSSE AUS KOSTBAREM
MATERIAL *(Spätklassikum)*
Die zylindrische Form des
Kodex-Gefäßes findet man
auch bei Gefäßen aus anderen
Materialien wie Travertin oder
Jademosaik. Das hier gezeigte
Deckelgefäß, dessen Knauf den
Herrscher oder ein Geschöpf aus
dem Jenseits darstellt, hat zwei-
fellos Symbolwert. Gegenstände
dieser Art verdeutlichen das
große Können der Handwerker.

KUNSTVOLLE GRAVUREN
Werkstoffe wie Alabaster oder Travertin eignen sich zum Eingravieren von Verzierungen. Diese Technik nutzten die Maya zur Anfertigung von Luxusgefäßen, bei denen der schimmernde Stein die Linienführung betont. Der helle Hintergrund des Gefäßes bringt die Inschriften und Darstellungen menschlicher Gestalten hervorragend zur Geltung.

BEKLEIDUNG UND SCHMUCK

Figurinen, Wandmalereien oder Gefäße zeigen uns, welche Mäntel, Umhänge, Baumwollschärpen und Kopfbedeckungen die Maya trugen. Mitunter kann man mithilfe der Archäologie herausfinden, aus welchen Materialien und mit welchen Techniken die üppigen Schmuckgegenstände gefertigt wurden.

HAARTRACHT DER MAYA

In den vorspanischen Gesellschaften, die festen Normen unterworfen waren, hatte auch die Haartracht ihren Sinn. Aus den Stucksculpturen von Palenque geht die Bedeutung der verschiedenen Haarschnitte hervor, die ebenso wichtig waren wie die Anordnung der Locken und der Haarschmuck.

ENTDECKUNG DES
GOLDES (*Nachklassikum*)
*Da die Maya keine eige-
nen Goldvorkommen hat-
ten, lernten sie die Kunst
des Goldschmiedens erst
spät kennen. Sie mussten
den Rohstoff aus
weit entfernten
Regionen im-
portieren. Doch
die Maya erwie-
sen sich rasch
als geschickte Handwer-
ker und arbeiteten vor-
gefertigte Gegenstände
um. Je nach ihren Be-
dürfnissen und Wün-
schen gaben sie ihnen
neue Formen und
versahen sie mit
neuen Motiven.*

RÄUCHERGEFÄSSE AUS MAYAPÁN
(*Spätes Nachklassikum*)
*In der Fortsetzung klassischer Tra-
ditionen entwickelten die Bewohner
von Mayapán einen neuen Stil bei
der Anfertigung von Räuchergefäßen,
(Chen Mul). Wie die Vorgänger in
Palenque sind auch sie in Form
üppig verzierter menschlicher Gestalten gearbeitet, doch die dargestellten
Persönlichkeiten sind typisch für die
ariden Gegenden im Yucatán. Zwei
Symbolfiguren stellen den Regengott
und den Langnasigen Gott dar.*

166

KUNST AUS FERNEN LÄNDERN
(Frühes Nachklassikum)
Sowohl das Material als auch
die Motive dieses Schildes
belegen die Bedeutung
fremder Einflüsse auf
Chichén Itzá. Das Motiv
ist eine Xiuhcóatl, die
Feuerschlange aus Zent-
ralmexiko. Die Türkis-
steine stammen aus
einer noch ferneren
Gegend, aus dem Süd-
westen der heutigen
Vereinigten Staaten.

ZEPTER
(Nachklassikum)
Aus der Ikonographie
kennt man die Symbole
der Macht. Echte Insig-
nien wie dieses Zepter
wurden aus vergänglichem
Material wie Holz angefertigt und sind deshalb viel
seltener erhalten. Bei
Ausgrabungen am großen
Zenoten von Chichén Itzá
fand man dieses Kunstwerk,
für dessen Herstellung Techniken wie Holzbearbeitung,
Intarsienarbeit und Polychromie
gleichzeitig angewandt wurden.

EINFLÜSSE AUS ZENTRALMEXIKO *(Endklassikum)*
Die Verknüpfung von Schlange und Herrscher ist
in der klassischen Ikonographie ein häufiges Thema.
Doch das hier aus dem Rachen der Schlange hervor-
kommende Gesicht lässt Einflüsse aus Zentralmexiko
erkennen, die auf die Verbreitung des Quetzalcóatl-
Kultes zurückgehen. Das in Uxmal entdeckte Exemplar belegt, dass sich diese Einflüsse bereits am Ende
des Klassikums auswirkten.

KAPITEL 9

Menschen und Götter

Itzamna, der höchste Gott

Zu den Hauptthemen der Mayakunst zählt das Götterpantheon, das in Größe und Funktion mit den Gottheiten des aztekischen Mexiko vergleichbar ist. Manchmal sind die Ähnlichkeiten so auffällig, dass daraus eine globale mesoamerikanische Mythologie ableitbar wäre. Die Götter der Maya, Azteken und Olmeken wären dann nur regionale Varianten.

Die Anfänge der Identifizierung der Mayagottheiten fallen in das frühe 20. Jh. Sie sind das Ergebnis der Forschungsarbeiten von Paul Schellhas, der auf der Grundlage des Madrider Kodex *(Codex Tro-Cortesianus)*, des Pariser Kodex *(Codex Peresianus)* und des Dresdner Kodex *(Codex Dresdensis)* eine Reihe von Gottheiten isolieren konnte. Anstelle von Namen ordnete er den Gottheiten Buchstaben zu; sein System hat auch heute noch nahezu unangefochtene Gültigkeit, auch wenn einige Gottheiten in der Folgezeit in mehrere Götter unterteilt und andere zu einem einzigen Gott zusammengefasst wurden.

Eric Thompson nennt als höchsten Gott des Mayapantheons *Itzamna* („Leguanhaus"), Schöpfer und Erbauer des Universums. Er ist ein vielgestaltiger Gott, dessen unterschiedliche Formen und Gesichter zahlreiche Aspekte des Mayalebens umfassen. Gegen Ende der späten Klassik wurden immer mehr Gottheiten als ein Avatar, eine Verkörperung *Itzamnas* angesehen, wodurch der Kult des allmächtigen Schöpfergotts nahezu monotheistische Züge annahm. *Itzamna* gilt als Gott, „von dem alles ausgeht und der körperlos ist". Er ist die Gottheit der Ernte, der Sonne, der Erde und des Regens (*itz* bedeutet „Träne" oder „Regentropfen", eine Homophonie, wie sie von den Maya häufig verwendet wurde). Der *itzam* ist ein Erdleguan, eine große Eidechse, die im Tiefland weit verbreitet ist; die Maya wählten ihn vermutlich wegen seiner scheuen ursprünglichen Erscheinung aus. Der Gott kann auch die Gestalt eines Kaimans annehmen und trägt gelegentlich das Geweih und die Hufe des Hirschs. Wie viele andere Elemente der Maya auch, ist *Itzamna* ein vierfacher Gott; jedem einzelnen *Itzamna* wird eine Himmelsrichtung mit einer Farbe zugeordnet: Es gibt einen roten *Itzamna* im Osten, einen weißen im Norden, einen schwarzen im Westen und einen gelben im Süden. Dieses vierfache Wesen wird oft mit einem von Planetensymbolen übersäten

FURCHT ERREGENDER SONNENGOTT
Kinich Ahau, ein wohltätiger Gott, der Leben spendete und das Licht brachte, hatte auch eine andere Seite: Wenn er in der Gestalt eines riesigen Greises dargestellt wurde, verbrannte er die Ernte.

Körper dargestellt. Thompson vermutet, dass die Maya darin das Gebälk eines Hauses, *na*, sahen, „dessen Mauern und Dach die vier riesigen *Itzam* bilden", wobei jeder „eine Seitenfläche des Himmels vom Zenith bis zum Horizont darstellt". Sie reichen sogar darüber hinaus und formen den Sockel der Erdoberfläche, auf der die Menschen leben. „Wenn die *Itzam* von ihrer Himmelsposition auf den Boden des Weltenhauses herabsteigen", sagt Thompson, „so übernehmen sie eine weitere Rolle." Als himmlische Kreaturen versorgen sie die Erde mit Regen, als irdische Kreaturen „sind sie der Boden, auf dem alle Pflanzen wachsen, und nehmen den Regen auf, den sie vom Himmel aus spendeten". Die Maya glaubten vermutlich, dass die Erde auf dem Rücken eines in einem Teich schwimmenden großen Kaimans ruhte. Wahrscheinlich ähnelte das Muster der angelegten Terrassenfelder, auf denen die wichtigsten Pflanzen kultiviert wurden, dem geschuppten Panzer dieses Geschöpfs.

Eine der bekanntesten Darstellungen des *Itzam Cab Ain*, der irdischen Form dieses Gottes, ist eine Maske, die sich auf einer Tafel im Blattkreuztempel Palenques findet. Der mit Pflanzenmotiven verzierte Kopf sitzt auf einem stilisierten, mit Planetensymbolen übersäten Leguankörper.

DER GOTT ITZAMNA
Itzamna, eines der ältesten Wesen, das die Maya verehrten, erhielt in der nachklassischen Periode seinen Status als Gottheit. Oft ist er auf Räuchergefäßen dargestellt, wie auf diesem schönen, in Mayapán entdeckten Exemplar.

169

Weitere Darstellungen des Gottes als Weltenhaus sind auf anderen Medien zu sehen, etwa auf Stele 25 in Piedras Negras. Der damalige Herrscher gliederte sich selbst in den Kreislauf eines himmlischen und irdischen *Itzamna* ein und betonte damit seine Macht. Der Hinterkopf *Itzams* besteht aus einem Skelettkiefer, Symbol für den Tod und die Unterwelt. Zugleich trägt er ein *kin*, ein Sonnensymbol, auf der Stirn, denn die Maya glaubten, dass die Sonne nachts in das Reich der Toten eintaucht. Diese Darstellung symbolisiert die grundlegende Einheit der irdischen und himmlischen Aspekte *Itzamnas*.

Thompson ordnet *Itzamna* dem Gott K des von Schellhas aufgestellten Göttersystems zu. Der ebenfalls aus den Kodizes abgeleitete Gott D ist eine weitere Verkörperung *Itzamnas*. Er erscheint als alter Mann und besitzt vielleicht zudem die Funktion eines Feuergottes, der mit dem mexikanischen *Xiuhtecutli* vergleichbar ist. Als Schöpfer-, Feuer-, Regen-, Ernte- und Erdgott durchdringt *Itzamna* das gesamte Leben der Maya.

Die Gottheiten der Sonne und des Mondes

In Yucatán wurde der Sonnengott *Kinich Ahau* und die Mondgöttin *Ixchel* genannt. *Kin* bedeutet „Tag" oder „Sonne" und *Ahau* „Herr". Andere Mayagruppen gaben ihm Namen mit der Bedeutung „gleißend" oder „flammend", ein Aspekt, der in den Kodizes deutlich wird, in denen der Sonnengott einen feindseligen Charakter einnimmt, da er die Ernte verbrennt. Wegen der Fülle und Pracht seiner Darstellungen war er aber in klassischer Zeit wohl eine beliebte Gottheit. Typische Merkmale für ihn sind u. a. viereckige Augen, ein schielender Blick und T-förmige Zähne. Auf der Stirn trägt er manchmal die Glyphe *kin* oder eine Seerose, Symbol seines nächtlichen Charakters, wenn er die Unterwelt durchquert. In den letzten Jahren fanden Archäologen viele Abbildungen *Kinich Ahaus*, etwa einen gravierten Jadeblock in Altun Ha und riesige Stuckmasken an der Wand einer Pyramide in Kohunlich in Quintana Roo.

Die Mondgöttin *Ixchel* gilt in der Regel als Gattin des Sonnengottes. Zahlreiche Legenden berichten von ihrer Untreue, etwa von ihrem Liebesabenteuer mit dem Geierkönig: Um seine untreue Frau zurückzubekommen, kleidete sich der Sonnengott in ein Hirschfell und stellte sich tot. Einer Schmeißfliege gab er den Auftrag, den Geiern den Ort zu nennen, wo der Kadaver lag. Den ersten Geier, der sich auf ihm niederließ, zwang er dazu, ihn zum Palast des

Geierkönigs zu führen, wo er seine untreue Frau schließlich zurückeroberte. Dies ist eine beliebte und zugleich sehr alte Legende, die sich auf vielen polychromen oder gravierten Keramiken der späten Klassik findet. Die bekannteste von ihnen ist die Yalloch-Vase, auf der Thompson den Mythos in den 30er-Jahren des 20. Jh. zum ersten Mal identifizieren konnte. Auf der Vase sind der Sonnengott/Hirsch, die Schmeißfliege, der Geier und der Kolibri (ein weiteres Symbol des Sonnengotts) zu sehen. Auf anderen Vasen genügt bereits das Bild der Sonne/des Hirschs und eines Geiers oder Kolibris, um an den Mythos zu erinnern. Die älteste Darstellung dieser Erzählung findet sich auf einer Schale aus Nohmul, die auf die frühe Klassik datiert wird. Der Sonnengott erscheint hier als Mann, der von einem engen Hirschfell bedeckt wird, begleitet von seiner Kolibri-Verkörperung und zwei Geiern. Erfahren hatte Thompson von diesem Mythos aus den Erzählungen eines Maya. Die Tatsache, dass er ihn unter all den Mythen der klassischen Zeit identifizieren konnte, ist ein gutes Beispiel dafür, wie die Ethnographie eingesetzt werden kann, um die Vergangenheit der Maya aufzuschlüsseln. Den lockeren Lebenswandel der Mondgöttin brachte man in der Neuzeit gern auf ironische Weise mit der Jungfrau Maria in Verbindung, die von den spanischen Siedlern an Maria Himmelfahrt häufig mit einer Mondsichel dargestellt wurde.

Die Regengötter

Die Mayagötter, über die gegenwärtig am meisten bekannt ist, sind die *Chacs* oder Regengötter, die ebenfalls in vierfacher Gestalt auftreten. Jedem *Chac* werden eine Himmelsrichtung und eine Farbe zugeordnet. Da sie den nährenden Regen spenden, gelten sie als Bewahrer des Lebens. Die Yucateken sehen sie als alte Männer und im System Schellhas' entsprechen sie Gott B, einer Gottheit mit langer Rüsselnase. Die *Chacs* sind auch die Donnergötter. Die Maya glaubten, dass ihnen die alten Äxte, die sie immer wieder im Boden ihrer *milpas* fanden, als Blitze gedient hätten. Die Rolle der *Chacs* als Wasserspender wird in den Kodizes deutlich beschrieben. Um die *Chacs* günstig zu stimmen, verbrannten die Maya *pom*, Kopalweihrauch; die schwarzen Rauchwolken sollten die ersehnten Regenwolken symbolisieren.

Der kleine Frosch *uo* steht in enger Verbindung mit den *Chacs*. Da er beim Einsetzen der ersten Regentropfen lautstark zu quaken beginnt, ist er Symbol für das Ende der Trockenzeit. Bei der *Cha-Chac*-Zeremonie („Anrufung der *Chacs*") war es daher Brauch, vier kleine Jungen um den Altar zu stellen, die das Froschquaken nachahmen sollten. Neben den privaten *Cha-Chac*-Zeremonien fanden auch öffentliche Zeremonien statt, bei denen Jade-, Kopal-, aber auch Menschen-, vor allem Kinderopfer dargebracht wurden.

In der offiziellen Kunst sind zahlreiche Darstellungen *Tlalocs* zu finden, des mexikanischen Regengotts, mit seinen typischen hervorquellenden Augen. Einige dieser Darstellungen stammen aus der Zeit, als Kontakte zu Teotihuacán unterhalten wurden. In Illustrationen aus späterer Zeit verschmilzt *Tlaloc* mit den *Chacs*. In Uxmal steht nördlich des Nonnenvierecks eine Säule von *Chac*-Masken, die von einem *Tlaloc* überragt wird. In Chichén Itzá entdeckten Forscher in den Balankanché-Höhlen ein aus dem 9. oder 10. Jh.

KERAMIKFROSCH
Die uo genannten kleinen Frösche lockten angeblich mit ihren Lauten den Regen herbei. Frösche und Kröten standen auch mit anderen Riten in Verbindung, insbesondere mit dem Verzehr halluzinogener Substanzen.

stammendes Heiligtum, das *Tlaloc* geweiht war. Im Tiefland wie auch im Hochland kam es häufig vor, dass die Regengottheiten mit den Gottheiten der Erde, die sie ernährten, verschmolzen. Die Regenkulte, die wohl zu den ältesten der Mayareligion zählen, bestehen unter der Vorherrschaft des Christentums in weiten Teilen des Mayagebiets auch heute noch weiter.

Ein komplexes Pantheon

Außer den bereits genannten gibt es noch weitere Erdgötter, insbesondere die *Tzultacah* („Berg Tal"), in Höhlen lebende Gottheiten der Erdoberfläche, die die Ernte und das Wild beschützen. Der deutsche Geologe Karl Sapper, der Ende des 19. Jh. zahlreiche Untersuchungen im Hochland durchführte, hat folgendes Gebet, das von einem Jäger stammt, schriftlich festgehalten:

„Die Opfergabe, die ich Dir darbringe, stillt in Wahrheit weder Deinen Hunger noch Deinen Durst. Ganz gleich, ob es so ist oder nicht, ich sage und ich denke, oh Gott, dass Du meine Mutter bist, dass Du mein Vater bist. Auch lege ich mich heute unter Deinen Fuß, unter Deine Hand schlafen, oh Herr der Berge und der Täler, oh Herr der Bäume, oh Herr der Reben. Der Morgen wird einen neuen Tag bringen, wird erneut das Licht der Sonne sehen. Ich weiß nicht, wo ich dann sein werde. Wer ist meine Mutter? Wer ist mein Vater? Du allein, oh Gott, Du siehst mich, Du beschützt mich hinter jeder Biegung des Wegs, jedes Mal, wenn sich mir die Dunkelheit zeigt, vor allen Hindernissen, die Du verbergen kannst, die Du beseitigen kannst, oh mein Gott, mein Herr, Herr der Berge und der Täler."

Die *Bacab* sind eine etwas eigentümliche Gruppe von vier Gottheiten. Diese stellen allerdings nicht unterschiedliche Erscheinungsformen in einer einzigen Gottheit dar, sondern jede dieser Gottheiten besitzt eine eigene Natur. Über der Tür von La Iglesia in Chichén Itzá sitzen sie sich paarweise gegenüber. Der erste Gott trägt eine Schnecke auf dem Rücken, der zweite ein Spinnennetz, der dritte ist in einen Schildkrötenpanzer gekleidet und der vierte in eine

DAS ERDUNGEHEUER

Das Ungeheuer, das in der Symbolik der Maya die Erde darstellt, tritt in verschiedenen Gestalten auf, als Kröte, Schildkröte, Krokodil oder als Fabelwesen. Laut Claude Baudez, einem Experten für die Ikonographie der Maya, spielen diese Tiere auf den amphibischen Lebensraum an, der Land und Wasser gleichzeitig ist. Er erinnert daran, dass in der Kosmologie der Maya die Erde von einem Alligator auf dem Rücken getragen wird.

Auch wenn das Erdmonster nicht einheitlich dargestellt wird, hat es charakteristische Züge. Immer findet man die Verzierungen an den Ohren, statt des Gesichts sieht man oft eine flache Maske ohne Kiefer, die Augen mit den großen Pupillen sind von dichten Brauen umrandet, die an einem Ende in Voluten auslaufen. Auch die Nasenlöcher sind mit zwei Voluten angedeutet. Diese Merkmale können verschieden gestaltet sein, denn die Form des Erdmonsters steht im Zusammenhang mit der jeweils am Ort üblichen Symbolik.

In der Mayakunst findet man viele Darstellungen des Erdungeheuers am Sockel von Stelen oder in Altarform, insbesondere in Copán oder Quiriguá. Oft erinnern nur typische Attribute auf dem Porträt eines Herrschers an das Erdmonster.

spiralförmige Muschel. Sie sind die Schutzgötter der Bienenzucht, worauf ihr mit Bienenflügeln verzierter Lendenschurz hinweist. In Chichén Itzá sind die *Bacab* als Atlanten dargestellt, Skulpturen, die die Bauelemente stützen, was wiederum ihre Rolle als Himmelspfeiler bezeichnet.

Alle genannten Gottheiten symbolisieren Naturgewalten wie Himmel, Erde, Sonne, Mond, Wind und Regen. Der über den Himmel ziehende Planet Venus wurde von den Maya als Morgen- und Abendstern zugleich verehrt und gefürchtet, denn die eisigen Strahlen von *Xux Ek* („Wespe Stern") konnten Leben und Ernte in Gefahr bringen.

Um den Mais vor möglichen Gefahren zu schützen und die Ernte zu sichern, gab man auch ihm einen eigenen Schutzgott – vielmehr ist er selbst ein Gott, der meist als schöner junger Mann abgebildet wurde, als Pflanze mit einem menschlichen Gesicht oder als Gesicht, das mit Maisblättern verziert ist. Eine der schönsten Darstellungen dieser Gottheit stammt aus Copán (und befindet sich heute im Britischen Museum). Sie zeigt ihn mit einer erhobenen und einer gesenkten Hand und einem ruhigen Gesichtsausdruck. Hinter seinen zusammengebundenen Haaren sprießt der Mais hervor. Er trägt prächtigen Schmuck – Ohrringe, Armbänder und ein Gehänge in der Form einer Jademaske. Die Vorstellung von Jade als etwas „Wertvollem" und die Verknüpfung mit dem blühenden Mais verbinden sich daher zu einer symbolischen Skulptur voller Harmonie. Diese Skulptur könnte, so wird vermutet, das Porträt eines Herrschers von Copán als Maisgott sein. Aus den Wandmalereien von Bonampak und einer Passage des Dresdner Kodex geht nämlich hervor, dass sich die Männer als Maisgott verkleideten, um diesen zu verkörpern.

Ein Hinweis auf die Bedeutung dieser Pflanze findet sich auch in den aus dem 18. Jh. stammenden Aufzeichnungen eines franziskanischen Missionars: „Der Mais ist noch in ihren kleinsten Handlungen und Gesten so greifbar, dass sie ihn nahezu als Gott ansehen. Die Faszination und die Verzauberung, mit der sie ihre *milpas* betrachten, sind so groß, dass sie darüber Frauen, Kinder und alle anderen Annehmlichkeiten vergessen könnten, als ob die *milpas* ihr ultimatives Lebensziel und die Quelle aller Glückseligkeit wären."

Ein anderer, häufig von Menschen verkörperter Gott ist der Jaguargott, der Schutzgott der Zahl 7 und des *Akbal,* jenes Tages des Mayakalenders, der „Nacht" bedeutet. Auf ihrer Reise durch die Unterwelt stellten die Maya die Sonne als Jaguar, eine Nachtkatze, dar; das gefleckte Fell des Raubtiers wurde als Metapher für den Sternenhimmel verwendet. Das Jaguarfell war zugleich ein Machtsymbol. Auf dem Schild im Zentrum der gravierten Tafel des Sonnentempels von Palenque erscheint ebenfalls der Kopf des Jaguargottes.

Die Unterwelt, durch die der Sonnengott in der Nacht zieht, ist der Herrschaftsbereich der Todesgötter. Unter ihnen hat Thompson den in den Kodizes am häufigsten vertretenen Todesgott identifiziert: *Cizin* („Gestank"), ein lebendes Skelett mit breitem, makabrem Lächeln. Von Schellhas erhielt er die Bezeichnung Gott A. Er wurde im gesamten Mayagebiet verehrt. Viele unterschiedliche Kreaturen bevölkern die Unterwelt. Über Xibalba (das Höllenreich) herrschen zwei alte Gottheiten, die von Schellhas Gott M und Gott N genannt wurden. Auf Vasen finden sie sich in zahlreichen Episoden, die den Ereignissen entsprechen, wie sie im *Popol Vuh* beschrieben werden. Viele polychrome Gefäße zeigen einen Hirsch des Todes, der ebenfalls in Xibalba residiert haben könnte.

RÄUCHERGEFÄSS
Noch heute ist der Honig von Yucatán berühmt. Bienen gehörten neben Truthähnen und Hunden zu den wenigen Tieren, die die Maya besaßen. Dieses Räuchergefäß ist dem Bienengott geweiht.

173

GOLDKETTE
Dieses luxuriöse, mit Katzenköpfen verzierte Schmuckstück aus Iximché hatte einen besonderen Symbolwert. Die Katze war ein Sinnbild für die nächtliche Welt und die Macht.

Religion mit grausamen Riten

Die Archäologen stoßen nur selten auf Darstellungen, die Aufschluss darüber geben, wie die Praktiken der Mayareligion aussahen; doch es ist bekannt, dass der Götterdienst nicht – wie es einige Forscher glauben machen wollen – ausschließlich in harmlosen Opferungen von *pom* und anderen Produkten bestand. Lange bevor die Tolteken in Chichén Itzá die Opferung von Menschenherzen einführten, praktizierten die Maya die rituelle Enthauptung. In Cuello beispielsweise entdeckten Forscher in Strukturen der späten Vorklassik und frühen Klassik Schädel und manchmal ganze Skelette von geopferten Kindern und Halbwüchsigen. In Lubaantún tragen mehrere klassische Figurinen Kopftrophäen an ihren Gürteln. In Seibal, einer Stätte der Endklassik, scheinen die sterblichen Überreste einer ganzen *pok-ta-pok*-Mannschaft – neun junge Männer – unter dem Spielfeld beigesetzt worden zu sein.

Die Enthauptung ist die Opferung, die am häufigsten auf den bemalten Vasen dargestellt wird. Auf einer aus einer Grabplünderung stammenden Vase wird eine Figur, die für eine der ersten Darstellungen der Zwillingsheroen des *Popol Vuh* gehalten wird, von zwei maskierten Gestalten geköpft. Auf der Vase aus Altar de Sacrificios wird die im Grab gefundene junge Frau dargestellt, wie sie sich mit einem Messer die Kehle durchschneidet.

BESTATTUNGSBRÄUCHE

Im Spätklassikum bestattete man die Toten im zentralen Tiefland in der Regel auf dem Rücken liegend in einer Grube unter dem Haus. Auf der Insel Jaina hob man dagegen Erdgruben für den Verstorbenen aus und begrub ihn in fötaler Haltung. Der Leichnam wurde mit gekreuzten Armen auf die Seite gelegt, mit Schnüren zusammengebunden und in Tücher oder Flechtmatten gehüllt. Als Grabbeigaben wählte man eine oder mehrere Figurinen, Mahlsteine, steinerne Pfeilspitzen, Ziergegenstände und Werkzeuge aus Muscheln. Einem anderen Brauch zufolge bestattete man die Toten in großen Keramikgefäßen mit einer Deckplatte.

In den meisten Fällen handelte es sich hier um Kinder, die in sitzender Stellung beigesetzt wurden. Als Grabbeigaben dienten Ketten aus grünen Steinperlen, Pfeifen und Figurinen, die man ihnen zwischen die Beine und in die Arme legte.

Im Nachklassikum wurden die Adligen verbrannt, ihre Asche setzte man in Urnen unter den Tempeln bei. Diego de Landa berichtet in seinem *Bericht aus Yucatán*, man habe die Asche hoher Würdenträger in hohle Keramik- oder Holzstatuen mit den Zügen des Verstorbenen gefüllt. Die Statuen wurden in den Kulträumen der Patrizierhäuser aufgestellt, wo man ihnen Opfergaben darbrachte.

Die Selbstopferung musste nicht zwangsläufig tödlich enden. Sehr weit verbreitet war beispielsweise das Blutentnahmeritual, wobei Zunge, Lippen oder Penis durchstochen wurden. Auf einem der schönsten Türstürze Yaxchiláns ist beispielsweise eine Frau zu sehen, die sich eine dornenbestückte Schnur durch die Zunge zieht; ihr Blut fließt auf ein Stück Rinde, das in einer flachen Schale zu ihren Füßen liegt. Das blutige Stück Papier wurde dann den Göttern geopfert. Auf einer Vase sind Männer abgebildet, die in einer Reihe sitzen und sich mit einem verzierten Perforationsinstrument in den Penis stechen. Ein anderes Gefäß, das in Cahal Pech im Tal des Flusses Belize entdeckt wurde, zeigt einen Mann, der den Sonnengott verkörpert und die gleiche Handlung vollzieht.

Andere religiöse Handlungen waren dagegen wesentlich angenehmer. Eine Reihe von Vasen stellt die Verabreichung von Einläufen mit halluzinogenen Flüssigkeiten wie dem *balché* dar, einer Flüssigkeit aus vergorenem Honig und Wasser, vermischt mit dem Gift der großen Kröte *Bufo marinus* (ein Psychopharmakon), in der ein Rindenstreifen eingeweicht wurde. Auf den Darstellungen ist zu sehen, wie Männern und Göttern mit einem bestimmten birnenförmigen Instrument solche Einläufe verabreicht werden. Über die genaue Funktion dieses Rituals in der Mayagesellschaft der klassischen Zeit ist nichts bekannt, doch die Bilder lassen erahnen, dass es wohl der Elite vorbehalten war.

Der Zeitkult

Doch jenseits der rituellen Enthauptungen, Aderlässe und halluzinogenen Einläufe gab es im religiösen Leben der Maya noch einen anderen Aspekt: den Zeitkult. Jeder Tag und jede Zahl war mit einem göttlichen Patron verbunden. Der Sonnengott etwa war der Patron des Tages *Ahau* und der Ziffer 4, der Maisgott der des Tages *Kan* und der Ziffer 8. Diese Verbindungen waren laut Thompson Teil eines großen Konzepts, nach dem „die Maya die Zeiteinheiten als Bürde sahen, die durch die Ewigkeit von einem göttlichen Träger an den nächsten weitergegeben wurde. Diese Last wurde auf dem Rücken getragen und mit über die Stirn laufenden Trageriemen befestigt. Der Gott der Nacht, der die Bürde am Ende des Tages übernimmt, wird dargestellt, wie er sich gerade mit seiner Last erhebt. Mit der linken Hand verteilt er das Gewicht auf die Riemen und mit der rechten Hand hält er während des Aufstehens das Gleichgewicht." Das Datum der Initialserie von Stele D in Copán stellt die Vorstellung von der Zeit als Last dar. Hier sind die *baktun*, *katun*, *tun*, *uinal* und *kin* als Personen abgebildet, die verschiedene Lasten, etwa eine Kröte und einen Ballen Jaguarfell tragen.

TÜRSTURZ 24
VON YAXCHILÁN
Vor den Augen ihres Mannes Itzam Balam zog sich Xoc eine Schnur durch die Zunge. Mit diesem grausamen Ritual wollte man Blut gewinnen, das man den Schutzgottheiten als Opfer darbrachte.

Jede Zahl von 1 bis 13 war einem Gott und einem Tag zugeordnet, beginnend mit dem Tag *Caban*, der Ziffer 1 und der Mondgöttin Ixchel. Die Zahl 13 entsprach auch der Anzahl der Himmelsschichten, die sich, dem Lauf der Sonne folgend, in sechs Gradeinteilungen vom östlichen Horizont bis zum Zenit erhoben und schließlich in weiterer sechs Gradeinteilungen zum westlichen Horizont hin abfielen.

Unter dem Horizont, in der Unterwelt, gab es vier Gradeinteilungen bis zum Fußpunkt und vier weitere bis zum Sonnenaufgang – insgesamt neun Unterweltschichten.

Die dreizehn Himmelsgötter, die *Oxlahun ti Ku*, befanden sich in einem ständigen Kampf gegen die *Bolon ti Ku*, die neun Herren der Unterwelt. Mehrere Serien von neun schwarzen Obsidianen, die wohl diese Höllengottheiten symbolisieren, wurden als Opfergaben unter Stelen in Uaxactún und Tikal entdeckt. Die Anordnung der Zwillingspyramidengruppen in Tikal könnte den Lauf der Sonne durch Tag und Nacht verkörpern.

Eine andere Facette des religiösen Lebens der Maya war die Ahnenverehrung. In Tikal zeigen archaische Stelen, etwa Stele 31 „Hakennase", den Vorgänger und Vater Sturmhimmels, wie er über seinem Sohn schwebt. Es ist denkbar, dass einige Gräber, die in Heiligtümern am Rand der Innenhöfe liegen, die der Gründerväter der verschiedenen Geschlechter sind. Tikals Zentrum wird von den großen Pyramiden beherrscht, die sich über den Grabstätten der Herrscher erheben. Der Tempel, der auf dem Gipfel der Pyramide von Tempel I errichtet wurde, war vermutlich einem Kult gewidmet, der der Verehrung des verstorbenen Herrschers A geweiht war, der prunkvoll unter dem Gebäude beigesetzt worden war. In Palenque wurde der große König Pacal nach seinem Tod vermutlich als Halbgott verehrt und erhielt deshalb einen Ehrenplatz in den Inschriften seines Sohns und Nachfolgers Chan-Bahlum. Die alten Maya sahen im Tod scheinbar keinen Bruch, sondern vielmehr eine Zustandsveränderung, sodass die Ahnen weiterhin mit ihren Nachfahren in Verbindung treten konnten.

GROTTEN
VON BALANKANCHÉ
Als Zugang zur Unterwelt waren die Grotten Orte, an denen man heiliges Wasser schöpfen konnte. Von ihrer Bedeutung zeugen die Opfergaben, die dort niedergelegt wurden – vor allem von den Bewohnern der Trockengebiete Yucatáns.

DIE HÖHLEN VON NAJ TUNICH

Der Kalkuntergrund des Mayagebiets ist reich an natürlichen Höhlen und Grotten. Da man dort Wasser fand, dienten diese Höhlen in Yucatán auch als Zufluchtsort. Die größten von ihnen wurden für Rituale und Opferhandlungen genutzt, wie die Grotten von Balankanché oder die bekannteren Höhlen von Naj Tunich (Guatemala). Dort verraten uns Wandmalereien, was diese unterirdische Welt für die Maya bedeutete. In Naj Tunich führen künstlich angelegte Gänge zu riesigen Räumen, wo die Maya Opfergaben niederlegten. Die teilweise restaurierten Wände sind mit unterschiedlichen Motiven bemalt. Tanzende Menschen und Zwerge erinnern an die Unterwelt, während sich auf einer anderen Wand Ballspieler gegenüberstehen. Diese Spieler rufen die Erinnerung an den Mythos des *Popol Vuh* wach, der besagt, dass die „heldenhaften Zwillinge" auf die Erde herabstiegen, um sich mit den Herren von Xibalba im Ballspiel zu messen und sie zu besiegen. So entstanden den Mythen nach Sonne und Mond.

Als Zugang zur Unterwelt galten die Grotten als Quelle des Lebens und der Wiedergeburt. Dort schöpfte man das kostbare Wasser, das als Opfergabe verwendet wurde. Auch entstand die Vegetation in der Unterwelt, und die Morgensonne ging von dort auf.

Grotten galten als Durchgänge in die Unterwelt; in einigen Höhlen stießen die Forscher auf Spuren von Kulthandlungen. Bereits seit der mittleren Vorklassik hielten die Maya in den Grotten der Mayamountains Rituale ab. Im Jahr 1980 wurden im Innern einer Höhle in der Nähe von Poptún prächtige Wandmalereien aus der späten Vorklassik entdeckt. Sie zeigen Trommel und Muschelhorn spielende Musiker, einen Ballspieler und mehrere Gestalten, die sitzend Opfergaben darbringen, sowie hieroglyphische Inschriften.

Fremde Einflüsse

Auch fremde Götter spielten in der Mayareligion eine Rolle – in der Klassik unter dem Einfluss Teotihuacáns, in der Nachklassik unter dem der Azteken, wobei sich toltekische Einschläge zeigten. Die Erscheinung des mexikanischen Regengottes Tlaloc wurde bereits angesprochen, aber auch der Kult der Gefiederten Schlange sollte erwähnt werden, die bei den Maya *Kukulcan* und bei den Mexikanern *Quetzalcóatl* genannt wurde. Diese beiden Namen sind eine Kombination der Bezeichnungen für den Quetzalvogel und dem Wort für Schlange, *can* oder *cóatl*. Obwohl *Kukulcan/Quetzalcóatl* eine Hauptgottheit war, die mit dem Planeten Venus identifiziert wurde, hatte sie möglicherweise einen historischen Ursprung und ging auf einen Herrscher Tulas zurück, der Ende des 10. Jh. aus Yucatán geflohen sein soll. *Kukulcan* hatte als Gott in Chichén Itzá einen hohen Status, wo sich, so Thompson, „Gefiederte Schlangen auf den Flachreliefs der Balustraden zusammenrollen, die die steilen Treppen flankieren, um sich über die Krieger und Priester zu erheben, die Menschenopfer darbringen".

Ein anderer Einfluss aus Zentralmexiko zeigt sich in einer halb liegenden Figur namens *Chacmool*. Die Gestalt liegt halb auf dem Rücken; Kopf und Knie sind erhoben. Auf den Teller, der sich auf ihrem Bauch befindet, wurden Opfergaben gelegt.

Mehrere andere mexikanische Gottheiten der Nachklassik wurden als Skulpturen dargestellt, hauptsächlich in Chichén Itzá und in Mayapán: *Tezcatlipoca* („rauchender Spiegel"), der legendäre Besieger *Quetzalcóatls*, *Tlalchitonatiuh*, die aufgehende Sonne, und *Xipe Totec*, der gehäutete Gott der Menschenopfer, der in die Haut eines seiner Opfer gehüllt ist. Diese Gottheiten zeigen deutlich, mit welch starkem Einfluss neue Denkweisen in das Mayatiefland eingedrungen sind.

FLACHRELIEF
AUS CHICHÉN ITZÁ
Mit dem Jaguar, der das Herz eines Menschen verschlingt, findet man hier ein Motiv, das der klassischen Ikonographie der Maya fremd ist. Es hat seinen Ursprung in Tula, im zentralmexikanischen Hochland.

Ein Pantheon entsteht

*Bei dieser jungen Frau,
die ein riesiges Kaninchen
im Arm hält, handelt es
sich um Ixchel, die Mond-
göttin. Als Schutzgottheit
der Weberinnen und der
Fruchtbarkeit wurde sie
vor allem in Cozumel
verehrt. Das Kaninchen
stellt das Symbol für den
Mond dar.*

Die Erforschung der re-
ligiösen Vorstellungen
der Maya ist nicht ein-
fach. Auch wenn sich alle Experten über die Existenz übernatürlicher Kräfte einig sind, stellt sich
die Frage, wie man sie bezeichnen
und deuten soll. Durch das Studium von Dokumenten aus der
postklassischen Periode oder der
Kolonialzeit gelang die Identifizierung eines umfassenden Pan-
theons, dessen Gottheiten häufig
mit Buchstaben wie K oder J, seltener mit ihren Namen (Ixchel
oder Itzamna) bezeichnet wurden.

Hinsichtlich der älteren Perioden gibt es zwei gegensätzliche
Meinungen. Die meisten Experten
halten die nachklassischen Götter
für ein Erbe aus früheren Zeiten.
Aufgrund ähnlicher Darstellungs-
weisen oder Symbole nutzten diese
Forscher späteres Material als An-
haltspunkte für die Identifizierung
einzelner Götter.

Andere wiederum halten diese
Vorgehensweise für gefährlich, sie
meinen, dass man einen möglichen
Zusammenhang nicht von der
Hand weisen könne, warnen aber
gleichzeitig vor voreiligen Schlüs-
sen. So ist man sich beispielsweise
erst kürzlich einig geworden, dass
man den Donnergott Teotihuacáns (mexikanisches Hochplateau)
nicht einfach mit dem aztekischen

Regengott Tlaloc gleichsetzen
kann. Allmählich zeichnet sich
eine neue Sichtweise ab.

In den alten Zeiten des Vorklassikums und des Klassikums
war der Ahnenkult das vorherr-
schende Element, denn er war die
eigentliche Grundlage der dynastischen Macht. Das schloss allerdings den Glauben an übernatürliche Mächte, die das Universum
beherrschten, nicht aus. Das Erdungeheuer und sein himmlisches
Gegenstück waren die wichtigsten
übernatürlichen Wesen, deren Bild
auf vielen Monumenten oder Bauwerken auftauchte. Eines dieser
Geschöpfe war die Sonne, die
oft mit dem König gleichgesetzt
wurde, und zu den höchsten Gottheiten gehörte wohl auch der
Maisgott. Der Zerfall der dynastischen Macht am Ende des Klassikums und die Einführung neuer
Glaubensrichtungen beschleunig-
ten die Veränderung des Glaubens.
Übernatürliche Wesen wurden zu
Gottheiten, etwa Itzamna. Dane-
ben traten andere Gottheiten wie
El Chuah, der Gott der Kaufleute,
auf. Auch Götter von außen wurden in das Universum der Maya
aufgenommen, darunter Quetzal-
cóatl-Kukulcan und der Regengott
Chac. Das ist das uns bekannte
Pantheon, der Endpunkt eines langen kulturellen Weges.

KINICH AHAU
Der Sonnengott Kinich Ahau, hier auf einer Pyramide von Campeche dargestellt, spielte im Lebenszyklus von Natur und Mensch eine wichtige Rolle. Außerdem war er der Schutzgott der Dynastien.

EIN FREMDER GOTT

Die Schlange war bei den Maya ein mächtiges Wesen. Deshalb wurden das Erd- und das Himmelsungeheuer mit Schlangenmäulern dargestellt. Wie aus den Türstürzen von Yaxchilán ersichtlich, spielte die Schlange häufig eine Rolle bei Kulthandlungen. In der Nachklassik weitete sich der Kult der Gefiederten Schlange, des Quetzalcóatl von Tula, aus. Die Schlange wurde in Yucatán Kukulcan genannt, im Hochland von Guatemala hieß sie Gucumatz, immer aber taucht ihr Motiv in der Bildhauerkunst oder Architektur auf, als Stützpfeiler für Dächer oder Dekor an Fassaden oder Treppen. Bei Menschenopfern spielte ihr Kult eine große Rolle. Für die Maya hatte dieser Gott allerdings nicht denselben Stellenwert wie für die Tolteken. Er war grausam und unterschied sich beträchtlich von dem friedlichen Gott, den die Tolteken als Kulturbringer verehrten.

DER JUNGE MAISGOTT
Der Maisgott war einer der ältesten Götter der Maya. Als Symbol für den Mais, der die Lebensgrundlage der Maya bildete, stand er für die Fruchtbarkeit der Erde. Der Gott war jung, denn der sprießende Mais bedeutete die Hoffnung auf das Wiedererwachen der Natur.

CHAC, DER WOHLTUENDE REGEN
In den trockenen Gebieten Yucatáns nimmt der Chac-Kult anders als in den feuchteren Regionen des Tieflands einen hohen Rang ein. An bestimmten Orten wie in Kabah schmückt das Bild des Regengottes ganze Fassaden.

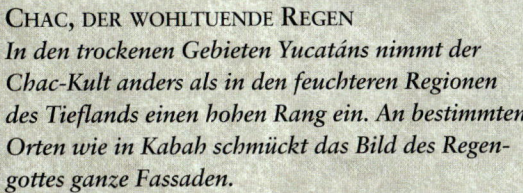

DIE WELT DER NACHT
In der nachklassischen Zeit war die Unterwelt Xibalba von gefährlichen Kreaturen bevölkert. Für die Maya des Klassikums barg die Unterwelt geheimnisvolle Mächte. Hier vollzog sich der Übergang von Leben und Tod.

DAS ERDUNGEHEUER
Am Abend wird die Sonne von der Erde verschlungen und am Morgen wiedergeboren. Das Ungeheuer hatte bei den Maya eine so große Bedeutung, dass sich die Dynastien oft auf ihre Verbindungen zu dem Erdungeheuer beriefen.

179

KAPITEL 10

Die Gedankenwelt der Maya

Die Mathematik

In vorklassischer Zeit hatten sich die Kunst und die Religion der Maya herausgebildet; sie machten eine komplexe Entwicklung durch und gelangten im klassischen Zeitalter zur Hochblüte. In diesen beiden Bereichen sind Einflüsse aus anderen Teilen Mesoamerikas zu erkennen, vor allem aus dem mexikanischen Hochland, wo die politische Entwicklung der Gesellschaft viel weiter fortgeschritten war. Trotzdem nahm die Mayazivilisation im vorspanischen Amerika einen vorherrschenden Platz ein. In Bereichen wie der Mathematik, der Astronomie und der Entwicklung einer Schrift, um abstrakte Gedanken sowie tatsächliche Begebenheiten aufzuzeichnen, konnten es die Maya der klassischen Zeit mit jeder anderen Zivilisation der Alten Welt aufnehmen.

Nach heftigen Diskussionen über die Frage, ob die Maya wie die Hindu wirklich das Konzept der Zahl Null entwickelt hatten, wird dies von der Wissenschaft heute in der Regel bejaht. Es konnte gezeigt werden, dass ihr mit Strichen und Punkten dargestelltes vigesimales Zahlensystem geeignet war, um Addition und Subtraktion, aber auch Multiplikation und Division durchzuführen. Die Multiplikation wurde verwendet, um die Permutationen des 260-Tage-Kalenders, des 365-Tage-Kalenders und des *long count* zu berechnen. Die Maya konnten sehr hohe Zahlen erfassen, was eine Inschrift in Quiriguá beweist, deren Datum 90 Millionen Jahre zurückreicht. In gewissem Sinn spielten die Maya mit den Zahlen, denn selbst das Anfangsdatum des *long count* (3114 v. Chr.) liegt zu weit zurück, um ein Ereignis ihrer Geschichte sein zu können. Hier zeigt sich wohl auch die Auffassung der Maya von der Ewigkeit.

Die Faszination für die Vergangenheit erklärt sich unter anderem dadurch, dass die Maya ihre Geschichte als Zyklus auffassten, was in den historisch-prophetischen Büchern des *Chilam Balam* deutlich wird.

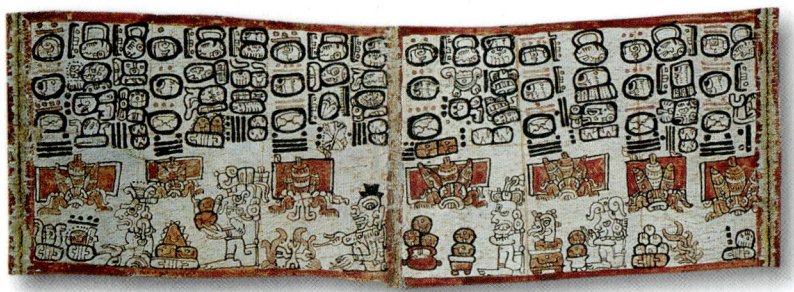

ASTRONOMISCHE BERECHNUNGEN
Maya-Kodizes wie der Tro-Cortesianus führen nicht nur historische Fakten an, sondern befassen sich auch mit astronomischen Berechnungen, Prophezeiungen und dem Studium der vergehenden Zeit.

Zwei *katunob*, die die gleiche Zahl tragen, wie etwa zwei *Ahau*, künden von gleichartigen Ereignissen, sodass Wanderbewegungen, Trockenheit, Entbehrungen und Glücksmomente periodisch wiederkehren. Die *katunob* endeten immer mit einem *Ahau*, von dem die Maya ihre Namen und ihr Glück ableiteten. Dabei nahm die Zahl stetig um zwei Tage ab (7 Ahau, 5 Ahau, 3 Ahau, 1 Ahau, 12 Ahau, 10 Ahau …). In einem endlosen Dreizehnerzyklus wiederholte sich nach 260 *tunob*, also nach etwa 257 Jahren, die anfängliche Zahlenkombination, und Vergangenheit und Zukunft verschmolzen. Der *katun 8 Ahau* stand in dem Ruf, ein Tag der Zwistigkeiten zu sein. Tayasal war die letzte Mayafestung, die den Spaniern 1697 in die Hände fiel, und da ein solcher *katun* gerade beginnen sollte, legten die Maya die Waffen kampflos nieder. Der Franziskanermönch Avendaño hatte die Herrscher davon überzeugt, dass die Zeit des Wechsels gekommen war.

Zahlen und Berechnungen wurden auch für einfache Zwecke, etwa in der Wirtschaft und bei Handelsgeschäften verwendet. Bei einer Transaktion wurde eine bestimmte Zahl Kakaobohnen auf den Boden gelegt, und so wurden, ähnlich wie mit einem Rechenbrett, Berechnungen angestellt, wobei die Bohnen selbst als Zahlungsmittel dienten. Der Bereich, in dem das mathematische Geschick der Maya am intensivsten genutzt wurde, war die Astronomie; obwohl sie auch die Zyklen der Sonne und des Mondes beobachteten und detailliert festhielten, galt ihr Hauptinteresse dem längeren Zyklus der Venus. Die Venus wurde hauptsächlich aufgrund ihrer gefürchteten negativen Kräfte studiert, denn die Maya wollten den Wespen-Stern genau im Auge behalten.

Die Astronomie

Der Dresdner Kodex enthält sechs Seiten mit Tabellen, die 65 synodische Umlaufzeiten der Venus aufweisen, wobei eine Umlaufzeit im Schnitt 584 Tage beträgt. Für die Maya begann der Venuszyklus mit deren erneutem Erscheinen nach einer unteren Konjunktion. In ihren Augen trat die Venus dabei wieder aus der Unterwelt hervor. Unterteilt wurde er in vier Abschnitte: 230 Tage vom Aufgang bis zum Untergang vor einer oberen Konjunktion, 90 Tage nach ihrem Wiedererscheinen, 250 Tage als Abendstern und 8 Tage, in denen die Venus während der unteren Konjunktion nicht zu sehen war. Mit ihrem Aufgang begann ein neuer Zyklus.

Der Kodex enthält deshalb 65 dieser Zyklen, weil deren Produkt (65 x 584) 37 960 Tage beträgt und damit 146 Zyklen à 260 Tagen der Heiligen Runde entspricht. Dieser Betrag ist das kleinste gemeinsame Vielfache der beiden Zyklen und entspricht zudem 104 Jahren à 365 Tagen. Die Maya wussten, dass sie mit ihrer Schätzung von 584 Tagen etwas über der tatsächlichen Dauer des Venuszyklus lagen, weshalb eine kleine Korrektur nötig war. Aber da sie keine Bruchzahlen kannten, konnten sie die Korrektur nur mit ganzen Tagen vornehmen. Dafür ließen sie 61 Venusumläufe verstreichen und zogen dann vier Tage ab, um einen neuen Zyklus zu beginnen. Doch trotz dieses Tricks wies ihre Berechnung nach wie vor einen Fehler von 0,88 Tagen pro Jahrhundert auf. Daher ließen die Maya erneut Zeit vergehen, bis sich weitere vier Tage ansammelten, um insgesamt auf acht Tage zu kommen, die abgezogen wurden. Die erste Berichtigung von vier Tagen wurde also viermal vorgenom-

DER VENUSSTERN
Die am klaren Himmel über Yucatán gut sichtbare Venus (Noh Ek) spielte eine große Rolle in der Astronomie und auch im Kalender, denn ihr Zyklus ermöglichte eine genauere Zeitmessung.

men, die von acht Tagen ein einziges Mal. Danach gab es noch immer einen Restirrtum von 0,08 Tagen pro 481 Jahre. Doch angesichts der Tatsache, dass die Maya weder über mechanische noch optische astronomische Instrumente verfügten, ist diese Präzision bemerkenswert, denn der Irrtum lag nur bei 14 Sekunden pro Jahr. Die Entdeckung dieser von den Maya vorgenommenen Korrekturen ist das Werk des amerikanischen Chemikers John Teeple, der sich mit dem Studium der von den Maya angewandten Mathematik auf langen Zugreisen die Zeit vertrieb. Er veröffentlichte seine Schlussfolgerungen 1930.

GERETTETER KODEX
Der stark beschädigt in einem Papierkorb entdeckte Kodex von Paris enthält einen Tierkreis mit den Tierkreiszeichen.

Die Maya studierten die Venus hauptsächlich deshalb, um den Tag des gefürchteten ersten Aufgangs nach der unteren Konjunktion vorhersagen zu können. Im Dresdner Kodex ist die Venusgottheit zu sehen, die dabei ist, einen Wurfspeer auf die Erde zu schleudern, der als Symbol für das steht, was „Krankheit verursacht, [für] Übel, die zeitgleich mit dem Planeten erscheinen". Mit der Venuserforschung wurden also weniger astronomische als vielmehr astrologische Zwecke verfolgt.

Im Dresdner Kodex gibt es auch Tabellen, um eine Mondfinsternis vorhersagen zu können, wobei das verwendete System dem der Venustabellen gleicht. In den Tabellen sind auch die Zahlen zur Berechnung einer Sonnenfinsternis enthalten, doch die Maya konnten weder das Zusammenspiel dieser Phänomene beobachtet haben, noch vorhersagen, ob sie zu sehen sein würden. Wichtig war, die nächste Finsternis berechnen zu können, da sie Katastrophen ankündigte.

Es wurde behauptet, dass der Dresdner Kodex Tabellen synodialer Umläufe anderer Planeten wie Jupiter, Mars, Saturn und Merkur enthält. Doch da keine der vorgelegten Studien einen Planeten der gleichen Tabelle zuordnet, scheint es wahrscheinlich, dass Sonne, Mond und Venus die einzigen Himmelskörper sind, auf die der Dresdner Kodex Bezug nimmt.

Möglicherweise interessierten sich die Maya gemäß dem in Paris aufbewahrten Kodex für andere Planeten oder Sterne, denn in ihm findet sich ein Tierkreis mit 13 Tierkreiszeichen, zu denen zwei Vogelarten, eine Schildkröte, eine Fledermaus, ein Skorpion und eine Klapperschlange zählen. Hinzu treten einige Phantasiegeschöpfe, die die Sonnenglyphe in ihrem Schnabel oder zwischen ihren Fangzähnen tragen. Mit einem Intervall von 28 Tagen zwischen den einzelnen Zeichen dauert der Tierkreis insgesamt 364 Tage, was fast einem Sonnenjahr entspricht. Fünf dieser Tierkreise entsprechen sieben Heiligen Runden à 260 Tagen.

In anderen Kulturen Mesoamerikas waren die Sternenkonstellationen auch sehr bedeutungsvoll, etwa bei den Azteken während der Zeremonie des „Neuen Feuers", den Plejaden (Siebengestirn). Die Azteken kannten auch die Konstellation des Großen Bären, den sie Skorpion, und des Kleinen Bären, den sie *Xonecuilli* nannten. Zwei Gruppen moderner Maya nehmen ebenfalls Bezug auf den Großen Bären/Skorpion.

Vom Einfluss der Astronomie auf die Baukunst

Einige Wissenschaftler vermuteten, dass die Maya ihre Bauten nach den Sternen ausrichteten, und billigten einigen die Funktion von Observatorien zu. Eine Gebäudegruppe, der diese Funktion zugeschrieben wurde, ist Gruppe E in Uaxactún. Vom Westtempel aus fällt der Blick auf drei kleine im Osten gelegene Tempel. Am Tag der Sommersonnenwende sieht der Betrachter von hier aus die Sonne über dem Nordtempel aufgehen, bei der Wintersonnenwende über dem Südtempel. Der mittlere Tempel ist exakt nach Osten ausgerichtet. Das berühmteste Beispiel eines mutmaßlichen Observatoriums ist der Caracol in Chichén Itzá. Einige Historiker schrieben den Gesichtslinien, die die Fenster von einem Pfosten

zum anderen diagonal durchqueren, eine astronomische Bedeutung zu, doch diese Theorie konnte von jüngeren Forschungen nicht bestätigt werden.

Die Maya besaßen zwar keine echten Observatorien, ihnen standen aber zur Bestimmung von Position und Lauf der Himmelskörper wahrscheinlich Handinstrumente zur Verfügung. Aus den mexikanischen Kodizes geht hervor, dass zur Durchführung von Beobachtungen zwei gekreuzte Stäbe verwendet wurden, aber möglicherweise existierten noch ausgereiftere Instrumente. John Digby beschrieb ein Gerät von zwei ungleichen Trapezen, die an einem Zirkel befestigt waren, ein dreidimensionales Objekt aus einer kreisförmigen Basis und zwei trapezförmigen Stäben, die sich im rechten Winkel kreuzten. Der von einem solchen Objekt erzeugte Schatten würde den Lauf der Sonne nachzeichnen. Praktische Versuche, die mit einem Holzmodell durchgeführt wurden, führten zu erstaunlich genauen Ergebnissen. Allerdings hätte sich seine Verwendung, wenn es denn von den Maya oder Mexikanern verwendet wurde, auf Sonnenbeobachtungen beschränkt.

Die Ausrichtung einiger Gebäude weist auf eine astronomische Bedeutung hin. Hierfür spricht weniger die Anordnung als vielmehr die Ausrichtung der Gebäude, die im Lauf der Zeit verändert wurde und sich anders nur schwer erklären lässt. In Chichén Itzá liegt den aus dem 9. und 10. Jh. stammenden Strukturen des Nordteils der Stätte ein völlig anderes Ausrichtungskonzept zugrunde als den älteren, im Süden gelegenen Gebäuden. Dies zeigt sich auch in Nohmul in Nordbelize, wo die Plattform eines Hauses in zwei Etappen errichtet wurde. Das jüngere Gebäude ist eine rechteckige befestigte Struktur aus dem 9. bis 11. Jh. und liegt auf dem Gipfel eines aus zwei Ebenen bestehenden Podests. Der ältere Teil stammt aus klassischer Zeit. Das jüngere Gebäude ruht auf einer Achse, die um

DER CARACOL
Das Observatorium von Chichén Itzá verdankt der schneckenhausförmigen Bauweise seinen Namen (caracol ist das spanische Wort für Schnecke). Das komplexe Bauwerk verbindet Elemente des Puuc-Stils mit toltekischen Einflüssen. Durch Öffnungen im Gewölbe ließen sich die Bewegungen der Gestirne verfolgen.

5 Grad von der Achse seines Vorläufers abweicht. Struktur und Ausrichtung eines zweiten, quer zum Hof liegenden Gebäudes wurden in gleicher Weise korrigiert.

In Cuello in Nordbelize gibt es eine kleine Pyramide aus einer früheren Periode, die in zwei Phasen errichtet wurde. Die erste Bauphase reicht etwa in das Jahr 200 n. Chr. zurück, die zweite in das Jahr 300 oder 400 n. Chr. Die Treppen und Mauern der Einfriedung aus der zweiten Phase wurden über der ersten, kleineren Pyramide erbaut, allerdings um 10 Grad weiter nach Osten ausgerichtet. Um die Änderungen durchzuführen, dürften wesentlich größere Mühen nötig gewesen sein als für einen einfachen Überbau mit gleicher Ausrichtung. Daraus ist zu schließen, dass die Veränderung der Achse für die Maya eine große Rolle gespielt haben muss.

Die Änderungen könnten sich durch zwei Phänomene erklären lassen: durch die Positionsveränderung eines Himmelskörpers oder durch eine säkulare Veränderung des Magnetfelds der Erde. Die zweite Hypothese würde allerdings voraussetzen, dass

DIE TEMPELGRUPPE E VON UAXACTÚN

Zwischen 1926 und 1937 wurden die Komplexe A, B und E von Uaxactún freigelegt – die bis dahin ältesten bekannten Bauwerke der Maya. Von ganz besonderem Interesse war der Komplex E. Vor einer nach Osten ausgerichteten Pyramide befindet sich eine Plattform, auf der drei kleinere Bauwerke stehen. Mit dieser Anordnung ließ sich beispielsweise die Sonnenwende gut beobachten oder der Zyklus der landwirtschaftlichen Tätigkeiten im Jahresverlauf bestimmen.

Anlagen dieser Art waren nicht auf Uaxactún beschränkt. Man findet sie an zahlreichen Ausgrabungsstätten, vom Urwald im Petén bis zum Tiefland im Norden Yucatáns. Merkwürdigerweise aber sind bei vielen dieser Stätten keine astronomischen Beobachtungen möglich, einige sind sogar nach Norden ausgerichtet, sodass ihnen die eigentliche Funktion abhanden kam und sie zu monumentalen Kultstätten wurden.

Wir wissen nicht, warum sich die Gebäude vom Typ des Tempelkomplexes E allmählich von ihrer praktischen Funktion entfernt haben. Aus noch unbekannten Gründen haben sie einen rein rituellen Wert angenommen. Wahrscheinlich wurden dort Aktivitäten im Zusammenhang mit bäuerlichen Ritualen durchgeführt.

die Maya über Möglichkeiten verfügten, diese Veränderung zu bemerken, etwa mithilfe eines Instruments ähnlich unseres Magnetkompasses. Obwohl die Archäologen bis heute keinen Mayakompass gefunden haben, lässt eine jüngere Entdeckung diese These dennoch plausibel erscheinen. Bei Ausgrabungen in der olmekischen Stätte San Lorenzo am Golf von Mexiko wurde ein Stück magnetisches Eisenerz gefunden, das mit einer Rille durchzogen war. Die Forscher fanden heraus, dass es, in ein Becken mit Wasser getaucht und mit einem Zeiger ausgestattet, wie ein magnetischer Kompass funktioniert.

Hinsichtlich ihrer mathematischen und astronomischen Fähigkeiten waren die Maya weiter fortgeschritten als ihre mesoamerikanischen Nachbarn. Noch heute wird im Mayahochland der 260-Tage-Kalender verwendet, der fast auf den Tag genau ist. Vor einigen Jahren wurde im Dorf Chamula ein Kalender entdeckt, der noch in Gebrauch war. Mit einem Kohlestift wurde jeder Tag abgestrichen, bis die gesamte Holztafel komplett bedeckt war. Dann wurde sie abgewischt, um von vorne zu beginnen. Auch in klassischer, sogar in vorklassischer Zeit dürften solche Verfahren zur Zählung der Tage existiert haben. Zugleich verfügten die Maya über die astronomischen Almanache in den Kodizes und die in den Stein der Stelen gemeißelte majestätische Zählung der *katunob*.

Landas Bericht zufolge waren die beiden Zyklen von 260 und 365 Tagen sowie die Tages- und Monatsnamen den Maya auch noch im 16. Jh. bekannt. Im Jahr 1618 feierten sie den Beginn von *Baktun* 12. Offensichtlich hat es die Mayakultur immer verstanden, den Kern des geistigen Reichtums der untergegangenen klassischen Zivilisation zu bewahren. Wenn ein Gelehrter wie Sahagún zu der Zeit nach Yucatán gekommen wäre, als Landa die Kodizes auf dem Scheiterhaufen verbrannte, dann wären die meisten dieser Kenntnisse für die Wissenschaft nicht verloren gegangen.

184

Die Schrift der Maya

Die Schrift der Maya ist die einzige, die sich in der Neuen Welt entwickelte, und ist eines der erstaunlichsten Merkmale dieser Kultur. Vor allem wegen ihrer Schrift verdienen die Maya die Bezeichnung „Zivilisation". Der Wissenschaft war stets bewusst, dass die eigenartigen, in die Stelen eingemeißelten Hieroglyphen ein Schriftsystem darstellten. Ihre Entschlüsselung begann jedoch erst 1864, als Brasseur de Bourbourg das „Alphabet" Diego de Landas veröffentlichte, das allerdings nur drei Dutzend Zeichen umfasste. Der *Katalog der Hieroglyphen der Maya* von Eric Thompson hat deutlich gemacht, dass tatsächlich mehr als 800 Zeichen existieren. Bei einigen Zeichen handelt es sich um alternative Schreibformen, die ein und dasselbe bezeichnen. So existiert für den Tag *Ahau* eine symbolische Form, ein runder, Überraschung ausdrückender Kopf, und auch eine „Kopfvariante", das Profil eines jungen mandeläugigen Mannes. Diese Variante ist in einigen ausgefeilten Inschriften mit einem Körper ausgestattet, wie etwa auf Stele D in Copán.

Obwohl sich die Forscher bereits auf viele Charakteristika der Maya-Hieroglyphenschrift geeinigt haben, stehen andere noch zur Debatte. Einig sind sich die Fachleute über die Existenz von Varianten der gleichen Glyphe (die symbolische Form und die Kopfvariante), über die Leserichtung der Schrift (die fallweise von links nach rechts und von oben nach unten zu lesen ist), die Verwendung von zwei Glyphen, um einen einzigen Begriff auszudrücken, und über eine grammatikalische Struktur. Sie stimmen auch darin überein, dass die Schrift der Maya einen gemischten Charakter hat, d.h., sie ist weder rein ideographisch noch rein alphabetisch oder rein silbisch. Sie besitzt zu viele Zeichen, um eine alphabetische oder silbische Schrift zu sein und hat andererseits zu wenige Zeichen, um eine Begriffsschrift zu sein.

Obwohl sie einige piktographische Elemente enthält, ist die Mayaschrift auch keine reine Bilderschrift, bei der das Bild eines Gegenstands diesen selbst bezeichnet. Sie ist vielmehr eine Kombination all dieser Systeme, mit Ausnahme des alphabetischen Schriftsystems, obwohl sich seit kurzem eine phonetische Komponente abzeichnet. Lange Zeit herrschte die Theorie Eric Thompsons vor, nach der die Mayaschrift ideographische Elemente und andere Elemente piktographischen Ursprungs kombiniert und ferner einem Rebus ähnelt. Seit der Kindheit kennen wir Rebusrätsel oder Wortspiele, die auf Homophonen (Gleichlauten) aufbauen. So lässt sich beispielsweise aus „Reh" und „Tisch" das Wort „Rettich" bilden. Auch die Maya nutzten die Homophonie, um etwa mit dem Kopf eines Fisches, den sie *xoc* nannten, das Verb *xoc*, „zählen" darzustellen.

Der Gedanke, dass die Mayaschrift ein phonetisches Element enthält, geht auf die erste Veröffentlichung von Landas *Bericht aus Yucatán* und seines „Alphabets" durch Brasseur de Bourbourg zurück. Er wurde allerdings erst in den 1950er-Jahren vom russischen

TEMPEL DES KREUZES IN PALENQUE
Die meisten Monumente der Maya tragen nur kurze Inschriften, doch sind auf einigen, wie auf dieser Tafel, sehr lange Texte zu lesen.

Sprachforscher Juri Knorosow wieder aufgegriffen, der die Hypothese aufstellte, dass viele Mayaschriftzeichen eine einzige Silbe repräsentieren und zu Wörtern kombiniert werden können. Knorosow vermutet, dass der Begriff „Truthenne", *cutz*, aus den beiden Zeichen gebildet wurde, die den Wert *cu-tz(u)* hatten, und dass das gleiche Zeichen *tzu* ebenfalls in dem Wort *tzu-l(u)* für „Hund" verwendet wurde. In beiden Fällen ist der Schlussvokal stumm; der Sinngehalt der Zeichen, aus denen der Begriff gebildet wird, steht in keinem Zusammenhang mit der Bedeutung des zusammengesetzten „Wortes".

Am Beispiel des Namens des ersten großen Herrschers von Palenque, Pacal („Schild"), lässt sich der „Phonetismus" der Mayaschrift zeigen. Drei getrennte Elemente bilden den Namen *pa-ca-l(a)*, eine Aussprache, für die zusätzlich das Emblem des Herrschers, ein runder Schild, spricht. Auch die phonetische Wiedergabe anderer Herrscher Palenques wurde ermittelt, inklusive des Namens einer Frau, die *Zac Kuk* („weißer Queztal") hieß.

Solche Entschlüsselungen liefern häufig Hinweise zur dynastischen Thronfolge, beispielsweise dass der Sohn der Mutter nachfolgte. Die Vertiefung der Kenntnisse über die Glyphen wird auch von einer Klärung der Mayagrammatik begleitet.

Doch was waren die Beweggründe zur Entwicklung eines solch komplexen Schriftsystems? 1954 schrieb Eric Thompson: „Soweit bekannt ist, handeln die Hieroglyphentexte der Klassik ausschließlich vom Fluss der astronomischen Zeit […] und scheinen überhaupt keine Auskünfte über Einzelpersonen zu enthalten. Kein Individuum dieser Zeit scheint durch seinen Glyphennamen identifiziert zu werden." Seither hat sich das Verständnis der Mayatexte verändert. Heute ist bekannt, dass viele Inschriften von dynastischen Nachfolgen, politischen Eheschließungen, Allianzen und kriegerischen Heldentaten berichten.

Ein großer Teil der Philosophie und Glorifizierung der unendlichen Zeitzyklen ist verloren, doch im Gegenzug hat die Forschung einen großen Teil der Mayageschichte gewonnen, etwa von den Inschriften auf den Monumenten, die von der Gefangennahme feindlicher Anführer künden. Heute tragen einige dieser stolzen Herrscher, die in ihren feierlichen Gewändern auf klassischen Stelen und Altären posieren, wieder Namen. Die Forscher können zudem einschätzen, welche Rolle die Frauen in der Oberschicht der Mayagesellschaft spielten. Sie waren Ehefrauen, Mütter, Königinnen und manchmal das Verbindungsglied, durch das eine Dynastie fortbestand oder eine politische Ehe geschlossen wurde.

Ein Teil des Rätsels

Nicht alle Mayatexte handeln von Dynastien oder historischen Ereignissen. Der regelmäßige Bau von Monumenten am Ende jedes *katun* deutet darauf hin, dass der majestätische Fluss der Zeit, der Thompson so wichtig war, das bevorzugte Thema bleibt. Die Kodizes von Madrid, Paris und Dresden bergen keinen einzigen historischen Bezug, sondern beinhalten vielmehr die notwendigen Informationen, um das Erscheinen jener Himmelskörper vorauszusagen, die für den Menschen als wichtig galten, sowie die astrologischen Almanache, die für die Bauern und zur Organisation ritueller Zeremonien von Bedeutung waren. Historische Kodizes werden zwar in spanischen Quellen aus der Kolonialzeit erwähnt, sind aber heute nicht mehr erhalten.

Neben Monumenten und Kodizes sind Keramiken eine wichtige Quelle hieroglyphischer Dokumente. Ihr Rand ist häufig mit einem Glyphenband verziert; oft tragen sie an ihren Seiten Tafeln. Die Texte auf den Keramiken können sich auf reale Orte, Ereignisse oder Personen beziehen.

Diese drei Kategorien schriftlicher Fragmente gewähren den Forschern Einblick in einige Bereiche der Gedankenwelt der Maya, die ein lebhaftes Interesse für Zahlen hatten und diese perfekt handhaben konnten. Die Maya hatten den Wunsch, Eheschließungen

GEFÄSS AUS DEM PETÉN
Glyphen und Motive dienten oft nur als Dekor, gelegentlich aber wiesen sie sinnträchtige Inschriften in kursiver Schreibweise auf, wie dieses zylindrische Gefäß.

und militärische Aktionen der Oberschicht schriftlich festzuhalten und ihrer zu gedenken. Sie kannten einige Aspekte der Astronomie und ihrer Anwendung für astrologische Voraussagen. Schließlich hatten sie eine Kunst des Lebens und des Sterbens entwickelt, die von komplexen Riten beherrscht wurde.

Dank der Quellen aus kolonialer Zeit hat die Wissenschaft zusätzliche Informationen über die Mayaliteratur, die die Werke der vorspanischen Epoche erhellen, wie die Darstellung des Mythos des Ehebruchs der Mondgöttin zeigt. Diese Quellen liefern ebenfalls einige Vorstellungen von den Gesetzen und der Moral, die in der Nachklassik galten. Autoren wie Gaspar Antonio Chi, López de Cogollude, Bartolomé de Las Casas oder auch Diego de Landa vermachten der Wissenschaft zahlreiche Informationen, die beweisen, dass Ehebruch und Sodomie missbilligt wurden, dass Vergewaltigung und Diebstahl mit dem Tod oder der Versklavung bestraft wurden und dass für Sklaven andere Gesetze galten. Die Strafen der Maya waren wesentlich milder als die der Azteken. Geldbußen, die in Form von Quetzalfedern (eines der wertvollsten Güter) oder Kakaobohnen (dem gängigen Zahlungsmittel) zu entrichten waren, ersetzten häufig die Todesstrafe. Einmaliger Ehebruch wurde mit einer Geldbuße belegt, im Wiederholungsfall mit dem Tod bestraft. Meineid wurde mit einer Geldbuße belegt. Eine Frau, die ihren Mann verließ, wurde nicht behelligt. Wenn sie nicht zu ihm zurückkehren wollte, konnte sie sich wieder verheiraten. Wurde jemand der Vergewaltigung angeklagt, musste ein Zeuge genannt werden können. Diese Beispiele zeigen, dass die Maya über ein ähnliches Gewohnheitsrecht verfügten wie andere Völker.

Ein anderer Bereich, über den es nur recht wenige Informationen gibt, ist der Einsatz halluzinogener Drogen, von Pilzen bis zu Krötengift. Diese Substanzen wurden entweder eingenommen, oder, wie bereits erwähnt, als Einlauf verabreicht.

Insgesamt weiß die Wissenschaft allerdings weniger über die Gedankenwelt der Maya als über die anderer früher Zivilisationen. Über China und Mesopotamien

DIE MAYA – NOCH IMMER EINE HERAUSFORDERUNG
Auch wenn die Vergangenheit der Maya allmählich klarer wird, bleiben ihre Geheimnisse bestehen. Viele Stätten sind noch nicht entdeckt, und ganz sicher birgt der Urwald des Petén noch manche Überraschung.

gibt es wesentlich mehr Informationen, auch wenn die Zivilisation am Indus und die minoische Zivilisation ebenso nebulös, wenn nicht sogar noch geheimnisvoller sind. Doch in mehr als anderthalb Jahrhunderten Forschungsarbeit konnten viele Fakten zusammengetragen werden, die mehr über die Maya verraten als über die meisten anderen Völker des vorspanischen Amerika. Die anfänglichen Studien beschränkten sich auf die Texte, die Kunst und die Architektur der Maya. Die Forschungsgebiete wurden jedoch im Lauf der Zeit erweitert und umfassen heute sogar die Lebensmittelproduktion, Siedlungsmodelle, den Gesellschaftsaufbau und die Politik der Dynastien. Zwar konnten in den letzten Jahrzehnten die Kenntnisse über die Mayazivilisation beträchtlich erweitert werden, doch nach wie vor ist sie zu großen Teilen rätselhaft.

Register

Bild- und Museumsnachweis

Abkürzungen: o = oben, M = Mitte, u = unten, l = links, r = rechts

M.N.A., Mexico = Museo Nacional de Antropologia, Mexico
M.N.A., Guatemala = Museo Nacional de Arqueologia y Etnologia, Guatemala City

Einband: M. ZABE/M.N.A., Mexico/CONACULTA-INAH; Hintergrund: G. DAGLI ORTI/M.N.A., Mexico.

3 M. ZABE/M.N.A., Mexico/CONACULTA-INAH. 6/7 ARTEPHOT/Oronoz/Museo de América, Madrid. 10–19 M. ZABE//Historisches Museum Fuerte de San Miguel, Baluarte de San Miguel, Campeche/CONACULTA-INAH. 10 o.: THE ART ARCHIVE/E. Tweedy/Museum of Mankind, London; u.: ANA/M. Vautier. 10/11 Hintergrund: J.P. COURAU. 11 o.: J.P. COURAU; u.l.: Pr. Norman HAMMOND; u.r.: Pr. O. CHINCHILLA. 12 l.: E. TALADOIRE; r.: AKG Paris/A. Baguzzi/M.N.A., Guatemala. 12/13 Hintergrund: E. TALADOIRE. 13 o.: J.P. COURAU/M.N.A., Guatemala; u.l.: G. DAGLI ORTI/Museo Arqueologico, Tikal; u.r.: G. DAGLI ORTI/Museo Popol Vuh, Guatemala. 14 l.: AKG Paris/F. Guénet/M.N.A., Mexico; r.: E. TALADOIRE. 14/15 Hintergrund: G. DAGLI ORTI. 15 o.l.: G. DAGLI ORTI/M.N.A., Guatemala; u.l.: G. DAGLI ORTI/M.N.A., Mexico; r.: ANA/M. Vautier/M.N.A., Mexico. 16 l.: G. DAGLI ORTI/ M.N.A., Mexico; r.: ANA/M. Vautier/Museo Regional de Antropologia de Yucatán, Mérida. 16/17 Hintergrund: Ch. & J. LENARS. 17 l.: M. ZABE/Museo Regional de Antropologia de Yucatán, Mérida/CONACULTA-INAH; o.r.: G. DAGLI ORTI/M.N.A., Mexico; u.r.: Ch. & J. LENARS. 18 l.: ANA/M. Vautier/Museo Regional de Antropologia de Yucatán, Mérida; r.: M. ZABE/M.N.A., Mexico/CONA-CULTA-INAH. 18/19 Hintergrund: HOA QUI/W. Buss. 19 o.l.: Sächsische Landesbibliothek, Dresden/Deutsche Fotothek; u.: Corine Jourdan. 20 G. DAGLI ORTI/M.N.A., Guatemala. 21 J.P. COURAU. 22 AKG Paris. 23, 25: G. DAGLI ORTI/M.N.A., Mexico. 27 l.: G. DAGLI ORTI/B.N., Mexico; r.: G. DAGLI ORTI. 29 HOA QUI/C. Sappa. 30 AKG Paris/F. Guénet/M.N.A., Mexico. 31, 33: ANA/M. Vautier. 34 G. DAGLI ORTI/B.N., Mexico. 35 G. DAGLI ORTI/Arquivo Nacional da Torre do Tombo, Lissabon. 37 G. DAGLI ORTI. 39 BNF, Paris. 40 AKG Paris/E. Lessing/N.N.A., Mexico. 41 BRITISH MUSEUM/The Museum of Mankind, London. 43 ARTEPHOT/Oronoz/ Museo de América, Madrid. 45 J.P. COURAU. 46 G. DAGLI ORTI/Rijksmuseum voor Volkenkunde, Leyden. 47 o.l.: BNF, Paris; o.M.: AKG Paris/W. Forman/Museum für Völkerkunde, Basel; o.r.: M. ZABE/M.N.A., Mexico/CONACULTA-INAH; u.l.: AKG Paris/F. Guénet/M.N.A., Mexico; u.M.: M. ZABE; u.r.: G. DAGLI ORTI/Museo Arqueologico, Tikal. 48 AKG Paris/A. Baguzzi/M.N.A., Guatemala. 49 CORBIS SYGMA/A. Dannemiller. 50/51 G. DAGLI ORTI. 53 G. DAGLI ORTI/B.N., Mexico. 54/55 CORBIS SYGMA/N. Wheeler. 56 CORBIS SYGMA/

M. & P. Fogden. 57 G. DAGLI ORTI/Museo Popol Vuh, Guatemala. 58 ANA/M. Freeman. 61 CORBIS SYGMA/ D. Lehman. 62 M. ZABE/Grabungsstätte von Comalcalco/ CONACULTA-INAH. 63 ANA/M. Vautier. 64 G. DAGLI ORTI/M.N.A., Mexico. 65 o.l.: R. DONIZ/M.N.A., Mexico; o.r.: M. ZABE/Museo Regional de Antropologia de Yucatán, Mérida/CONACULTA-INHA; M.l.: ANA/M. Vautier; M.: AKG Paris/E. Lessing; M.r.: G. DAGLI ORTI; u.: ANA/M. Vautier. 66 AKG Paris/British Museum, London. 67 M. ZABE/Grabungsstätte Alberto Ruz Lhuillier, Palenque/ CONACULTA-INAH. 69, 70: Pr. Norman HAMMOND. 71 M. ZABE/M.N.A., Mexico/CONACULTA-INAH. 73, 74: Pr. Norman HAMMOND. 75 G. DAGLI ORTI/M.N.A., Guatemala. 76 AKG Paris/A. Baguzzi/M.N.A., Guatemala. 77 AKG Paris/F. Guénet/Museo Arqueologico, Tikal. 78 AKG Paris/A. Baguzzi/M.N.A., Guatemala. 79 M. ZABE/Bodega, Toniná/CONACULTA-INAH. 81 ANA/M. Freeman. 83 ANA/M. Vautier. 84 G. DAGLI ORTI. 85 AKG Paris. 86 M. ZABE/M.N.A., Mexico/CONACULTA-INAH. 87 o.l.: J.P. COURAU; o.r.: G. DAGLI ORTI/M.N.A., Mexico; M., u.M.: AKG Paris/A. Baguzzi/M.N.A., Guatemala; u.l.: E. TALADOIRE/Toniná; u.r.: ANA/M. Vautier. 88 Pr. Norman HAMMOND. 89 G. DAGLI ORTI. 90 Pr. Norman HAMMOND. 91 Ch. & J. LENARS/Museo de América, Madrid. 92 Pr. Norman HAMMOND. 93 M. ZABE/Museo Regional de Antropologia de Yucatán, Mérida/CONA-CULTA-INAH. 95 Ch. & J. LENARS. 96/97 CORBIS SYGMA/M. Everton. 99 J.P. COURAU. 102 F. Davalos und K. Gootenboer, State Museum, University of Florida, Gainesville. 103 M. ZABE/M.N.A., Mexico/CONACULTA-INAH. 104 THE ART ARCHIVE/Archäologisches Museum, Copán. 106/107 G. DAGLI ORTI/M.N.A., Mexico. 108 G. DAGLI ORTI. 109 G. DAGLI ORTI/M.N.A., Mexico. 110 M. ZABE/Archäologisches Museum, Cancún. 111 M. ZABE/M.N.A., Mexico/CONACULTA-INAH. 112, 113: G. DAGLI ORTI/M.N.A., Mexico. 114 J.P. COURAU/ Grabungsstätte Alberto Ruz Lhuillier, Palenque. 115 o.l.: CORBIS SYGMA/M. Everton; o.r.: M. ZABE/Grabungsstätte von Toniná/CONACULTA-INAH; M.: E. TALADOIRE/ Grabungsstätte von Toniná; M.l.: KEYSTONE/J.P. Courau/ Copie von F. Davalos und K. Gootenboer, State Museum, University of Florida, Gainesville; M.r.: ANA/M. Vautier; u.: AKG Paris/F. Guénet/M.N.A., Guatemala. 116 G. DAGLI ORTI/M.N.A., Guatemala. 117 G. DAGLI ORTI/M.N.A., Mexico. 119, 120: G. DAGLI ORTI. 122 G. DAGLI ORTI/ Museo Arqueologico, Tikal. 123 G. DAGLI ORTI. 124/125 M. ZABE/Grabungsstätte Alberto Ruz Lhuillier, Palenque/ CONACULTA-INAH. 127 G. DAGLI ORTI/M.N.A., Guatemala. 128 ANA/M. Vautier/Museo Regional de Antropologia de Yucatán, Mérida. 129 J.P. COURAU/M.N.A., Guatemala. 131 AKG Paris/M. Baguzzi/M.N.A., Guatemala. 132 ANA/ M. Vautier. 133 M. ZABE/M.N.A., Mexico/CONACULTA-INHA. 134/135 BRIDGEMAN GIRAUDON/Museum of Fine Arts, Houston. 136 Pr. Norman HAMMOND. 137 ANA/M. Vautier/Museo Regional de Antropologia de

Yucatán, Mérida. 139 Pr. Norman HAMMOND/E. Pendergast/Museum of Belize. 140 M. ZABE/M.N.A., Mexico/ CONACULTA-INAH. 141 o.l.: J.P. COURAU; o.r.: BRIDGE-MAN GIRAUDON/Museum of Fine Arts, Houston; M.l.: M. ZABE/Museo Regional de Antropologia de Yucatán, Mérida; M.: Pr. O. CHINCHILLA; M.r.: AKG Paris/E. Lessing; u.l.: M. ZABE/CONACULTA-INAH. 142 Pr. Norman HAMMOND. 143, 145, 147: G. DAGLI ORTI. 149 ANA/ M. Freeman. 151 AKG Paris/F. Guénet. 152 Ch. & J. LENARS. 153 AKG Paris/F. Guénet/M.N.A., Guatemala. 154 G. DAGLI ORTI/Museo Arqueologico, Tikal. 155 AKG Paris/F. Guénet/M.N.A., Mexico. 156 AKG Paris/A. Baguzzi/ M.N.A., Guatemala. 157 Ch. & J. LENARS/Museo de América, Madrid. 158 o.: G. DAGLI ORTI/Museo Arqueologico, Tikal; u.l.: G. DAGLI ORTI/M.N.A., Guatemala. 158/159 u.: AKG Paris/W. Forman/Coll. David Bernstein, New York. 159 o.l.: AKG Paris/A. Baguzzi/M.N.A., Guatemala; r.: G. DAGLI ORTI/Museo Arqueologico, Tikal. 160 l.: G. DAGLI ORTI/M.N.A., Guatemala; r.: G. DAGLI ORTI/Museo Arqueologico, Tikal. 161 o.l.: M. ZABE/M.N.A., Mexico/ CONACULTA-INAH; o.r.: J.P. COURAU/Archäologisches Museum, Copán. 162 l.: G. DAGLI ORTI/Museo Regional de Antropologia, Villahermosa; o.r.: M. ZABE/Museo Histórico de San Miguel, Baluarte de San Miguel, Campeche/CONACULTA-INAH; u.: M. ZABE/Grabungsstätte Alberto Ruz Lhuillier, Palenque/ CONACULTA-INAH. 163 o.: ANA/M. Vautier; u.: M. ZABE/M.N.A., Mexico/CONACULTA-INAH. 164 l.: AKG Paris/A. Baguzzi/M.N.A., Guatemala; o.r.: M. ZABE/ Museo Regional de Antropologia de Yucatán, Mérida; u.: DUMBARTON OAKS/Precolumbian Collection, Washington D.C. 165 l.: G. DAGLI ORTI/M.N.A., Mexico; r.: M. ZABE/ M.N.A., Mexico/CONACULTA-INAH. 166 o.l.: J.P. COURAU/M.N.A., Guatemala. 166/167 G. DAGLI ORTI/M.N.A., Mexico. 167 o.: G. DAGLI ORTI/M.N.A., Mexico; u.: PRESIDENT AND FELLOWS OF HARVARD COLLEGE, Peabody Museum, Cambridge. 168 M. ZABE/ Museo de las Estelas, Baluarte de la Soledad, Campeche/ CONACULTA-INAH. 169 ANA/M. Vautier/Museo Regional de Antropologia de Yucatán, Mérida. 170 G. DAGLI ORTI. 171 AKG Paris/A. Baguzzi/M.N.A., Guatemala. 173 G. DAGLI ORTI/Museo Regional de Antropologia de Yucatán, Mérida. 174 AKG Paris/A. Baguzzi/M.N.A., Guatemala. 175 AKG Paris/British Museum, London. 176 Ch. & J. LENARS. 177 KEYSTONE/J.P. Courau. 178 RUE DES ARCHIVES. 179 o.: G. DAGLI ORTI/M.N.A., Mexico; M.l.: ANA/M. Vautier; M.: THE ART ARCHIVE/E. Tweedy/The Museum of Mankind, London; M.r.: J.P. COURAU; u.r.: ANA/M. Vautier; u.: G. DAGLI ORTI/M.N.A., Mexico. 180 ARTE-PHOT/Oronoz/Museo de América, Madrid. 181 G. DAGLI ORTI/Museo Regional de Antropologia de Yucatán, Mérida. 182 BNF, Paris. 183 ANA/M. Vautier. 185 G. DAGLI ORTI/ M.N.A., Mexico. 186 AKG Paris/A. Baguzzi/M.N.A., Guatemala. 187 J.P. COURAU.
Boxenfriese: LEEMAGE.